对话，诗性的存在

——一位中职语文教师的思考与实践

廖建霞 著

湘潭大学出版社
XIANGTAN UNIVERSITY PRESS

图书在版编目（CIP）数据

对话，诗性的存在 ：一位中职语文教师的思考与实践 / 廖建霞著. -- 湘潭 ：湘潭大学出版社，2022.3
ISBN 978-7-5687-0777-0

Ⅰ. ①对… Ⅱ. ①廖… Ⅲ. ①语文课—教学研究—中等专业学校 Ⅳ. ① G633.302

中国版本图书馆 CIP 数据核字（2022）第 083208 号

对话，诗性的存在——一位中职语文教师的思考与实践

DUIHUA,SHIXING DE CUNZAI——YIWEI ZHONGZHI YUWEN JIAOSHI DE SIKAO YU SHIJIAN

廖建霞 著

责任编辑：丁立松
封面设计：清 清
出版发行：湘潭大学出版社
社　　址：湖南省湘潭大学工程训练大楼
电　　话：0731-58298960 0731-58298966（传真）
邮　　编：411105
网　　址：http://press.xtu.edu.cn/
印　　刷：长沙印通印刷有限公司
经　　销：湖南省新华书店
开　　本：710 mm×1000 mm 1/16
印　　张：18
字　　数：295 千字
版　　次：2022 年 3 月第 1 版
印　　次：2022 年 3 月第 1 次印刷
书　　号：ISBN 978-7-5687-0777-0
定　　价：68.00 元

序

序一　对话，诗意的栖居

作者深耕职教20余年，始终坚守教学第一线，将自己日常教学和管理工作中的所做、所思、所想、所感融于笔端，汇成文字，发表于报刊，现在终于结集成书了。这对于职业教育、语文教学，乃至家庭教育，都是一件大好事。相信每一位读者都能从中受益。在此，谨向作者致以最热烈的祝贺！

如果说，语言是人类存在的家园，那么，对话就是人类最好的存在方式，是人类的一种诗性存在。对话，使人能诗意地栖居大地。对话为人类建构了一个多元、开放、平等、互动的话语空间，在与世间万物沟通的过程中，人，敞开自己，接纳世界，“产出”自己，融入世界。这种沟通，不只是一种信息的传达和思想的交流，更是一种爱的传递，是对这个世界的深情凝望和温暖拥抱。

该书是对话，也是见证；是成长，也是收获，凝聚了作者多年心血，见证了一位中职语文教师对教育的爱和坚守。作者与语文对话、与职教对话、与学生对话……同时也是与自己对话、与读者对话、与世界对话、与爱和生命对话。在对话中，有理论的思考，有实践的探索，有瞬间的感悟，有长期的积淀……这一篇篇深情而又闪烁着思想火花的对话，将一位热爱职教、钟情语文、深爱孩子的教育工作者“呈现”在我们面前。这是作者的诗性存在。

与语文对话，由两部分组成，一部分是文学作品评论与研究，另一部分是语文教学活动实践和思考。前一部分侧重审美批评和理论研究，从文学的高度，与作品对话，与作者对话。透过这些精彩的对话，可以看出作者的视野之开阔，功底之扎实，观点之独到，展现出作者较高的审美素养和理论水平。后一部分侧重课堂教学的实践探索和思考，从教学的角度，与作品对话，与学生对话。通过对话，带领学生一起沉浸在诗情画意的文学世界里，真切感受到语文之美、文学之美，让我们仿佛看到了一双双求知的大眼睛、一节节生动活泼的语文课。这是一位语文教师对语文、对教学、对学生的热爱。

与职教对话，是理论与实践的对话，是探索与反思的对话，是教师之间的对话。对话中，既有作为管理者的宏观思考和理论研究，也有作为普通教师的实践探索和个案分析，相辅相成，相得益彰。其中关于“南孔文化”的几个教学案例，均获浙江省优秀教学案例。这是作者二十多年职教工作的生动实践和理论提升，对于深入思考如何将地方特色文化融入人才培养、将专业建设与地方产业精准对接，促进文化传承与人才培养、专业建设与地方产业共同发展，进一步推进校企合作、深化产教融合内涵，具有很好的启发意义和借鉴作用。

与校园对话，是与自然对话，也是与文化对话。尽管工作繁忙，作者仍极其敏锐地捕捉到校园的自然之美、青春之美、文化之美，进而从一个教育管理者的角度出发，思考校园文化建设对人才培养的重要意义，并提出建设性的意见和建议。与自然对话，感性抒写，描写细腻，文笔优美；与文化对话，理性剖析，鞭辟入里，语言精练。这是一位女性对美和青春的追求，也是一位教育管理者对校园文化建设的思考。

与学生对话，是与青春对话，也是与自己对话。作者将自己的成长经历，以书信、讲话、授课等不同形式分享给学生，与学生对话，让学生在享受美好青春的同时，也懂得青春的苦涩和成长的烦恼，激励学生刻苦学习，奋力前行，用行动书写理想，用青春奏响生命的乐章。或铿锵有力，慷慨激昂；或语重心长，娓娓道来。这是教师对学生的严，也是母亲对孩子的慈，更是对青春和生命的生动阐释。

与孩子对话，共20篇。这是与孩子对话，也是与朋友对话、与未来对话。话题涉及生命、健康、时间、青春、成长、梦想、未来……让我们看到一位母亲是怎样陪伴孩子成长的。一路走来，其中有呵护，有抚慰，有督促，有信任，有引导，有鼓励……真切感受到一位母亲对儿子的浓浓的情和深深的爱。最可贵的是，作者以平等的姿态、包容的心态，像朋友一样，以书信的形式与孩子对话。这种将先进的教育理念融入传统的教育方式之中的做法，值得家长朋友们学习和借鉴。

承蒙作者信任，嘱我作序，匆匆搁笔，纸短意长，是为序。

中南大学文学院教授 文艺学博士

老铁

2021年11月20日

序二　在对话更深处漫溯

“时间总是在不经意间溜走，待回眸，已成记忆。”

“时光永是流动，生命一直前行，回眸，便是记忆，也成风景。”

回眸，回眸。

刹那回眸，万千念想！瞬间，绽放，在你的记忆深处，在你的灵魂底部；四季的风铭记这一切，无影无形又随处都在。

是的，都在。

在厚厚一叠书稿中，在流淌着你情感的字里行间，在你真切而深刻的对话里。

我读到于广博的教育天地里，你与职业教育、校园、学生，还有与你心爱儿子的对话。

马丁·布伯在《我与你》中将“对话”集中表述为“我—你”关系：“对话中的他者不是‘他’，也不是‘我’，而是一个有完全价值的‘你’，即另一个异己的有充分权利的‘我’。”“是我与你之间活生生的精神上的相遇关系，这种关系揭示了人生的意义深度。”

我想，马丁·布伯是懂你的，我们也是。

你与职业教育的本质特征、根本元素对话，你与学校新样态、内生力对话，你与全景式育人模式、工匠精神对话，你还以在澳大利亚、德国考察所获视野与本土职业教育对话。对话里，有你对职业教育的钟爱与坚守。

你心目中的校园是怎样的呢？曾经，语文课上，那香味召唤了你们，那棵桂花开得最为热烈。你和学生在树下足足待了20分钟，许多学生写下很美的诗句。这该是几重对话呢？校园文化是什么——你与四季校园绽放的德育之花对话，与智慧校园绽放的立体网络对话，你是

“幸福派”的一员！对话里，有你对校园的痴爱与相望。

语文显然不仅仅是你职业的对象，更是你精神的家园。你用细腻与精致，用绵长与厚实，解读语文理念，呈现语文教学。你的神情大多沉浸在对母语的专注里，对课堂的凝望里。你展示着对经典文学作品的欣赏力，这是你感性充沛的一面；你也在宋词的结构化教学、南孔家宴的美食美文课程开发、学习共同体构建方面传递出对语文教学改革的理解力，这是你十足知性的一面，成就一个“立体化”的语文人。

对！学生是你教育的“情人结”。是啊，“等待一船星辉”，你撑一支长篙，在与语文对话的更深处漫溯。你的语文教育理念与主张、实践与情怀，都在与学生共同簇拥的青春里。你说，一个学生的名字多么宝贵，记住学生的名字多么珍贵，你说自己身上肩负许多家庭的期盼；你学生的名字亮如晨星，因为你是擦亮星星的语文人。满载一船对话的星辉，放歌成斑斓的多彩语文。

你与职业教育相遇，与校园、语文与学生这些教育要素相遇，你丰富的人生境遇里怎能少得了与自己孩子的故事呢——那是“另一个更好的你”！难道不是？你在孩子的成长里重新活了一回。你与孩子，以书信的方式对话，不正是与自己对话！《按自己的节奏成长》《生活有另一种高度》《从梦想出发》《珍视自己的每一步脚印》《走进一个十八岁的孩子》，单就这些书信话题，不正是你自身生命历程的感悟与分享！因而，教育者根本上是自我教育，在教育他人与自我教育中形成美妙的张力与平衡。教育本质上不是改变，而是唤醒，所以你不厌其“烦”、享受其“烦”地用书信，将孩子迎接在目送里。

在对话的“交响曲”中，我，我们感受、感悟到了你对教育，尤其是对职业教育的真情切意。唯此，校园、语文、学生，还有孩子都成为你服务的对象，对话的对象，也成为你沉甸甸获得感的来源。

在对话的“多重奏”里，你一路走来，从任教初中到高中，从名师到分管教学的副校长；无论如何，你都是优秀的语文教师，热爱语文的语文人。

就此，请允许我与你，读者与作者来一回对话吧。我们同出师门，就读于浙江师范大学，远眺能望尖峰山；我们对王尚文先生等一批恩师怀有同等厚重的感恩；我们长期一样地守望各自的职业学校，在职业教育的土壤耕耘与收成。

感动弥散在文字间，温暖布满本书各个角落。

路有尽头，序也如此。

让我以最沉沉的感动，终结在你《岁月如灯》里——

"我走进你时，是在那个炎热的夏天。那时我18岁，开始了青春岁月一段崭新的旅程。……于是，我开始读书了。当我取得本科文凭的那一年，我离开了那所初中，到了县里的一所高中。再后来，我又进了城，同时考上了教育硕士，开始了我的另一段学习与职业生涯。……在夜幕下那一盏灯、一本书、一个影子的岁月却永远留在我的心里。"

你看，所有的对话正是你与自我的对话。

在对话里你赢得丰富的"大我"，我们拥有深刻的同仁与朋友。

祝福你及你的对话世界。

是为序。

严久官

2021年11月30日

（序作者系教育硕士，浙江省语文特级教师、正高级教师）

目录

第一章

我与语文的对话

“田园牧歌”式的现代寓言
——《边城》的现代性及其叙事策略

《边城》刚一发表，就深受广大读者的喜爱。其独特的“牧歌式”文体、诗化的审美意境和丰厚的文化内涵，在当时的文坛独树一帜，为中国现代文学创作开辟了一条新的道路，也确立了沈从文在我国文学史上的重要地位。作品自问世以来，在学界引起强烈反响，并赢得广泛赞誉，相关研究视野开阔，成果丰硕。但总体看来，主要侧重于小说“田园牧歌”式诗化意境的分析和悲剧意蕴的揭示，以及将小说作为地方志和民族寓言的人类学研究与文化学批判，对小说的现代性及其叙事策略关注不够，研究也不深入。本文试对这一问题予以分析，以期收到抛砖引玉之功效。

《边城》的现代性既体现在作品主题和人物塑造上，也体现在故事情节设置及叙事策略上。具体来讲，运用抒情性叙事，营造“田园牧歌”式诗化世界，呼唤和赞美健康自然的人性美；通过空间化叙事，构建一个似真似幻的理想乌托邦和意蕴丰厚的民族寓言；通过间离化叙事，精心设计矛盾冲突，推动故事情节向前发展。

一、人性的呼唤与抒情性叙事

现代性，是一个内涵丰富而又疑窦丛生的开放性概念，可以从历史学、社会学、心理学等各个不同的视角进行理解并予以界定，一般包含科技上的先进，物质上的丰富，制度上的科学与民主，价值上的多元与不确定，生命的自在与自由，人性的善良与淳朴……但到目前为止，这个概念仍然缺乏一个明确的指向和清晰的界定。有研究者指出，“现代性从西方到东方，从近代到当代，它是一个‘家族相似的’开放概念，它是现代进程中政治、经济、社会、文化诸层面的矛盾和冲突的焦点。”①

在现代都市文明对人性压抑、扭曲日益严峻的现实语境下，对自在生命形态与美好人性的呼唤，成为现代小说关注的重大话题，也是小说现代性的集中体现。小说《边城》的现代性，首先表现为对自在生命状态的肯定和健康美好人性的呼唤。作为被边缘化的“乡下人”，沈从文强烈感受到来自都市的挤压和排斥，认识到都市文明中人性的自私、虚伪和丑陋，与湘西人民淳朴、健康、美好的人性形成强烈反差与鲜明对比。无论是发自内心的主动追求，还是迫于外力的被动选择，都促使作者回望故乡，构建自己的精神家园，呼唤自在的生命状态和健康美好的人性。沈从文在《边城》题记中说：“对于农人与士兵，怀了不可言说的温爱。”“因为他们是正直的，诚实的，生活有些方面极其伟大，有些方面又极其琐碎，——我动手写他们时，为了使其更有人性，更近人情，自然便老老实实的写下去。”因此，“更有人性，更近人情”，是作者创作这部小说的根本主旨和自觉追求。用他自己的话说，就是在《边城》中表现“优美，健康，自然而又不悖人性的人生形式”。②

---

① ［英］雷蒙德·威廉斯.《现代主义的政治——反对新国教派·现代性研究译丛总序》，阎嘉译，北京：商务印书馆，2002 年版，第 4 页。

② 沈从文.《从文习作选·代序》，《沈从文文集》第 11 卷，广州：花城出版社，1983 年版，第 45 页。

小说对健康美好人性的呼唤，主要表现在两个方面：一是对人性美的歌颂。《边城》是一曲美好生命与人性的赞歌，小说中每一个人都有一个厚道而又简单的灵魂，他们心口相应，言行一致。小说所颂扬的人性之美，是一种“诚与义”“美与爱”“人性与神性”的完美统一。① 老船夫的淳朴厚道、迂阔执拗，顺顺的正直明理、放达洒脱，大佬的豪爽率真、不拘小节，二佬的清秀挺拔、温柔浪漫，翠翠的天然纯真、活泼可爱……作品中每一个人物都个性鲜明，但作者并没有花大量笔墨精心刻画，而是将更多的笔墨用来歌颂他们共有的美好人性——健康、淳朴、善良的心性。作者笔下的湘西人民，是自然之子，在青山绿水间长大，顺应自然，合乎天性，有着健康的体魄和淳朴、善良的心性。他们心里总装着别人，乐于帮助任何一个需要帮助的人。老船夫管理渡船五十余年，从不收人一分钱。有人不安心，丢点钱币在船上，船夫一定捡起来，硬塞回去，实在推却不了，就拿钱买些茶叶和烟草，供来往客人用。船总顺顺“欢喜结朋交友，慷慨而又能济人急”。老船夫猝然离世后，他不计前嫌，帮助料理后事。大佬、二佬“和气可亲，不骄惰，不浮华，不倚势凌人”，在爱情上，虽彼此为对方考虑，但并不客套谦让。翠翠，更是大自然的精灵，风里来雨里去，帮着爷爷拉渡船……这种健康美好的人性与优美的自然环境浑然一体。

二是对两性关系的坦荡态度。两性关系是一切人际关系的逻辑起点，是人类延续与社会发展的源动力，最能够体现人性的幽深、丰富和美好。处于自在状态下的边城人，对于性如对待生命一样，把它看成是一件很自然的事情，完全遵从生命的本能和情感的指引，道德对他们而言是自然的律令和习俗的约定，真诚，坦荡，健康。没有来自书本上条条框框的道德说教，也不存在现代都市文明中看似光鲜亮丽的龌龊勾当。翠翠父母偷情并私奔之后，老船夫并没怎么责备他们，村里也没有多少关于他们的流言蜚语。之所以最终双双殉情，不是因为社会环境容不下他们，

① 吴投文.《论〈边城〉的生命形式及其消解》，《中南大学学报·社会科学版》，2006 年第 12 卷第 3 期，第 345 页。

而是因为彼此心中的那份“责任”：一个无法违背军人的责任，一个不忍心抛弃自己的父亲。生命中善良本性之间的冲突，导致两个人的死亡，使得与之有关联的性爱获得了一种生命意义上朴素的庄严与崇高。翠翠与大佬、二佬之间的爱情也是如此，因各种误会和矛盾，最终导致大佬死去，二佬出走。但这种生命本真状态下建立起来的至真至纯的爱情伦理，却绽放出光彩夺目的人性光辉。即便是世人异样眼光中的妓女，也守着自己的本分，有着善良、淳朴的心性，尽责尽力，有人甚至为了爱去殉情。无论作为当事人还是旁观者，并没有人觉得下流可耻，妓女也不因此而受到轻视和指责。因为在他们眼里，性是生命自在状态的重要组成部分。

美好人性的呼唤与“田园牧歌”式诗化世界的营造，得益于小说的抒情性叙事。抒情性叙事，是指带有情绪维度或抒情意味的叙事，相较于客观叙事，这种叙事更富有情感色彩和诗情画意。《边城》的抒情性叙事表现为两种形式：一种是将叙事融入景物的描写与意境的营造之中，使叙事带有强烈的抒情意味。小说从第一章到第八章，用了很大篇幅来描绘美丽的自然风光和热闹的节庆场景，“山”“小溪”“官路”“小塔”“渡船”“人家”“老人”“女孩”“黄狗”……这一系列的美好意象，清新自然，恬淡宁静，富有诗情画意；五月端午赛龙舟和八月中秋“抓鸭子”的节庆场景，展示了边城的民俗风情和异域情调。自然之美与人性之美，完全融于这一宁静永恒的美妙世界之中，如真似幻，静谧空灵。故事在叙述中渐次展开，带有强烈的抒情意味。正如北师大教授刘洪涛所指出的，这种抒情性叙事，是一种对人事、行动、情节的“物景化”处理。①

另一种是叙事中包含作者的主观态度和情感倾向。传统叙事，要求客观冷静，不带有主观态度和情感倾向，作者或叙述者应该隐藏在故事背后。法国著名作家福楼拜曾指出，作家不能在作品中露面，就像上帝不能

① 刘洪涛.《〈边城〉与牧歌情调》，《中国现代文学研究丛刊》，2001年第1期，第86页，第88页。

在人世间中露面。为了歌颂健康美好的人性，沈从文打破了传统的客观叙事，用带有主观色彩和情感倾向的叙事方式，歌颂边城人民自在的生命状态和健康淳朴的人性。用作者自己的话说，他的小说创作，不过是以叙事的方式抒情，“作品中不论改写佛经故事，或直接写农村人事，通过头脑，一例都成为抒情诗气氛。”① 这一点可以从作者在叙事、刻画人物时频繁使用赞誉性的词汇中看出来，如“淳朴”“浑厚”“安静平衡”“极有秩序”“勇敢的人”“重义轻利”“信守自约”……写翠翠有“天真活泼”“从不发愁，从不动气”“眸子清明如水晶”；写船夫有“骨头硬硬的”“慷慨奉赠”；写顺顺有“大方洒脱”“公正无私”“明事明理”；写大佬、二佬有“甘苦与人相共”“和气可亲，不骄惰，不浮华，不倚势凌人”。这些肯定性的评价，使叙事带有明显的主观色彩和情感倾向，歌颂了自在生命状态下的美好人性。

二、寓言的构建与空间化叙事

小说的现代性还体现在，运用象征手法构建一个民族寓言，揭示丰富多维的深刻主题，具有强烈的现代意味。如卡夫卡的《城堡》，钱钟书的《围城》，马尔克斯笔下的“马孔多”小镇，等等，都为我们构建了一个现代寓言。沈从文笔下的《边城》，既是一个特定的地理空间，也是一个丰厚的文化空间，具有强烈的象征意味。所不同的是，《边城》构建的是一个“田园牧歌”式的民族寓言，富有诗情画意。

虽然我国“田园牧歌”的文学创作有悠久的历史和丰富的成果，但相较于其他“田园牧歌”式的文学创作，《边城》所营造的精神乌托邦，既不像夏志清所批评的“完全沉溺于理想主义境界。结果是，写出来的东西与现实几乎无关。我们即使从文字中也可以看出他这种过于沉溺于迷恋牧歌境界与对现实不负责任的态度”，② 也不只是对现实问题的关注

① 沈从文．《我的分析兼检讨》，《沈从文全集》，太原：北岳文艺出版社，2002年版，第27卷，第71页。

② 夏志清．《中国现代小说史》，香港：友联出版社有限公司，1979年版，第176页。

和对现代文明的批判，而是对乡村与城市、传统与现代、物质与精神、身份的认同与焦虑等一系列重大问题的追问和哲学反思，是关于一个民族、国家乃至整个人类的现代寓言。这一点，可以从小说的序言中得到验证。沈从文说："我将把这个民族为历史所带走向一个不可知的命运中前进时，一些小人物在变动中的忧患，与由于营养不足所产生的'活下去'以及'怎样活下去'的观念和欲望，来作朴素的叙述。我的读者应是有理性，而这点理性便基于对中国现社会变动有所关心，认识这个民族的过去伟大处与目前堕落处，各在那里很寂寞地从事于民族复兴大业的人。"

"边城"，作为一个特定的地理空间，再现了古老湘西的山山水水，以及生活在那里的男男女女，让我们看到了极具有地域特色的自然风光与民俗风情。同时，它作为虚拟的精神家园和诗意空间，是一个隐喻和象征，寄托了作者理想的生命形态和健康的美好人性。但面对滚滚而来的现代化浪潮，这种生命形态和诗意生活不堪一击，瞬间崩塌。对此，小说通过三次死亡事件予以暗示：一次是翠翠父母双双殉情，一次是大佬溺水而死，一次是老船夫猝然离世，并用小白塔的坍塌进行呼应。作者似乎想藉此告诉我们，边城人民的爱情、亲情、友情……美好的生活和生命形态将一去不复返，永远成为历史。厌恶乃至痛恨现代都市文明的虚伪、狡诈和丑陋，沈从文用手中的笔建构了一个"田园牧歌"式的精神乌托邦，而这一精神乌托邦却无力抵挡现代都市文明的冲击。这是沈从文内心最深的伤，最烈的痛，也是其情感与理性的痛苦挣扎。但作者并没有因此将乡村与城市、传统与现代、物质与精神对立起来，更没有用现代线性思维去做价值判断，彻底否定和批判现代都市文明，而是站在历史、民族、人类的高度，在全球化语境下思考现代化这一宏大的哲学命题。因为这是一个民族、地区和国家，乃至整个人类在遭遇现代化进程时所面临的困境，是人类发展历史进程中的一个悖论，无论主动出击，还是被动接受，都难以逃脱悲剧性的结局。从中国范围看，《边城》是湘西苗族"民族寓言"的经典文本；从世界范围看，它是中华民族乃至第三世界"民族寓言"的经典文本；从全球范围看，它是整个人类经典的寓言文本。在当前我国努力实现中华民族伟大复兴的语境下，站在人类发展的历史长河中，如何理解和处理乡村与城市、传统与现代、民族与世界之间的复杂关系，已不仅仅是一个文学命题，而是一个重大的社会命题和文化命题，值得我们进一步思考和研究。

为了构建一个具有现代性的民族寓言，作者运用空间化叙事，将时间空间化，使真实空间与虚拟空间并置、叠印和映衬，营造出亦真亦幻的诗化境界。这种空间化叙事手法具有鲜明的现代性，为现代小说广泛使用。在小说《边城》中首先表现为：时间的模糊性和空间的具指性。无论是故事时间，还是叙事时间，作者在文本中处理得都极其模糊，尽管有“端午节”“中秋节”“某一年”等时间线索，但总体看来，不够清晰明了，仿佛将事件从时间长河中抽离出来，让人怀疑它的真实性。同时，“端午节”“中秋节”等民俗活动的重复出现，使故事时间不断循环，流而不变。时间的模糊性，使人物事件既停留在过去，也发生在现在，更连接于未来，给读者一种似真似幻的感觉，从而营造出“田园牧歌”般的诗化世界。这也许就是作者再版作品时特意省略掉明确时间的用意所在。与时间的模糊性相对应的是，空间的具指性。小说故事发生在茶峒这一特定的地理空间，所有的人事都在这里上演，从未溢出这个偏远的地理空间和独特的文化空间，并且年复一年，亘古如斯。空间的具指性、稳定性与封闭性，仿佛让时光倒流，充分展现出古老的湘西世界，契合了与世隔绝的乌托邦审美境界，具有强烈的象征意味。

其次，表现为时间的压缩与空间的拓展。小说在叙事时，频繁使用“常常”“通常”“照常”等时间副词，将重复性动作、行为或事件一次性讲完，极大地压缩了故事时间，导致叙述时间扁平化。这种叙事方式，将每一个动作、行为或事件都提炼成一种习惯或普遍现象，由个别到一般，使叙事具有高度的抽象性和概括性，深化了小说的主题。这种高度的抽象性和概括性，也体现在人物或叙述句子主语的承担者身上。如小说中关于人物的叙述，大量使用了诸如“女人”“妇人”“水手”“这人”“大哥”“副爷”等复数名词或主语，以某一类人代替某一个人。在叙事学理论中，这种叙事方式称为“反复叙事”。北师大教授刘洪涛指出：“他通过反复叙事，把个体还原到类，从现象发现规律，把特殊提升到普遍，经验与人事通过这样的抽象，从流动时间的冲刷侵蚀中解脱出来，演化成习惯、风俗、文化，达到永恒。”[①]由此，作者其实并不十分关注人物个性的描摹，更专注于事物类型的抽象和概括，进而拓展小说的意蕴空间。

三、情节的设置与间离化叙事

对多元化和不确定性的肯定和追求，是现代性的另一个重要特征。小说《边城》的多元化和不确定性，不仅体现在主题思想上，同时也体现在情节结构上，并且通过情节结构的精心设置，更好地体现小说丰富多元的审美内涵。情节结构的多元化和不确定性，就是要打破小说单一的线性稳定结构，阻隔或遮蔽情节之间显在的逻辑关系，使小说故事情节处于开放、不连贯、甚至看似混乱的状态。

小说就是讲故事，但如何通过情节的设置讲好一个故事，不仅考验作者组织故事结构的能力，同时也考验作者的写作功力和叙事技巧。要想将故事讲得精彩，讲得意蕴丰厚，让人咀嚼不尽，回味无穷，还是需要精心设计情节并采用恰当的叙事方式。《边城》的故事是通过两条线索来展开的：一条明线，即翠翠的爱情悲剧；一条暗线，即翠翠父母的爱情悲剧；通过一系列的误会所产生的矛盾，推动情节发展，直至走向悲剧性结局。看似传统的情节结构，在沈从文的笔下有了创新。它不同于传统情节结构的是，这两条线索不是平行展开，而是时断时续，时隐时现，有断裂，有交叉，有呼应。同时，在情节展开过程中，又先后穿插两次节庆活动和三次死亡事件，改变了单一的线性结构，遮蔽并阻隔了事件之间单一的因果逻辑关系，而这种独特的情节结构，与其间离化叙事方式密切相关。

所谓间离化叙事，就是叙述双方或多方在同一时间里发生的事件时，打破传统的平叙（分叙）手法，将双方或多方事件切割成一个个小片段，

---

① 刘洪涛.《〈边城〉与牧歌情调》，《中国现代文学研究丛刊》，2001 年第 1 期，第 86 页，第 88 页。

进行分头、交叉叙述，使情节之间延宕、阻隔，进而造成误会和矛盾，推动情节发展。小说共21章，除开头两章，运用平叙手法分别讲述翠翠和老船夫、大佬和二佬双方故事，其余部分，都是交叉进行，中间又穿插端午和中秋的热闹场景，使双方叙事形成阻隔、延宕，造成重重误会和矛盾。一个误会接着一个误会，一个矛盾连着一个矛盾，不断推动情节向前发展。如船夫与大佬之间的误会：大佬提亲时，船夫说的是实话，大佬认为是托词；大佬唱歌失败，船夫以为成功并进行恭维，大佬感觉不爽。船夫与二佬之间的误会：船夫有意暗示，二佬认为“做作”；船夫套近乎，二佬认为他“弯弯曲曲，不利索，大佬是他害死的”；二佬等船，船夫有意让翠翠去拉，但翠翠因害羞不愿去，二佬认为是故意的；二佬喜欢翠翠，船夫却以为他心属磨坊。船夫与顺顺之间的误会：船夫主动与顺顺撮合，但顺顺却感觉最近家里的事都与“老而好事”的船夫有关。……这一连串的误会看似偶然，实则必然，是作者精心设计的结果。为了制造这一连串误会，作者通过间离化叙事，在双方或多方之间形成阻隔、延宕，让他们之间的沟通不畅，信息不对称，误会因此不断加深，矛盾开始慢慢升级，直至激化。这种情节设置，不仅打破了单一的线性结构，同时也增添了故事的偶然性和不确定性。

透过阻隔、延宕、时断时续的情节结构，仍然能看到故事的内在联系和呼应。造成这一悲剧性结局的，表面上看起来，似乎不是哪个人的错，也不是任何人的错，甚至不是人的错。但如果追根究底，似乎看到与翠翠父母的死有关联。翠翠父母的死，在船夫心理留下了很深很重的阴影，他最担心和害怕的是，这种悲剧会在翠翠身上重演，所以在婚事上显得特别谨慎、犹豫。他的这种谨慎、犹豫，造成大佬对他的误会，并导致大佬遇难身亡；大佬的死又加深了二佬、顺顺对船夫的误会，并影响到翠翠的婚事；船夫一心想在自己活着的时候为翠翠找到一个幸福的归宿，但这一愿望因各种阴差阳错最终没能实现，于是在深度的焦虑和恐惧中离开了人世。翠翠父母的死亡与大佬、船夫的死，以及翠翠婚事的遥遥无期，因间离化叙事形成的阻隔、延宕，看似没有任何关系的死亡事件，突然之间好像有了呼应，有了某种内在联系，冥冥之中，好像是命中早已注定。不仅如此，小说中小白塔的坍塌，这看似与船夫的死毫无关联的一件事，至此好像也有了某种神秘的关联，具有象征的意味，突显了人生的命定性和不确定性，丰富了小说的主题。

小说的悲剧性，不仅在于没有过错，更为吊诡的是，人们越是想不犯错误，澄清误会，避免错误和悲剧发生，却越是加深了误会，犯下了错误，并加速悲剧的到来。用李健吾的话来说，“作者的人物虽说全部良善，本身却含有悲剧的成分。唯其良善，我们才更易于感到悲哀的分量。这种悲哀不仅仅由于情节的推进，而且自来带在人物的气质里的。自然越是平静，‘自然人’越显得悲哀：一个更大的命运影罩着他们的生存。这几乎是自然一个永久的原则：悲哀。”[①]这一悲剧是命定的，悖论的，无法避免的，具有强烈的现代意味和丰厚的审美意蕴。但这还不够。为了充分体现命定性、悖论性和不确定性这一具有强烈现代意味的深刻主题，作者还在故事最后的悲剧结局中，精心设计了一个开放性结尾：坍塌的白塔已经重新修建起来了，而“这个人也许永远不回来了，也许‘明天’回来!”给读者留下一个广阔而又耐人寻味的想象空间，也给作品带来一丝希望和光亮。[②]

《百合花》：基于人性美人情美的写作

茹志鹃早在20世纪40年代就开始进行小说创作，但真正引起文坛广泛关注的还是她1958年发表的《百合花》。这是作者在“十七年”时期创作出的最优秀的作品，也是最能够显示出其艺术特色的代表作。小说一经发表，立即引起了热烈的讨论和广泛的赞誉。茅盾先生首先给予它充分的肯定。他说：“我以为这是我最近读过的几十个短篇中间最使

① 郭宏安编.《李健吾批评文集》，珠海：珠海出版社，1998年版，第56页。
② 本文发表于《名作欣赏》，2020年第1期。

我满意，也最使我感动的一篇。它是结构谨严，没有闲笔的短篇小说，但同时它又富于抒情诗的风味。”①茅盾先生的高度评价为作品赢得了声誉，但由于工具论文艺思想的干预，在相当长的一段时期内，对这部小说的评论主要是针对它的艺术特色，至于作品的取材和主题，则小心地把它限定在“革命战争题材”和“歌颂军民鱼水情深”的政治标准内展开讨论。

今天，当我们排除了“左倾”文艺思想的干扰，重新阅读小说文本时就会发现，小说的主题远远不是“描写战争”和“歌颂军民鱼水情深”等政治术语所能涵盖的。作品虽然以战争作为故事背景，也反映出革命年代的军民“鱼水情深”，表现出作者在一定程度上对主流话语的认同和迎合，但作者对宏大战争场面的有意淡化、对传统英雄形象的蓄意解构，恰恰是“‘泛政治化语境’下的悄然突围”,②是对“主旋律”的反拨和超越。更为重要的是，作者以其女性细腻、柔美的笔触，通过心理描写和细节刻画，挖掘出人性中最丰富、最细微、最纯洁的美好情愫和神圣情怀，谱写了一曲“没有爱情的爱情牧歌”。这种基于人性美人情美的个性化写作，对我国文学的创作和发展产生了深刻的影响。

这种基于人性美人情美的个性化写作首先表现为对日常生活的诗意抒写。作者没有着力于革命战争等重大题材的宏大叙事和扣人心弦的情节设置，而是聚焦于日常伦理话语空间的精心营构。小说虽然取材于革命战争，但并没有正面描写惊心动魄的战争场面，而是以战争为背景讲述“我”、小通讯员和新媳妇之间的故事，重点叙写的是，在去包扎所的途中“我”和小通讯员之间的交往和谈话，以及到包扎所后小通讯员向新媳妇借被子的经过。“我”和小通讯员以及新媳妇之间所谈的话、所做的事都是生活中的琐事，与重大题材无关，没有跌宕起伏的故事情节，也没有惊心动魄的场面描写，有的只是“我”与通讯员、新媳妇彼此之间的互相

① 茅盾．《谈最近的短篇小说》，《茹志鹃研究专集》，杭州：浙江人民出版社，1982年版，第251页。

② 吴妍妍．《“泛政治化语境”下的悄然突围——〈百合花〉的一种阐释》，《苏州大学学报（哲学社会科学版）》，2004年第5期，第66页。

“斗气”和彼此关爱。故事虽然简单，但作者却把它写得生动传神、妙趣横生，并且充满浓郁的生活气息。不但如此，作者还通过对途中景物、故乡生活和中秋之夜美妙月色的抒情化描写，以及通讯员枪筒里几支树枝和野菊花的诗意点染，使小说的叙事节奏舒缓、柔丽，并且富有诗情画意，犹如一条清澈的小溪涓涓流淌，又如“静夜箫声”，空灵、飘逸，而又韵味悠长。对日常伦理话语空间的积极构建和对人间真情的温婉诉说，极大地淡化了战争这一重大题材，表达出作者对人类和平的深切呼唤和对幸福生活的美好向往。这不仅突破了主流话语主导下的重大题材和宏大叙事，而且超越了“军民鱼水情深”这一狭隘的政治主旨，把作品提升到对人性美人情美诗意抒写的高度。在呼唤英雄的集体主义时代，进行“日常生活的个人化写作”，开创一个新的话语空间和写作路径，不仅显示出作者独特的创作个性，也确立了她在中国当代文学史上的地位。这种写作在我国20世纪90年代大放异彩。

为了构建这一话语世界，作者精心构思，巧妙布局。首先，作者把故事发生的时间安排在战斗前的一个中秋，为构建一个日常话语世界留下了诗意空间，使整个小说成为战斗前的一支优美的小夜曲。同时，在我国传统文化里，中秋节是象征团圆、和平和幸福的美好节日。这一具有丰富文化内涵的传统节日，不仅为故事的展开和人性美的诗意抒写营造了一个美好的情境，而且构成对战争的反讽和解构。其次，大量细节的精心设置。作者以“几根树枝”“一束野菊花”“两个馒头”和“衣服上的破洞”等细节进行勾连和照应，细针密线，使整个小说叙事自然流畅、富有情趣。最后，以百合花来缩结全篇、揭示主题。百合花，不仅是象征人类美好情感的爱情之花，更是象征人类纯洁情愫的友谊之花、心灵之花。作者以此为标题笼罩全篇，映现出人物纯洁美好的心灵世界，在结尾处又以百合花来照应，使小说叙事完整、结构谨严，揭示了一个超越于“狭隘”爱情之上的深刻主旨和丰富意蕴，突破了当时“革命+爱情”的简单创作模式和单一的政治主旨。

再次，表现为对“小人物”心灵世界的深度挖掘。在“十七年”时期，由于“左倾”文艺思想的干预，革命战争的题材、高大全的英雄形象和重大的政治意义成为文艺创作所奉行的不二圭臬。为了迎合“主旋律”，作家们纷纷进行重大题材的抒写和英雄人物的塑造，长期以来，不仅使我国的文艺创作单一、僵化，而且还导致在塑造人物时忽视对人物心灵世界的挖掘和对人物形象的任意拔高（高、大、全），从而失去真实性。

作者并没有紧跟时代沿着这条创作道路走下去，而是另辟蹊径，叙写“小人物”，努力挖掘人物内心的真实世界和美好情愫。“我”、小通讯员、新媳妇都是生活中普普通通的人，自然、朴实、率真，甚至不乏“木讷”“害羞”“保守”等缺点，但他们却能够真诚相待、彼此关爱。虽然没有响亮的革命口号，也没有惊天动地的英雄壮举，但美好的情愫和高贵的品质却从他们的一言一行、一颦一笑中自然流淌出来，犹如一泓清泉沁人心脾。如通讯员始终和“我”保持一定的距离、在枪口插几根树枝和野菊花、抱过被子慌慌张张转身就走、为“我”开饭；新媳妇的微笑、与通讯员的“斗气”、擦拭伤员时的害羞、为通讯员缝补衣服上的破洞；“我”故意“逗”通讯员、给他做思想工作、对他的喜爱和惦记等。日常生活中的点点滴滴，折射出他们真诚、朴实而又美好的心灵世界。正因如此，当通讯员扑向手榴弹时，当新媳妇奉上她唯一的结婚嫁妆——一条铺满百合花的新被子时是那么的自然、从容，没有一丝保留，没有半点犹豫，甚至连一点“壮烈”的意味都没有。这一举动可能比不上英雄们的“革命壮举”，这两个人物形象也许还算不上“高大”，但他们身上却散发出人性的光辉和永恒的艺术魅力！

这是作者的高明之处，也是她的深刻之处。因为英雄不是一个概念，更不是高高在上不食人间烟火的救世主，而是一个个生活在现实中有血有肉的普通民众。英雄之所以成为英雄，不在于他是否有豪言壮语，也不在于他是否有惊人之举，而在于他是否是一个拥有美好心灵和高贵品质的活生生的人。小说中的人物真实可爱，丰富饱满。他们有着与普通人一样的生活和情感，有着与英雄一样的美好情操和高贵品质；他们是普通人，但也是英雄。这是对高大全英雄形象的超越，也是作者在创作上的一次巨大飞跃。正如作者在谈创作时所指出的：“小说里的人物，当然不是用来去串演，去叙说作者预定的故事情节的，他们都应该是有各自历史的人，活人，而且我们选择来写小说的一段，应该正是这个人物的行为，可以使人有所联想，有所启迪，有所思索，有大量可咀嚼的东西。感觉告诉我，这才是小说的灵魂。”①

最后，表现为作者对人性美人情美的呼唤。从心理学的角度讲，艺术创作实际上是一种心理补偿行为，也就是说，通过艺术创作能使作者的某种心理缺失得到补偿或满足。弗洛伊德说文学创作是做“白日梦”，荣格说人类因为有了痛苦才有艺术，我国古代诗人韩愈认为创作是因为“不平则鸣”，这些都很好地揭示了文艺创作的心理补偿功能。不同的时代有不同的生活，不同的生活决定了作者不同的创作动机。因此，我们在解读一部作品时应该了解其创作语境，并进一步深挖作者的创作动机。正如福柯所说的一句富有启示的话：“重要的不是故事讲述的年代，而是讲述故事的年代。”

小说讲述的是1946年解放战争时期的故事，但作者讲述故事的年代却是反右斗争扩大化的1958年。作者创作这部作品的动机并不是为了描写战争，也不是为了歌颂英雄，更不是为了迎合“主旋律”，而是由于当时严峻的政治斗争导致人与人之间关系的紧张，从而使作者缅怀起革命战争年代同志之间那种真挚纯洁的友谊，并由此从心底深处发出对人性美人情美的深切呼唤。艺术创作的补偿功能使作者不愿去表现重大的题材和塑造高大的英雄形象，而是关注小人物，通过对他们日常生活的细致描述和温情叙说，揭示其内心美好的情感世界和精神品质，表达出自己对战争年代人与人之间所建立起来的纯洁友爱的渴望。

---

① 茹志鹃.《我对创作的一点看法》,《茹志鹃研究专集》，杭州：浙江人民出版社，1982年版，第84页。

茹志鹃的写作风格：传统的女性观与纯正的吴越风味

茹志鹃的小说创作大体可以分为“十七年”和新时期两个阶段，经历了“从微笑到沉思”的有益探索，尽管她的作品只是时代激流中的“一朵浪花”，或社会进步大合奏中的“一支插曲”，但她在中国当代文学史上的价值和意义却不容忽视。在高唱革命英雄主义的“十七年”，她规避了“重大题材”“宏大叙事”和“高大全”英雄形象的塑造，凭着女性特有的直觉和敏感，以细腻、柔美的笔调营构日常伦理的话语空间，通过精巧的构思和精彩的细节抒写人性中朴实、纯洁的美好情愫，给当时燥热的文坛带来一股“清新俊逸”之风。新时期，她已将自己的笔触伸向历史深处，在“鞭挞”现实的同时，对这一现实苦难进行历史叩问，显示出作者面对现实的巨大勇气和非凡洞察力。

茹志鹃凭着自己的艺术直觉和对生活的独特领悟进行个性化创作，走出了一条属于自己的道路。这种个性化抒写是对“共名时代”主流意识形态话语的反拨和超越，反映出作者关于生活与文学的独特思考和新的美学追求，为我国当代文学的创作和发展贡献出别样的景致和新的话语空间。面对当前机械复制和话语狂欢的大众文化，重提茹志鹃，张扬她那充盈着生命情怀的个性化抒写，无论是对于我国当前的文学创作还是文化重构，都具有十分重要的意义。

茹志鹃在我国当代文学史上的价值和意义，不仅取决于她独特的艺术成就，同时也与她是当时文坛仅有的几位女作家之一有一定的关系。女性作家区别于男性作家的是，她们以女性特有的视角和感知方式来把握世界，并以独特的艺术形式来反映生活，因而具有强烈的主体色彩和女性意识。茹志鹃也不例外。但值得注意的是，作者的女性观，既不同于那种忍辱负重、逆来顺受、委曲求全，并且自觉不自觉地认同第二性地位的传统女性观，也不同于五四时期的现代女性观，更不同于西方女权主义的后现代女性观，而是一种介于传统与现代之间的“传统女性观”。用冰心的话来说：“茹志鹃是以一个新中国的新妇女的观点，来观察、研究、分析解放前后的中国妇女的。”①

五四时期的女性观源于“人”的发现和女性的觉醒，具有强烈的性别意识和独立、自由的解放精神，其矛头主要指向封建制度下的旧式家庭。由于这种具有现代色彩的女性意识是作为一种思想启蒙局限在知识女性的小圈子内，对广大的劳动妇女与底层妇女影响甚微，同时又由于缺乏具体的社会语境，因而面临着“娜拉出走以后”的困境，也无助于女性解放采取实际行动。西方女权主义的女性观，是对男性中心主义的彻底颠覆和解构，具有强烈的性别意识、叛逆精神和后现代色彩。作者的“传统女性观”则是继“五四”以后，随着妇女政治地位和社会地位的提高，追求独立、自由，强化男女平等的意识，甚至把妇女改造成“不爱红装爱武装”的“巾帼英雄”的女性观。说它现代，是因为它追求妇女的独立、自由和平等的社会地位；说它传统，是因为它把女性“男性化”，极大地淡化了女性的性别意识和叛逆精神，进而把妇女纳入国家公共空间和男性话语权力之下。因此，从对妇女生活所产生的切实影响来看，它超出了五四时期的女性观，甚至也超出了西方女权主义的女性观，但从女性的性别意识和叛逆精神上来看，它却远远不如这二者。所以有学者在论述我国“十七年”女性文学时，认为这种文学只是具有“准女性”特色。②

这种传统的女性观，在茹志鹃的创作中首先表现为融入了女性的性别意识和审美体验。这种女性的性别意识和审美体验具体表现为：一、对女性形象的偏爱。除极少数作品外，作者笔下的人物几乎都是以女性为主，且比男性坚强勇敢、生动饱满。作者塑造了像关大妈、何大妈、谭婶婶、田井、静兰、新媳妇、杨萌、阿舒、收黎子等一系列美好的女性形象，真实细腻地揭示了她们内心为女性所特有的温情和柔婉，谱写了一曲曲美好

① 孙露茜，王凤伯.《一定要站在前面》，《茹志鹃研究专集》，浙江人民出版社，1982 年版，第 283 页。

② 陈千里.《论十七年女性文学的“准女性”特色》，《天津师大学报（社会科学版）》，2000 年第 3 期，第 61 页。

女性的赞歌。如关大妈对猫子的无私的“母爱”，新媳妇的羞涩和纯洁，谭婶婶内心激烈的思想斗争和丰富的情感冲突，田井在党员干部与母亲双重角色之间的艰难抉择等。茅盾曾评价说：“茹志鹃笔下的人物，女性胜于男性。”①二、对家务事、儿女情等“女性”话题的叙写。作者所讲述的基本上都是家务事、儿女情等“女性”话题，如赵二妈家妯娌之间的关系，谭婶婶与荷妹、潘奶奶之间的冲突，静兰与丈夫之间的隔阂等；即使叙写战争也有意避开对战争场面的正面描写，而是着力于对革命情谊的温婉诉说，如关大妈与猫子之间“母子亲情”，“我”与通讯员及新媳妇之间的纯洁友谊等，体现了女性所特有的心理、情感和价值取向。三、精巧的构思和细腻的笔触，体现了女性特有的审美体验和追求。

其次，表现为妇女的自主、独立，及其“男性化”倾向。新中国成立后，我国政府从法律上确立了妇女在政治、经济上的地位，为她们参与社会活动提供了广阔的舞台和可靠的保障，强化了她们的独立精神和平等意识。如：何大妈不甘于“家庭主妇”的角色，积极走向社会从事自己所热爱的事业，要求进步、乐观向上。“活到了五十岁，第一次感觉到自己不是一个可有可无的人”，这是何大妈的觉醒，也是所有新中国妇女的共同心声，洋溢着女性独立的自豪感和幸福感。同时，在男性权力话语控制下的国家意志，使得这种传统的女性观自觉不自觉地融入男性中心主义的话语体系。这一方面表现为以男性的视角来看待女性，要求她们美丽善良、温柔体贴、甘于牺牲。如新媳妇的羞涩，关大妈博大的“母爱”，田井“自私”的母爱等。她们都是男人眼中的女人，缺乏现代女性意识。另一方面表现为女性的“男性化”倾向。“妇女能顶半边天”“曾经的‘文小姐’，今日的‘武将军’”等主流话语，在使妇女走向独立的同时又向“男性”靠拢。曾经盛行的“铁姑娘”就是最好的例证。作者笔下虽然没有“铁姑娘”式的人物，但荷妹的雷厉风行、杨萌的坚强勇敢、静兰的不甘示弱、收黎子的精明能干等，都具有一定的“男性化”倾向。这种“男

① 茅盾．《读书杂记》，《茹志鹃研究专集》，杭州：浙江人民出版社，1982年版，第295页。

性化”倾向，不仅极大淡化了女性的性别意识，而且弱化了作者对女性心理、情感和价值理想等生命体验的深度挖掘。

这种传统的女性观，在一定程度上构成了对男性的反叛，具有进步意义，但这种是以牺牲女性的性别特征和意识为代价的反叛是不彻底的，仍然未能逃脱男性中心主义的控制。这是对女性的一定程度上的“阉割”，也是妇女解放的一个误区。周作人早在五四时期就已经深刻地认识到这一点。他在强调了“女人是人，具有男人一样的独立性与尊严”的同时，又强调了“女人是女人”，并且指出：“现代的大谬误是在一切以男子为标准，即妇女运动也逃不出这个圈子，故有女子以男性化为解放之现象。”①这种男性视角下的传统女性观，用西方女权主义的观点来看，不是对男性话语中心的颠覆和解构，相反，是对男性话语中心的顺从和皈依。从这个意义上讲，它算不上是一种女性观，也正是在这个意义上，我们认为，茹志鹃的小说还算不上严格意义上的女性文学，只是一种“准女性文学”。

传统的女性观不仅取决于当时的历史语境，与传统的地域文化也有一定的关系。清丽秀美的地域风貌，温暖湿润的气候特征，富庶舒适的日常生活，使吴越文化具有阴柔的女性气质，呈现出温婉柔丽的美学风貌和纯正的吴越风味。

一方水土养一方人。一个地方的传统文化会影响、甚至决定它的文化性格和审美趣味。经过时间洗礼和历史沉淀的地域文化一旦形成，具有稳定性和恒久性，不可能轻易改变。一位外国人类学专家曾断言：“一个人的文化天性不像一件衣服那样可以随意扔掉，换上另一种新的应时的生活方式。它更像一条安全毯，尽管对某些人来讲似乎已经破烂、过时和可笑，但对其主人却有着重大的意义。”②关于这一点，丹纳早在他的《艺术哲学》里就进行过细致的考察和充分的论证。同时，一种地域文化在与其他文化交流、借鉴和融合的过程中不断吸纳新的文化因子，并进行自身调

---

① 周作人.《谈虎集》，上海：上海书店出版社，1987年版，第427页。

② 转引自冯利、覃光广编.《当代国外文化学研究》，北京：中央民族学院出版社，1986年版，第37页。

整，从而形成一种开放性复合型的文化。吴越文化也是如此。它一方面秉承古老的越文化中刚烈、坚韧的性格气质和精神品格，如章太炎、蔡元培、鲁迅等；另一方面它又融入吴文化中空灵、飘逸的浪漫气质和超迈品格，如徐志摩、郁达夫、戴望舒等。但在当今的吴越文化中，后者占主导地位，代表着吴越文化的文化性格。这种文化性格在日常生活和文学艺术中所体现出来的审美风尚和趣味，被称为吴越风味，而所谓纯正的吴越风味，是指最地道、最能够体现这种文化性格中浪漫、超迈的品格，呈现出阴柔秀美的审美风尚和趣味。

这种纯正的吴越风味表现在文学艺术作品中又是怎样的一番景象呢？高松年先生在他的《当代吴越小说概论》中，从吴越小说的文体特征、美学风貌、精神内涵等几个方面对此进行了细致周密的分析研究，梳理出小说取材的市井化、感知表达的抒情化、格局氛围的精雅化、人物创造的写意化、语言形态的地域化等具有吴越风味的文体特征，并进一步挖掘了其内在的精神内涵和历史渊源。①我国当代文学研究专家、浙江大学教授吴秀明先生在《文学浙军与吴越文化》一书中，把“文学浙军”的审美特征概括为：“吴越风情，自居成色”“江南文体，别具韵味”“吴侬软语，尽显风流”等三个方面，②指出“文学浙军”在创作中所呈现出的吴越风味，揭示了文学与地域文化之间的内在联系。他们从不同的视角和维度对吴越风味的审美形态和精神实质进行挖掘，为我们理解和把握它的丰富内涵提供了很好的借鉴。而汪曾祺的“高邮系列”、李杭育的“葛川江系列”、叶文玲的“长镇塘系列”、林斤澜的“短凳桥系列”等创作实践，更让我们深刻地感受到文学创作与地域文化之间的隐秘关系。正如韩少功所说：“文学有根，文学的根应深植于民族传统文化的土壤里，根不深，则叶难茂。”③参照以上理论研究和创作实践，我们认为，纯正的吴越风味在小说

① 高松年.《当代吴越小说概论》，上海：学林出版社，1999 年版，第 67-212 页。

② 吴秀明.《文学浙军与吴越文化》，杭州：浙江文艺出版社，1999 年版，第 13-18 页。

③ 韩少功.《文学的“根”》，《作家》，1985 年第 4 期，第 2-3 页。

创作中大体表现为：取材小（小人物、小事件），布局精巧、谨严，故事叙述和人物塑造的抒情化、写意化，语言的清新、自然（有些作品大量运用带有浓厚地域色彩的方言），总体呈现为一种冲和、淡雅的阴柔之美。

作为一名浙籍作家，这种纯正的吴越风味在茹志鹃的小说创作中也得到了充分体现。茹志鹃，祖籍杭州，出生于上海，自幼随祖母辗转于上海、杭州两地，深受吴越文化的熏染和濡润，虽然后来因参加革命而跑遍了大半个中国，但这种地域传统文化因子已积淀在心理无意识底层，极大地影响了她的文化性格和审美取向，并在创作中不自觉地流淌出来。

一、讲述普通人的日常生活。作者所有的小说里面几乎都没有高大伟岸的英雄形象，有的只是通讯员与新媳妇、静兰与明发、谭婶婶与荷妹、老甘与老寿等“小人物”；也没有惊天动地的革命壮举，有的只是家庭里的纠纷、生活中的琐事、工作中的分歧。作者通过这些家务事、儿女情构建一个日常伦理的话语世界，以小见大，揭示了一个个深刻而又重大的主题。作者深受鲁迅等文学前辈的影响，她说：“我追求像那些前辈作家那样，能在一个短短的作品里，在一个简单、平易的事件、人物身上，却使人看到整个时代脉搏的跳动；一个普通人物的遭遇，却能反映出整个国家社会的命运。”①并且对此充满自信。在谈到题材大小的问题时，她为自己争辩道：“我不懂理论，你拿出这篇作品来我学，所以我说的题材大小的争论，我都不想谈，这个讨论有什么意思呢？你大题材就一定是大作品？不见得！小题材写深刻了也很好。”②

二、小说的故事一般都比较简单，没有复杂的人物关系和曲折跌宕的故事情节，但故事的构思精巧、结构严谨。《百合花》讲述的故事十分简单，但作品以象征着美好圣洁情感的“百合花”统摄全篇，中间运用大量的细节进行过渡和照应，小说结构完整、自然流畅；《静静的产院》以荷妹和潘奶奶来映衬和刻画谭婶婶这一人物，既有人物自身的纵向对比（谭

---

① 茹志鹃．《追求更高的境界》，《茹志鹃研究专集》，杭州：浙江人民出版社，1982 年版，第 21 页。

② 茹志鹃．《漫谈我的创作经历》，《茹志鹃研究专集》，杭州：浙江人民出版社，1982 年版，第 66 页。

婶婶、潘奶奶），又有人物之间的横向比较（谭婶婶与荷妹、谭婶婶与潘奶奶），构思巧妙，结构严谨；《剪辑错了的故事》运用西方意识流的手法，通过老甘和老寿的今昔对比，以及两个人之间的横向比较，在“变”与“不变”中揭示一个深刻的主题，手法新颖，布局精巧。另外还有《如愿》里的“苹果”、《暖春时节》里的“虾”等细节，都是作者的匠心独运。精巧的构思、严谨的布局，充分显示出了作者结构故事的能力和特色。

三、不是通过宏大的叙事和激烈的矛盾冲突来塑造人物和揭示主题，而是竭力规避激烈的矛盾冲突和剧烈的情感变化，甚至有意淡化错综复杂的人际纠葛，力求使之简约化、诗意化，其叙事的笔调始终是舒缓的、柔和的，甚至是情意绵绵。如《百合花》对战争的有意淡化和诗意抒写。在人物塑造上，作者通过细节的描写和心理刻画，展现出人物内心深处的细波微澜，揭示其最真实、最隐秘的情感世界，使人物形象生动饱满、蕴藉深厚，映现出人性的美好。如通讯员的朴实，新媳妇的羞涩，以及通讯员与“我”和新媳妇之间的纯洁情感；谭婶婶的质朴，荷妹的率真，以及她们之间的彼此信任；何大妈的独立，阿永的孝顺，以及她们之间的母子情深……另外，作品中诗意化的景物描写和细节点染，如《百合花》中故乡景物和《三走严庄》中雪景的描写等，看似闲笔，实际上却营造了氛围、烘托了气氛，使整个小说富有诗情画意。这最能够体现出吴越风味中的那份含蓄、温婉和秀美，也是作者美好心灵世界的诗意表达。

四、清新、质朴、带有鲜明地域色彩的方言，使茹志鹃作品的吴越风味变得更加纯正、浓郁。语言是文化的最主要的载体，也是最具有个性的文化符号，一个民族或地域的文化个性首先是通过语言表现出来的。由于深受吴越文化的影响，作者在作品中便自觉不自觉地使用了大量的吴越方言，清新、质朴、韵味十足。如《妯娌》中的“散了箍”“滴滴拉拉”“在肚里叽咕”“合不拢”；《如愿》里的“烫得稀烂”“灶披间”“脚踏车”；《里程》里的“困觉”“透亮”“烧滚”“大毒的太阳”；因为时代的原因，这些虽然还算不上是吴侬软语，但绝对是纯正的吴越方言、吴越风味！

指向学科核心素养的中职语文结构化教学设计
——以宋词教学为例

从教学大纲到课程标准的转换，同时凝练了语文学科的核心素养，明确中职生学习该课程后应形成的正确价值观、必备品格和关键能力。随着中职语文新课标的实施，指向学科核心素养的教学成为新常态。

古诗文学习一直是语文课的“重头戏”，在传承和弘扬中华优秀传统文化中起到核心作用。中职语文新课标以专题形式，安排36学时的古诗文选读，课标附录中推荐了30首古代诗词，其中宋词10首。我们试以宋词教学为例，对其进行结构化专题设计。

一、结构化，让思维从“无序”走向“有序”

“结构是事物系统的诸要素所固有的相对稳定的组织方式或联结方式，将两个或两个以上的因素整合起来，形成一个完整的结构，其中诸要素之间确立的构成关系，就叫作结构。”①事物从无序到有序，从低序到高序，排列组合的方式由单维走向多维，就是结构化的过程。结构化设计教学要求“教学首先确立以构建学生的心理结构为中心”②，做好充分的教学准备，依据学生的认知水平和心理结构特点，筛选适合其学习的知识要素，构建完整的知识结构体系，帮助学生理解体系中某一要素所处的横向、纵向位置及与周围要素的联系，从而在学习中形成完整的知识体系观念，并在运用中促进其对知识的迁移和深化，培育学科核心素养。

例如，让一位学生列举所喜欢的古诗词作者，他可能会边想边说：“我喜欢的有苏东坡、王维、陶渊明、李白、杜甫、辛弃疾、李煜……”其他同

① ［瑞士］皮亚杰.《结构主义》，倪连生，王琳译，北京：商务印书馆，1984年版，第2页。

② 冯忠良.《结构化与定向化教学心理学原理》，北京：北京师范大学出版社，1998年版，第21页。

学听完后，能完全记住的估计不多。如果老师提醒学生，按照朝代和体例顺序重新排列后再回答，他可能会说："我喜欢的诗作者有陶渊明、王维、李白、杜甫……词作者有李煜、苏东坡、辛弃疾……"这样回答就会给其他同学留下比较深刻的印象。对比前后两种回答，前者是无序的、混乱的，后者则是有序的、结构化的。两者的不同，体现了表达和思考的结构化过程。

李润洲教授指出："教学设计要回答四个基本问题：一是我们要到哪里去，明了学生的应然与实然的；二是我们凭借什么到达那里，即选择适合的学习内容；三是我们如何达到那里，即选择适合的教学方式；四是我们怎样知道已经达到了那里，即进行教学评价。"① 在宋词教学中，我们用结构化思维进行教学设计，选取相关教学内容予以阐明。

二、知人论世，全方位走进作者，结构化解读增强"立体感"

"一部文学作品最明显的起因，就是它的创造者，即作者，从作者的个性和生平方面解释作品，是一种最古老和最有基础的文学研究方法。"知人论世即是了解作家各个方面的情况和他的创作意图，了解作品反映的时代背景和作家创作该作品时所处的社会状况。在知人论世的基础上，再结合运用其他方法，才能对作品作出较为准确的评价。

在以往教学过程中，教师对作者的介绍往往都是泛泛而谈，千篇一律，多涉及作者的生卒年月、官职名称、名和号等等，集中于"名、时、地、评、作"五个方面。这些知识性的内容冰冷而枯燥，在学生脑海一闪而过，几乎没有留下什么痕迹，也激发不了对作者的兴趣，更何谈深入理解反映其情志的作品呢？对此，我们认为，知人论世是内容结构化的第一步，教师应把作者讲深讲透，而不是蜻蜓点水，一带而过。比如苏轼，旷世无双的全能文士，学生并不陌生，幼儿园就诵读他的诗。传统的教学是在学习他的作品前，用三五分钟介绍作者的基本情况和与课文有关的时代背景，学生了解的是一个个"片段"。如在学习《念奴娇·赤壁怀古》时，

---

① 李润洲．《指向学科核心素养的教学设计》，《课程·教材·教法》，2018 年第 38 卷第 7 期，第 35 页。

对“作者简介”进行结构化设计，以苏轼的职业生涯为题，系统设计了下图所示两个方面的内容，安排 1~2 课时，让学生对作者有一个清晰、完整的认识。中间穿插苏轼的考场作文《刑赏忠厚之至论》，是一个被欧阳修误判的趣味性故事，激发学生的学习兴趣。

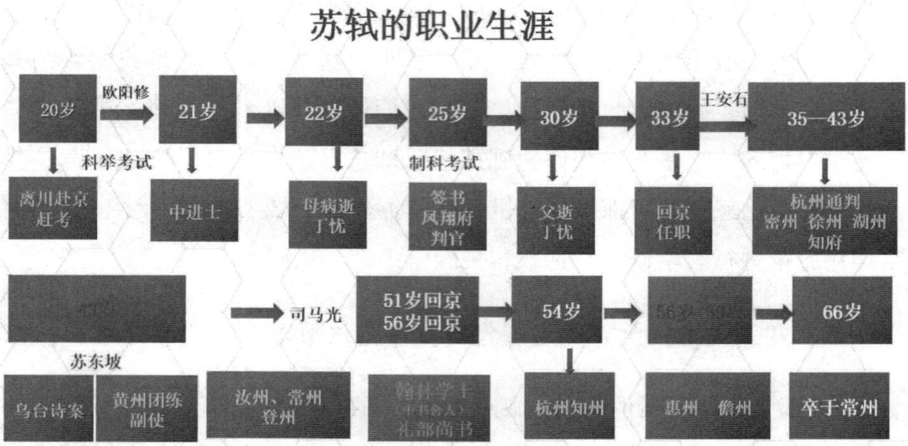

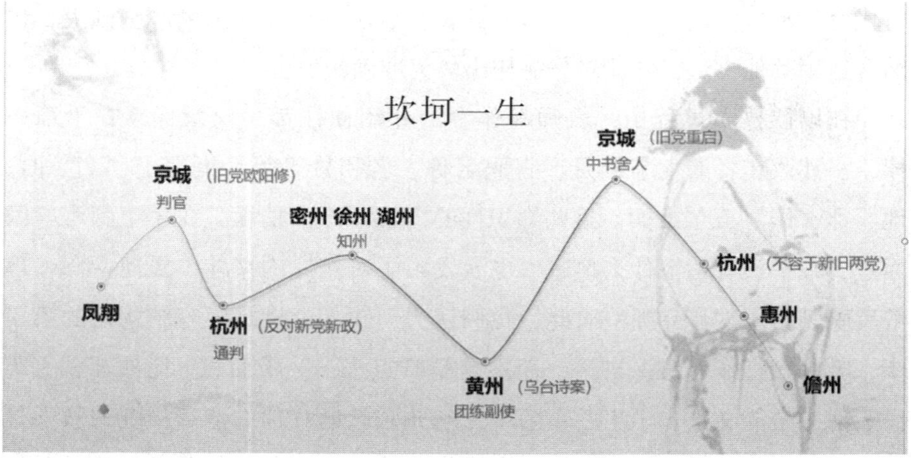

在知人论世结构化设计的过程，还侧重于对作者“立体化”形象的认识。我们用一个个小故事，让人物形象“立”起来。比如学习王安石《桂枝香·金陵怀古》时，根据学生初中学古代史的经历，他们都能说出王安石变法，王安石是政治家，想当然地认为他必然是仪表堂堂、霸气外漏之人。此时，教师利月趣闻故事引出王安石“囚首丧面，而谈诗书”、吃菜只从离自己最近的下手等，用另一种形象——生活中简朴、蓬头垢面、邋里邋遢的“真实面目”，与学生心目中的形象形成巨大反差萌，让人物“立”起来，更加真实、丰满。

三、互文交映，以诗文解宋词，结构化释意增强“情境感”

我国诗文创作历史悠久，很多文化元素或意象已成为历代诗文创作的基因，后世文人创作经常化用前辈的词、句，从而构成了文学创作中的“互文”。互文理论强调文本之间的相互联系，认为任何文本都不是孤立存在的，所有的文本之间都能形成互涉关系，所有文本之间都可相互参照和吸收。在互文性的视野里，每一首诗都不是孤立的存在，都处在与其他诗歌相互作用的动态过程之中。

如果在宋词教学中，教师能够从这个视角出发，对词作中某些意象进行结构化设计，通过纵向贯连和横向融通，以诗文解宋词，教学效果会更好。例如在《念奴娇·赤壁怀古》中，对“小乔初嫁了”的“初”的处理，传统教法是教师解释“初”为“刚刚”的意思，本句意为小乔刚刚嫁给周瑜不久，以此烘托周瑜“雄姿英发”。结论没错，但教学过程显得生硬，学生只能理解字面意思，无法体味“初”所蕴含的美好意境。此时，教师可以把相关内容进行充实和拓展，引用“杨家有女初长成”“豆蔻梢头二月初”等名句．通过杨玉环的“回眸一笑百媚生，六宫粉黛无颜色”，让学生领悟到“初长成”女子的娇媚无限；通过“豆蔻梢头二月初”，让学生体会像刚刚绽放的花儿一样的女子的青春洋溢。一句句经典诗文，让学生沉浸在美妙意境中，脑海中浮现出一个在豆蔻年华之际出嫁的美人小乔的形象。通过结构化设计，以纵向贯连和横向融通的方式，引用诗句代替教师口干舌燥的描述，将学生代入具体情境之中，其感受和认知效果远比老师灌输来得深刻、来得具象。

四、知识贯通，纵横连接，结构化认知增强“方位感”

传统宋词教学都是单篇讲解，教师对教材基本不做整合处理，课文选取哪一篇教师就讲哪一篇，学生对宋词的了解缺乏系统性，甚至认为宋词就是教材中的那几篇。如果教师能把握宋词的脉络，从其发展历程入手，让学生对宋词有一个整体的了解之后，再去讲解具体篇目，是否效果会更好？所谓宋词认知结构化，一是指从关键人物解读词的发展史（见图1）；二是从同时代的比较中辨析词的婉约与豪放（见图2）。从关键人物解读词的发展史是指教师把能反映词发展中重要节点的词人和词作进行梳理。从词的发展过程来看，每一阶段都有一个标志性人物，如“花间鼻祖”温庭筠；从民间创作走向文人创作的“词中之帝”李煜；开一代先河，变“伶工之词”为“士大夫之词”的苏轼；把词的音乐性发展得最完美的集大成者周邦彦；活跃于南北宋的“词家一大宗”李清照，南宋“词中之龙”辛弃疾。教师把这些词人纵向连接，有助于学生了解宋词的发展脉络。

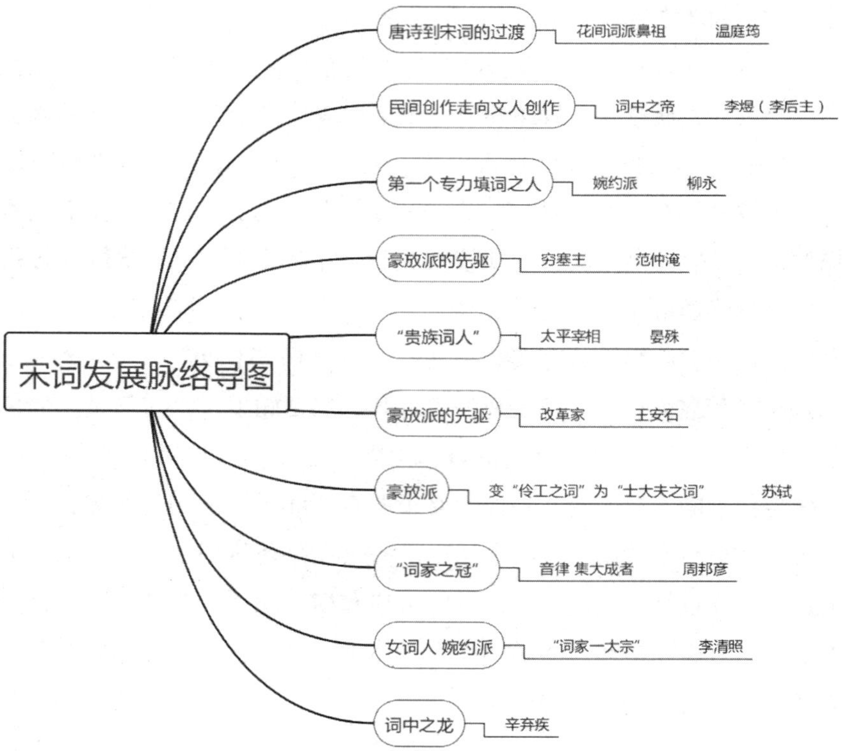

图1

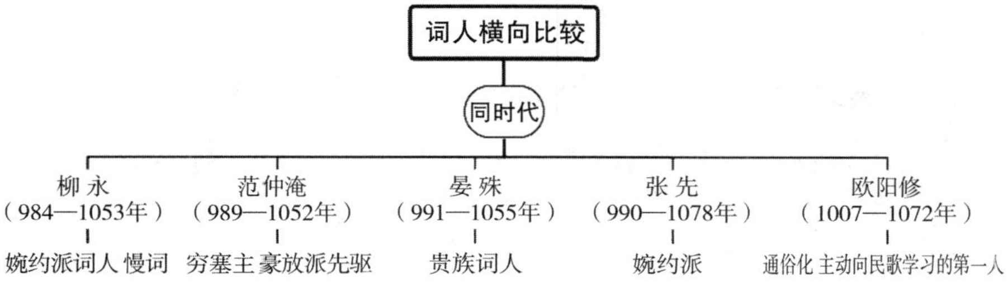

图 2

除纵向了解宋词的发展脉络外，教师还可从横向角度去比较同一时代或同一地域的词人，例如被称为“山东二安”的李清照和辛弃疾，二人词作的内容、风格迥异，性别是否是最大的影响因素？苏轼和柳永时代相近，二人词作有无互相影响？婉约与豪放如何区分、是否水火不容？可以借此确立“词人与地域”“词人与性别”“词人与词风”等专题教学，让学生阅读相关词文及研究著作，激发他们的学习兴趣和探究精神。这样才能让学生在历史坐标上对自己学的词作有一个明确的方位感，从而加深对词作、词人的立体化理解。

在宋词结构化教学设计中，我们通过对词人进行不局限于“名、时、地、评、作”的综合考量，实现对学生整体性思考能力的提升；通过以诗解词的互文性教学，拓宽学生的审美视野，深化对词文本的理解；通过纵、横两个维度对教学内容的整合，帮助学生形成系统的整体观和变化的历史观。每一首宋词的来龙去脉、每一个重要词人的命运选择，都将融化在学生心中，润泽着他们，熏陶着他们，不断提升他们的语文学科核心素养。①

① 此文发表于《职业教育》2020 年第 11 期。

基于古诗文专题的课堂教学实施路径

——以《宋词中的家国情怀》为例

古诗文学习一直是语文教学的“重头戏”，在传承和弘扬中华优秀传统文化中起到“核心”作用，《中等职业学校语文课程标准（2020 版）》安排 36 学时的古诗文选读，课标附录中推荐了 30 首古代诗词，其中宋词 10 首。随着新课标的实施，围绕语文学科核心素养，基于专题的语文课堂教学成为新常态，我们试以“宋词中的家国情怀”为例，探索实施古诗文专题教学的基本路径。

一、整合内容，寻找最佳契合点，确定明确的主题

专题教学中，主题的确定是关键。主题的确立需要考量课标、教材与学情，专题教学的主题不是思想主题，也不是知识主题，而是文化主题。教师需要选取能够连接学生精神世界、现实生活的主题，整体把握文本信息，精心设计教学活动，从而让学生的思想与文本产生共振点。

在三千年的诗韵中，爱国诗词熠熠生辉，家国情怀绵绵不断，李清照的家国情愁，岳飞的同仇敌忾，范仲淹的忧怀惆怅，辛弃疾的壮志难酬，我们把这四位词人的“Chou”串联成一个“家国情怀”专题，契合点在于：

1. 别样“Chou”绪与同样情怀的交融。“寻寻觅觅、冷冷清清”的李清照的家国情愁，“登楼远眺、心忧天下”的范仲淹的忧怀惆怅，“怒发冲冠、仰天长啸”的岳飞的同仇敌忾，“金戈铁马，气吞万里如虎”的辛弃疾的壮志难酬，四位词人别样的“Chou”，却一样的情深，以“Chou”串“情”，低回吟唱中迸发出强烈的家国情怀和爱国主义情感。

2. 低吟浅唱与壮怀激越的美学呼应。李清照以女性特有的视角和细腻，融情愁、家愁、国愁为一体，哀婉感人。范仲淹以低回婉转、沉雄清

刚的笔触，抒写羁旅思乡的情怀。岳飞和辛弃疾把坚定的抗战决心、炽热的爱国热情、顽强的斗争精神和豪迈的英雄气概，熔铸在宏大的意境中，气吞山河，将豪放词风推向高峰。四位词人的组合，构成低吟浅唱与壮怀激越的美学呼应。

3. 家事与国事的交相辉映。颠沛流离，流不尽红颜女儿的脉脉柔情；山河破碎，压不垮铮铮铁骨的热血男儿。李清照的忧伤，范仲淹的深远，岳飞的精忠，辛弃疾的大义，四位词人用生命共同谱写了跨越两宋、家与国、柔与刚交相辉映的爱国主义华美乐章。这样的组合，由个及类，由类及理，个性与共性相融，形成立体教学效果，更好地发展语言、思维、审美等核心素养，体认优秀传统文化“国家兴亡，匹夫有责”的忧患意识和爱国主义情感，增强文化自信和责任担当。

二、聚焦三问，指向学科核心素养，制定具体的目标

学习目标是专题教学设计的灵魂，我们通过三问，制订出明确、具体的学习目标。

一问来自何处？在确定学习目标时，我们所依据的核心是两个“实际”，一是学习内容，即在认真研读课标、教材的基础上，明确教学的基本内容；二是教学对象，即对学生的背景知识、学习能力、学习态度、心理状态等进行分析，把学习内容和教学对象这两个“实际”结合起来，设计出恰当的教学目标。

二问如何设计？通过研读课标、通读教材，结合学情分析，了解学生的应然与实然的差距，从而确定学习目标。目标设计，指向语文学科核心素养，即语言、思维、审美、文化“四维一体”，这是语文学科育人价值的集中体现，也是其鲜明特色，并通过学科学习形成正确价值观念、必备品格和关键能力。

三问起何作用？学科核心素养“不是直接由教师教出来的，而是在问题情境中借助问题解决的实践培育起来的”。专题教学设计遵循如下循序渐进的过程：创设情境，提出问题；呈现系统性、多样化的学习资源；设计系统化、多层次的项目和任务；根据材料和项目开展探究；初步回答上

课初始所提出的问题，呈现探究成果。目标引领行动，拉近“知”与“行”的距离，实现知行合一。在制定目标的同时，要解决好“突出重点”和“突破难点”的问题。

一是整合资源，信息化辅助。利用《百家讲坛》权威解读、对于词人个性化理解的趣味视频，贴合词人生平经历的歌曲、短剧等，把四位词人生平故事、足迹、词作做成“视频加油包”“音频加油包”和“故事加油包”，以丰富的资源，有趣的形式，多感官的刺激，突出重点，化解难点。

二是层层引导，铺路架桥。以视频朗读创设情境，感受语言之美、意境之美；以突出典故、意象的文本细读分析词作；以群文比读的方式，实现知识能力迁移，掌握从一首到一类的宋词学习方法，即通过情境导读、文本细读、群文阅读，由浅入深，层层推进，落实教学重点。

三是联系生活，各美其美。挖掘“东南阙里、南孔圣地”地域文化，结合庆祝中国共产党成立100周年，开展“词韵雅苑”设计活动，加强语文与专业的融合，增强学以致用的“情境感”。学生自主选择喜欢或擅长的方式与词人对话，共情共鸣，体悟宋词之美，感受词人之“Chou”，各美其美，突破教学难点。

三、创设情境，对应问题与任务，形成教学模式

“三阶四步五环”教学模式相关要素有：情境（蕴含问题的真实背景材料，包括生活、社会、现实、观念等情境）；问题（包括主导或核心问题及其分解问题，具有真实、综合、探究性）；任务（为解决问题安排的学习活动、综合实践活动）。

“三阶”指三个阶段：课前引导发现，课中合作探究，课后实践拓展。

“四步”是四个基本步骤：知其人，识“Chou”；品其文，解“Chou”；感其情，悟“Chou”；动其诚，化“Chou”。

“五环”即导读、设疑、互动、思辨、创意等五个环节，分设在每一个步骤中，眼、脑、口、手多感官参与，实现学生能力素养综合动态发展。

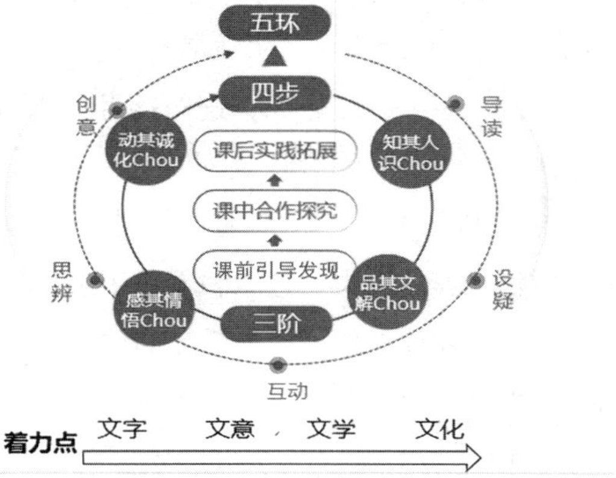

四、逆向设计，突出过程与成果，开展“双维度评价”

专题教学课时多，持续时间长，由多个活动组成。学生参与活动的学习成果要进行及时展示及评价。评价是学习过程的重要一环，能够丰富学生的自我认知，让学生及时获得学习反馈，取长补短，提升能力，发展自我。对于教师来说，多角度、分层级评价有利于满足不同学生的发展诉求，要果断放弃唯成绩、标准化、形式化的评价，使不同的学生在活动中均有所得。在专题教学过程中，我们将对学生的学习过程实施“双维度评价”，两个维度的评价是双线并行的。

一是基于逆向教学设计的评价，即以学生的预期学习结果（终点）作为起点设计教学活动，从训练哪些技能、成绩如何评定、参加哪些活动三方面设计预期结果与评价。在设计教学活动之前，先思考如何展开评估，确保预期的学习结果与教学活动之间的一致性。基于逆向教学设计的教学评价大致分为以下三个阶段：首先确定预期的学习结果；其次确定合适的评估证据；最后设计学习体验和教学活动。我们在进行教学设计时制定了三个方面的预期结果与评价：训练哪些技能；参加哪些活动；成绩如何评定，各分成三个星级。

训练哪些技能：梳理词人生平经历、人生故事及词作；背默文本中的四首词，熟读或背默词人其他词作（不少于 4 首）；说出词作中的文学常识、典故、意象及所用的鉴赏方法；结合所学进行作品创作，表达自身感受到的“家国情怀”。

参加哪些活动：梳理、默背；结合专业特长，绘制“词情图”；演讲、征文以及“词韵雅苑”专业设计综合实践活动。

成绩如何评定：按任务完成情况，进行生生、师生评价并结合社团“词人风采”大赛比赛结果进行综合评定。

比如一名学生在录制《声声慢》朗诵音频时，选取了《如梦初醒》的古风纯音乐，并能说出推荐的理由，且能和着音乐进行个性化的诵读，获得了大家的一致认同。这说明他对作品语言描写的情境是理解的，他的表达是准确达意的，可以根据“星级评价表”对他的朗诵音频进行星级评分。

二是美学评价，按“音、画、文、作、人”打造不同的学习共同体，让学生找到自己学习宋词的方法，学习语文的方法，通过美学评价真正实现各美其美，美人之美，美美与共。因教学活动是“情境化”的，是依托真实的社会情境开展的，故美学评价也应是“情境化”的，即充分考虑对学生生活情境的衡量。比如一名学生创作“词情百景图”时，选取的是“寒窗”“梧桐”“细雨”三个意象，用手中之笔画出了一瘦弱女子倚窗而望，伸手接住下落的丝丝细雨，风吹动着不远处的梧桐树，树叶之间沙沙作响，间或有梧桐树叶随风落下……他能够把自己的所思所感用画作表达出来，并能用语言进行基本的描述，获得同学们的一致赞同。这说明他对作品语言描写的情境是理解的，他的表达是准确达意的，可以参与“美画”组的评选。

主题下的任务、从真实问题出发的教学目标、情境中的活动、针对活动开展及时给出的评价是专题教学的四部曲，任务是序曲，为整个专题教学奠定基调；目标是间奏，为整个教学活动的有序进行把握方向和节奏；活动是中段，是丰富多彩、锦绣华章的部分；评价是尾声，与主题呼应，是专题教学完美收官的重要环节。四个部分相互联系、环环相扣构成一个整体，构成专题教学的基本要素。

五、四大路径，以学生自主成长为主线，实现四大成效

一是专题化解读增强方位感。专题学习通过文本细读、群文比读，让知识贯通、纵横连接，增强方位感，学生的深度阅读能力和创意表达能力

得到了培养。通过对词作文化内涵的不断挖掘和深入阐发，学生的阅读能力有较大提升。在词人“家国情怀‘Chou 绪’品读分享会上”，发现他们富于创造、善于表达。

二是结构化设计增强立体感。通过故事知多少、足迹明几何、词作知几许，达到知人论世的效果，学会了纵观全局，古为今用，学生对词人有了全方位、立体化的理解和认识。学生团队合作能力、问题解决能力和鉴赏能力有极大提升。

三是活动贯穿增强情境感。在“词韵雅苑”综合实践活动中，以美篇、微信推文的设计与制作，“宋词 & 家国情怀”广告设计的实践活动之旅，创设情境，让学生领悟到宋词之美，感受到爱国之诚，增强文化自信，激发爱国情感，强化宋词之美的文化意识，诠释价值追求，也增强了守望与传承的自觉性。在词人大会的演讲比赛以及文本品读的过程中，学生的思辨能力也得到了较大提升。

四是学习成果升级为学生作品。“词韵雅苑”综合实践活动中，学生结合专业特长，开展创造性活动，有显性物化的学习成果输出，把学习实践过程转变为完成任务的过程，把学习的成果提炼打造成作品。①

“南孔家宴”校本课程的开发与实施
——以《人间有味——美食美文》为例

历史是城市的“根”，文化是城市的“魂”。衢州素有“东南阙里、南孔圣地”之美誉，2005 年 9 月，时任浙江省委书记的习近平同志第 5 次来衢州考察时作出重要指示：“衢州历史悠久，是南孔圣地，孔子文化值得很好挖掘、大力弘扬，这一‘子’要重重地落下去。”目前，衢州市委市政府正全力打造“南孔胜地 衢州有礼”城市品牌，以文化物，以文化人，以文兴业，用心用情留住了一座城市的根与魂。本着“承文化之美，发产

① 此文发表于《职业教育》2022 年第 3 期。

业之花，育人才之苗，助城市品牌”的宗旨，学校依托地方品牌文化和特色产业，进行专业建设和课程开发，在课程开发、专业建设与产业发展、文化传承之间寻找“切入点”和“突破口”，把衢州“南孔文化”与学校烹饪专业有效融合，打造“南孔家宴”品牌，构建全景式人才培养模式。

一、全景式人才培养模式架构

“南孔家宴”品牌打造，突出“全领域、全感官、全方位、全学科、全过程”，即调动行业、企业、社会和学校等全领域社会资源，整合语文、音乐、美术、计算机等全学科资源，调动学生手、脑、眼、耳、嘴等全感官的体验，融合烹饪专业全课程的项目化设计，全方位培养集书、礼、艺、技于一身的有创新思维、创造能力、创业本领的“三创”学生及有德、有艺、有文化的“三有”儒厨（如图1所示）。

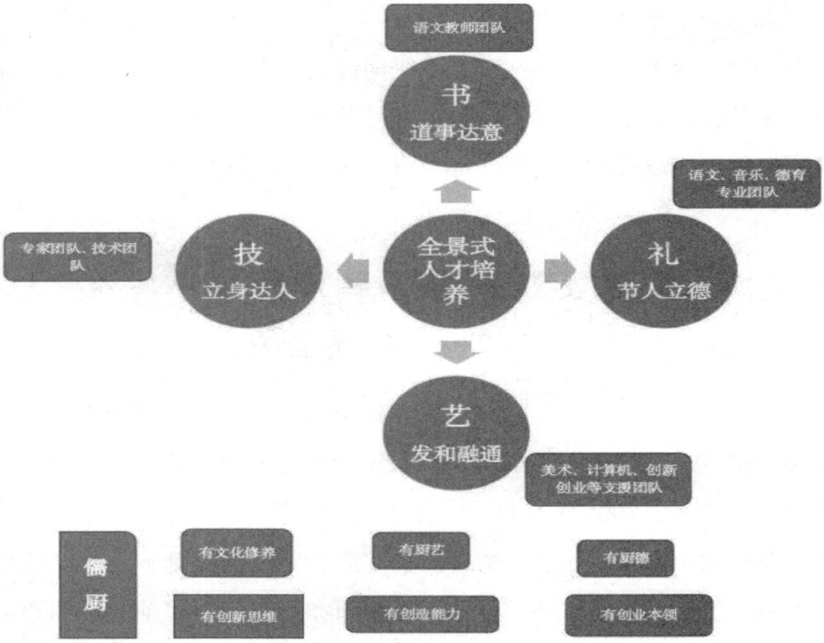

图1　全景式人才培养模式

1. 以书道事。带领学生参观南孔家庙，拜访孔子第七十五代嫡长孙孔祥楷先生，了解南孔文化。学习《论语》等传统经典，编写语文教材《人间有味——美食美文》，培养书以道事达意的能力，提升学生思想境界和文化素养。

2. 以礼明德。开发家宴、喜宴、迎宾宴等三大菜系，建立菜系制作标准与流程，为“南孔家宴”走向市场铺设道路，同时在实践中领悟南孔饮食文化中蕴含的礼仪，理解践行孔子“不学礼，无以立”的内涵，让每一道菜融入情感，礼以节人立德，做到干一行爱一行，择一事精一技。

3. 以技达人。在学生创业基地、衢州市文化旅游街区、沿线农家乐等场所及学校对外交流中推广“南孔家宴”品牌，以培养学生创新思维、创造能力和创业本领，做到技以立身达人。

4. 以艺融通。将三大菜系以及“南孔文化”故事配合音乐、图像进行艺术设计，制作成工艺品、伴手礼，作为旅游纪念品，为全域旅游增色。创作过程融合美术、音乐、信息技术，培养学生欣赏美、创造美的能力，做到融通。

二、《人间有味——美食美文》语文课程开发

全景式人才培养模式旨在培养集书、礼、艺、技于一身的有创新思维、创造能力、创业本领的“三创”学生及有德、有艺、有文化的儒厨。一个“儒”字反映了对人才培养的要求，而语文作为夯实学生文化底蕴、锻炼学生人际交往和表达能力等综合职业能力的重要基础课程，对中职生专业学习和职业生涯发展具有重要作用。为此，我们进行烹饪专业语文校本课程的开发。

1. 单元设计主题化。课程开发的基础在于单元设计。根据新课标对中职学生语文学科核心素养的要求，聚焦全景式人才培养模式目标，结合烹饪专业学生的语文素养，本课程以“人间有味”为主题，分为“知食”“明食”“名食”“评食”“品食”五个板块，五个板块对应五个单元，每个单元前编写“单元导语”，同时根据主题安排3-4篇选文，每篇选文后精心设计实践练习和拓展迁移内容，增强学生的语言理解与运用能力，提升思维品质和审美情趣，形成良好职业素养。

2. 课程内容层次化。《人间有味——美食美文》校本课程按主题进行单元划分，分为“知食”“明食”“名食”“评食”“品食”五个单元，从

美食佳作欣赏感受美食风味，到感悟美食背后的匠心与情谊，由注重学生对文本的整体感知和把握，到尊重学生对文本的独特见解与创新想法，允许学生对文本进行多元解读，层层深入，契合了学生的语言能力以及认知发展水平。此外，每个单元中都分别安排了单元导语和实践活动、知识拓展等延伸内容，既为一部分基础较弱学生的学习提供了学习“脚手架”，又满足了一部分语文基础较好的学生进一步提升语文素养的要求，凸显了中职语文课程标准对学业质量两个水平不同掌握标准的划分和规范。

3. 实践活动情境化。“学科核心素养不是直接由老师教出来的，而是在问题情境中借助问题解决的实践培养起来的”。校本课程《人间有味——美食美文》有意将课程内容与专业技能、职业素养相联系，创设开放式情境，借助灵活多样的学习任务，提升学生的职业道德修养，彰显中职语文的职教特色。例如，在“评食”这个主题中设计的实践活动就是，学生在自己家中或外出就餐时，是否遇到沿用一些不必要的古代饮食礼仪情况，并谈谈自己的看法。小组合作设计一套体现南孔文化“礼”的内涵，并将其体现在“南孔家宴”的餐饮礼仪之中。“品食”主题中设计的实践活动是结合自己的兴趣、学习、专业定位制作一份职业生涯规划。让学生在情境化的实践活动中，领悟南孔饮食文化中蕴含的礼仪，做到干一行爱一行，择一事精一技，实现礼以节人立德。

三、校本课程实施：文专融合推进

本课程采取“双线”实施策略：一条线是语文课堂教学实践，主要采用“无边界”课堂的形式；另一条线是纳入“南孔家宴”品牌打造的综合实训实践。

1. “无边界”课堂实现语文与专业融通教学。“无边界”课堂是在信息化技术设备和信息化技术平台的支持下，教师、学生通过登录云空间获取教学资源进行教和学，或者通过主讲教师和助讲教师在不同授课地点进行实时互动完成教和学。它打破了传统意义上教室的“边界”和时间的限制，实现资源重构与整合、学科渗透与融通，促成思维跨越和创新。

例如《玉盘珍馐综合实践活动》这堂课，在“菜名赏析”环节由专业课老师在实训室现场介绍菜肴命名的一般原则与方法，在“规律探寻”环节由语文老师点明菜肴命名和语文学习的关系，重点讲解成语典故或古诗词在菜肴命名中的运用，在“菜肴命名实练”环节由专业课老师在实训室展示各类菜肴的主料、辅料与烹制，语文老师提供可运用的命名方法，学生分组讨论，准备交流，最后由语文老师、专业课老师和学生共同评选出最佳菜名。具体操作如图 2。

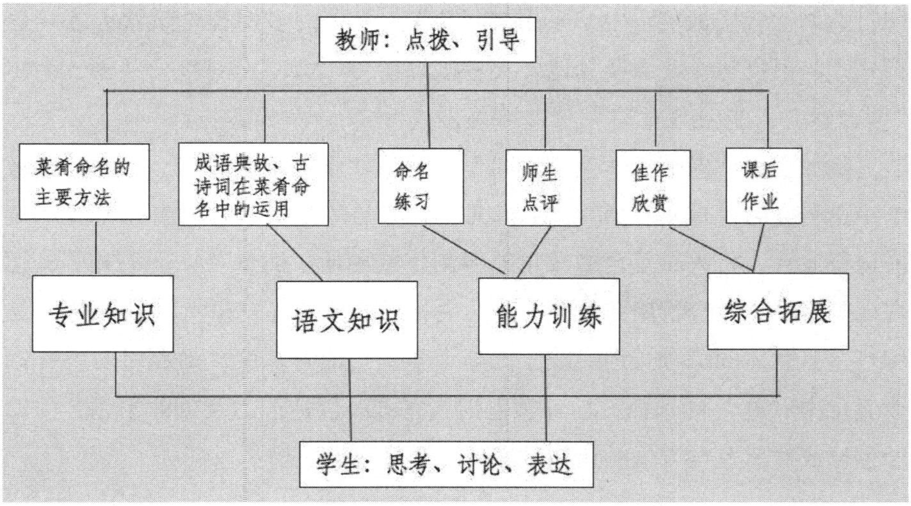

图 2　玉盘珍馐实践活动课堂操作结构图

2. “南孔家宴”品牌搭建语文教学实践平台。“南孔家宴”品牌打造包括市场调研、标准制定、菜品研发、课程开发、品牌推广及形成人才培养模式等六大过程。其中“菜品研发”环节需要学生搜集一些具有当地特色或者拥有一定背景、历史故事的菜品，然后结合南孔文化进行改良创新。教材第一单元中《饮食男女在福州》选文后面的实践活动正是寻找衢州街头巷尾的特色小店以及特色菜，并了解这些菜品背后的故事和寓意，以小组为单位做一次“至味衢州”的汇报。

活动过程：

（1）以地域划分为标准，将学生分成 6 个小组，各自安排路线进行走访探寻。

（2）将得到的特色菜品以小组为单位进行整理汇总，整理的内容包括菜品名称、烹饪材料、烹饪程序、背后的寓意或故事。

(3) 以小组为单位将整理的材料做成电子演示文稿，在课堂上进行讲解。

(4) 由语文老师、专业课老师和学生共同选定表现好的小组予以嘉奖。

3. “语文+专业”跨界教学实现全景式人才培养。在“南孔家宴”品牌打造的综合实训实践中，采用“语文+专业”的多课程全景式人才培养模式。将语文与专业课及其他公共基础课统筹、分工、对接、共创，突出“内容整合、能力融通”。

例如：语文老师教学生设计调查问卷和“雅趣菜名”等，数学老师教学生进行宴席“成本核算”，计算机和美术老师教学生对“南孔家宴”菜品进行设计，将菜品蕴含的文化故事制作成画册、明信片、伴手礼等，德育老师引导学生进行南孔饮食文化相关礼仪的体验等。以“南孔家宴”品牌打造为载体的综合实训实践，提高了学生技能熟练度，加深了对南孔饮食文化中“礼”的领悟，培养学生创新思维、创造能力及创业本领，帮助学生形成对职业全方位的认知，实现了全景式人才培养。

四、课程实施评价：变“过去取向”为“未来取向”

钟启泉认为，教育是支援面向未来发展中的儿童自我形成的活动，而这种自我形成过程又是形形色色的。这种儿童未来目标的指向，就决定了“学习评价”不是测定学习的结果，不是对学生的“过去”的终审判决，而是“始发站”。在这个始发站里，教师应当为每一个学生个性化的“未来”提供希望与展望，提供他们闯入未来世界的勇气，最大限度地丰富他们作为各自的自我形成活动的学习。

《人间有味——美食美文》校本课程强调改变传统的期中期末考试等“盖棺定论”式的评价模式，而是采用能够呈现动态变化以及阶段性的评价模式，即“评价—改进—计划—实施”，对学生核心素养的发展进行评价。从积极地评价学生优势和进步状态出发，把握教学目标的达成状态，探寻未达成目标的原因，改进教学活动。

本课程在对学生核心素养进行评价时，关注评价的情境性，看学生能否运用新旧知识对现实社会、生活、职业生涯中遇到的问题进行判断和处理。例如，学生在“品食”主题的实践活动中要结合自己的性格、学习、专业定位，制作一份职业生涯规划。要求学生制作 PPT，并面向全班同学汇报。对该实践活动的评价，不仅要从职业设计的合理性、课件制作质量以及总体印象去判断学生的态度和审美能力，更要从语文的角度点评学生的书面和口语表达是否通顺，图文是否相匹配。以此来判断学生的语言文字运用能力，并在后续的教学实践中进行相应的调整。

同时，扩大评价主体的范围，将学生的评价也纳入其中；增加评价方式，除了师评和他评之外，还有学生的自我评价。在“玉盘珍馐综合实践活动”中，评价的三体包括语文老师、专业课老师和学生，老师对各小组的成果给出点评，学生也可以对他人的成果提出相应见解，对自己的成果进行阐释，结合多方评价形成终评意见。

五、经验与讨论

1. 全景式人才培养要有全学科的视野。教育培养的是面向未来的人才，从某种程度上来说，现在的育人目标就是对未来社会的一种预言。全景式人才培养模式培养集书、礼、艺、技于一身的有创新思维、创造能力、创业本领的“三创”学生及有德、有艺、有文化的儒厨，要求学生除了以技达人外，还要能够以书达意，以礼明德，以艺融通，这些都需要我们打破学科的界限，构建全学科的育人环境。

2. 实践活动是素养养成的重要渠道。语文素养的提升要更多地借助情境中的一些实践活动。《人间有味——美食美文》课程除了以“内容主题”组织单元，形成一条贯穿始终的线索之外，同时又将“语文素养”的各个要素，包括一些基本的语文知识、语文能力（写作、口语表达等）都融入每篇选文后面的实践活动中，使得在教学过程中既不拘泥于主题，又有效地落实了语文实践与应用能力的培养。

3. 任重而道远。全景式人才培养模式刚实施一年多，目前还在初始阶段，不管是助力城市品牌创建还是培养有创新思维、创造能力、创业本领的“三创”学生及有德、有艺、有文化的儒厨，都是一件积久为功而非朝夕之间的事情，需要不断循环往复市场调研、自我修正等环节，才能真正有所为。①

从“教课文”到“学语文”的美丽转身
——中职语文学习共同体的构建与实施

一、背景

“中职教育要加强文化基础教育，为学生全面成才、持续发展奠定扎实基础”写进了《国务院关于加快发展现代职业教育的决定》。语文能力是第一学习力。语文是根植人文底蕴、涵养人的素质、提升持续发展能力的基础。目前，中职语文课堂教学方式陈旧、语文课枯燥乏味、学生听不进、不愿学的现象比较突出。为了点亮学生的“兴趣之灯”，点燃学生的“思维火把”，我们探索实践“语文学习共同体”的教学组织形式，给学生创设“人人尽展其才，人人皆能出彩”的平台，从“教课文”到“学语文”美丽转身，促进学生主动学习、创造性学习和个性化发展。实现从学习创新到教学组织创新的转变，并以共同体的价值理性实现语文教学和学习价值理性与工具理性的统一。

二、主要解决的教学问题

近年来，我们分别对中职学生及任课教师进行语文学习和语文教学的情况调查，对调查结果进行分析得出，中职语文教学需要解决以下问题：

1. 学生喜欢语文，但不喜欢语文课。学生学习被动，内驱力不够，语文课堂自由散漫，教学效果不乐观。学生说：我们喜欢“语文”，可语文老师就是讲讲讲，我们对老师讲的不感兴趣。于是课堂里满是“低头一

① 此文发表于《衢州教育》2021 年第 4 期。

族”——学生都忙着玩手机。

2. 语文课追求精准“传授”，缺乏“实践场”。“讲课文”的教学方式在中职语文课堂上盛行，教师大量地灌输、讲解，课堂程序化、格式化、机械化，导致学生学习的主动性丧失，个性化学习空间全无。对中职学生来说，如果仅注重“文本讲读”和“知识传授”而没有“实践场”，语文教学就失去活力和生命力。

3. 语文学习流于平面化，立体性不足。在语文学习上，90%以上的中职学生不认为自己是“差生”。事实上，学生的语文特长、能力各有千秋，每个人有自己喜欢的语文，有的同学喜欢朗诵，有的同学喜欢写作，有的同学喜欢话剧等等。因教学理念、教学模式、评价方式等问题，每个人的语文能力没有得到具体的锻炼和展现。

三、具体措施

（一）概念内涵

“学习共同体”（learning community）的概念是博耶尔（Ernest L. Boyer）首次提出的。根据博耶尔的观点：学习共同体是所有人因共同的使命而朝共同的愿景一起学习的组织，共同体中的成员共同分享学习的兴趣，共同寻找通向知识的旅程和理解世界的运作方式。根据学习共同体的含义，一个班级可以看作是一个学习共同体，学校可以看作是一个更大的学习共同体，而一个班级又可以根据需要分成不同小组，也可以认为是小型的学习共同体；我们所探索实践的“中职语文学习共同体”（以下简称学习共同体），就是把班级分成若干小组而形成的小型学习共同体。它是一种新型的中职语文教学组织形式，是师生追寻共同的学习愿景，设定任务和目标，创设教学情境，师生之间、生生之间协商对话，共享学习的乐趣，共同寻找和生成新知识的学习团队。

它与传统的小组合作有着明显的区别：一是“系统化”与“片段化”的差异。小组合作是课堂组织教学当中的小片段，并示改变学习的实质过程。学习共同体则是主张“一贯设计原则”即学习设计的系统化，学生合作交往活动、评价原则必须协调一致。二是“界限”的区分。小组合作通常有个明确的小组边界，但是学习共同体只需要参与者对某一学习领域共同参与，没有明确的边界。三是“选择性”与“指定性”的自由。小组合作指定的成员参与特定的小组，而学习共同体学生自由选择共同体。四是合作交流。小组合作学习只是同伴交往，学习共同体不仅注重同伴交往而且也注重师生之间的交往，注重文化的连续性，为学生的终身发展奠定基础。五是个人能力提升。小组合作学习只是会对学生认知、情感、态度等方面有一定的提高，学习共同体的目标则是实现个人能力上的成长，不断更新自己的身份，最终成为所参与学习领域的专家。

就语文教学而言，构建学习共同体具备内在需求：一方面，语文课程具有工具性、人文性、实践性、综合性等特点，语文学习共同体可以实现个体语言多元对话、情感性意义建构和广泛的身份认同，因此，语文课程的特点更适合学习共同体学习组织模式。另一方面，如何提升语文教学的效率与质量，一直是困扰语文教学的难题，探求一种适应语文课程教学的特点，满足不同层次学习者的学习需求，能切实提高语文学习成效的学习组织方式，成为一种迫切需要。

因此，我们所提出的学习共同体是立足于“学习是由学生自己建构知识的过程”，力争突破班级组织的“流水线生产”对学习资源和学习方式的限制，围绕知识的建构性、默会性和社会性，重新思考课堂学习的组织，实现从学习创新到教学组织创新的转变，最终以共同体的价值理性实现语文教学和学习价值理性与工具理性的统一。

（二）学习共同体构建的要素

学习共同体要素有主体、主体特征、条件、生成方式 、表现形式和目标等（见表1）：

表1　学习共同体构成要素

要素	内容	要求
主体	师生	共同参与、共同学习、共同进步，构成课堂学习共同体的主体

续表

要素	内容	要求
主体特征	共同目标	共同的学习愿景，积极参与学习活动，对学习目标有认同感，对共同体有归属感
条件	学习环境支撑	物资设备、信息资源、人力支持等资源共享
生成方式	对话交流 分享反思	互帮互学，互为师生，形成融洽的氛围、相互合作的态度
表现形式	人际交互	形成和谐协调的人际关系
目标	共同成长	实现个人学习绩效和集体知识创新

（三）学习共同体构建的关键

学习共同体是以学习愿景和共同意识为纽带的学习组织。学习愿景是共同的目标、理想和价值取向。有了共同意识，学习共同体才能有使命感，才能有动力和活力，两者相辅相成，不可分割。学习共同体通过学习目标设定，发展特长和个性，为终身发展服务（图 1）。

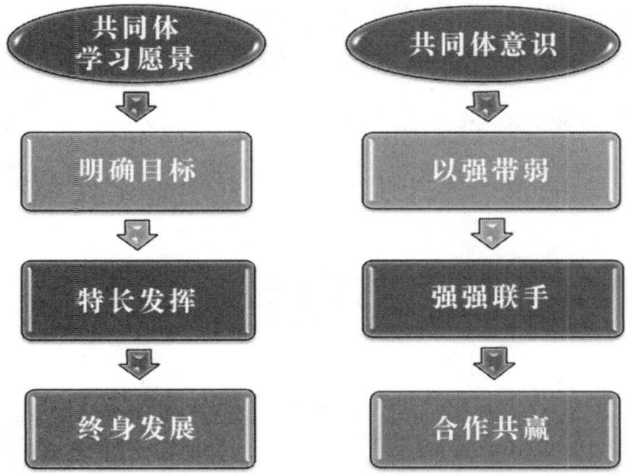

图 1　学习共同体学习愿景与共同体意识示意图

（四）学习共同体构建的流程

根据共同体构建的要素和构建的关键点，形成了学习共同体构建的流程图（图2）。

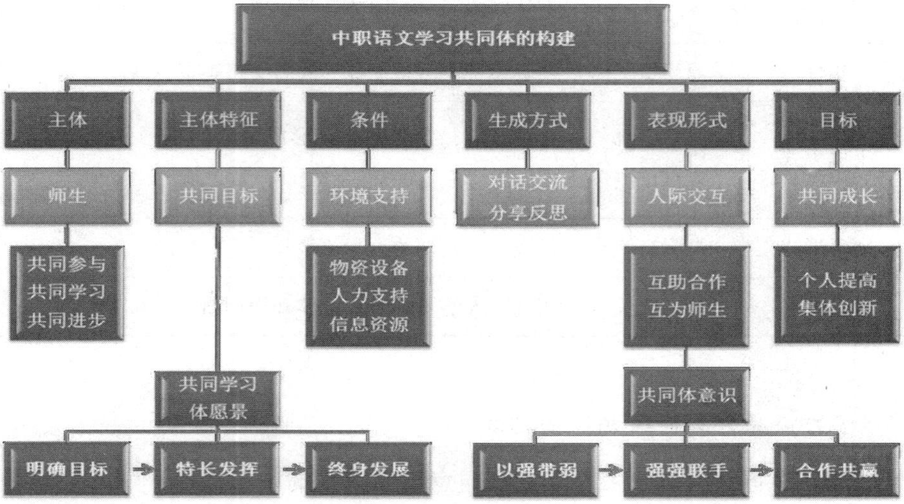

图2 学习共同体构建流程图

（五）共同体的教学组织设计

1. 以兴趣点为核心，“组阁人员”激活力

一是奠基式培养，激发兴趣点。我们在新生中实践，学生语文能力参差不齐，特长不明显，故需制定培养计划（见表2），从听说读写等方面挖掘兴趣，激发语文热度，提升基础能力，为每个共同体的构建奠定基础。

表2 语文能力培养计划

周一	诗歌诵读
周二	阅读名著
周三	佳句摘抄
周四	诵读经典
周五	品读美文
周六	读书笔记
周日	一周随笔

二是自主性选择，汇聚兴趣点。以兴趣为基础，遵循“组内同质，组间异质”的原则组建学习共同体。一人可参加 1~2 个共同体，每个以 4~8 人为宜。如我校 10 级学前预科班，开设了 7 个学习共同体（见表 3），在学习过程中发挥每一个学习共同体的特长，展现风采，体验成就感，同时取长补短，互帮互助，实现语文能力的提升。

表 3 学习共同体统计

学习共同体	名　称	负责人
朗诵	不变的咏叹调	毛施雯
现代诗阅读	丢了幸福的猪	何 晨
散文阅读	文忆阁	吴忆雪
名著阅读	书香红楼	余冰洁
古诗词积累	穿越时空的源泉	黄月亮
写作	小荷才露尖尖角	李钦钦
口语交际	语言桥	陈 倩

三是分角色设置，拓展兴趣点。每个共同体设立不同角色：共同体负责人、资料搜集人、记录人、监督人、发言人等等，依次进行角色互换，确保成员有效参与交流，增强合作的有效性。其中，负责人是共同体的核心力量，通过带动学习，实现同伴引领示范、合作共赢的效果。

2. 以开放式为主导，“多元立交”竞自由

一是共享的课堂。学习共同体是同伴、教师和文本进行互动交流，采取“交互式”“导游式”“激励挑战式”等课堂组织形式（如图 3），形成主动、积极、创新、自由、开放、共享的学习形式。

学习共同体个体存在诸多的差异性：知识经验方面的差异，个性特征上的迥异，认知能力的不同。因而，学习共同体既有不同的学习风格，也有独特的优势潜能，通过整合资源构成了一幅充满生机和活力、多姿多彩的学习画面。

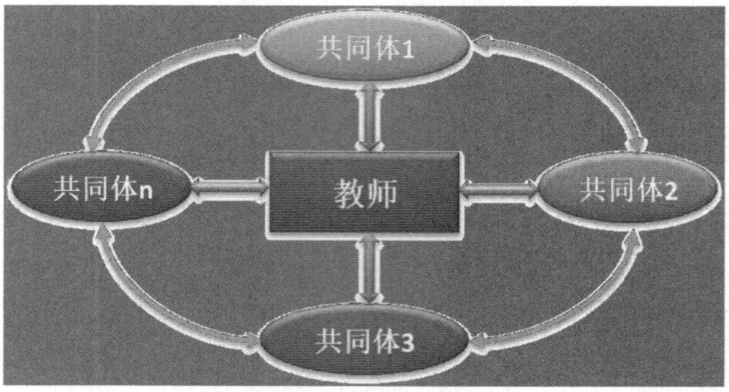

图3 学习共同体课堂组织形式图

二是开放的时空。学习共同体打破时间地点受限的传统学习模式，构建了学习、交流、展示三大平台，开启“共学”模式。

课内和课外、校内与校外相结合的学习平台。我们利用自然、社会、人文等方面的语文课程资源，结合专业特色，形成真实情境的生活化学习；专家、家长等参与到学习共同体的各项语文实践活动，指导学生参与探究实践的社区学习；利用信息平台，共同体成员自主展开网络学习等。

学生学习、教师参与、师生互动的三维开放式的交流平台。建立语文学习QQ群、数字教学资源库，开展网络辅助教学。通过课程讨论区、电子邮件、留言板，实现了师生、生生的实时和非实时互动交流，为学生营造了一个学习知识、获得方法、培养协作精神、增进友谊的平台。

尊重学生的兴趣爱好、个性与思想，充分发展学生的潜能，自主参与其中，创设“百家争鸣”的展示平台。口语交际共同体，让学生成为善言者；写作共同体，让学生成为智慧的思想者；古诗词积累共同体，让学生成为经典文化的传承者；阅读学习共同体，让学生成为忠实的读者等等。

三是协调的过程。合作之后的汇报，是学生成就感的来源之一，但往往会出现以下现象：

【现象1】汇报时，优等生忙个不停，滔滔不绝，成为“贵族”；中等生、学困生，默默无语，成了旁观者……

【现象2】漫无边际地争论，却还是一家之言，与合作讨论的答案完全不同。在合作讨论的时候，无论是单个共同体内交流，还是共同体之间的交流，学会尊重别人，聆听别人的智慧，取长补短。

在讨论中，角色分明，每个成员各司其职，积极做好各项准备。每个学习共同体采取如下学习交流过程（图 4）。

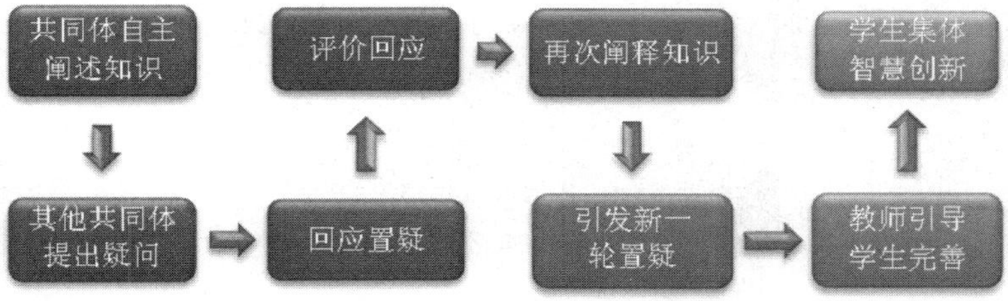

图 4　学习共同体学习交流过程图

学生讨论合作的过程中，教师参与到某个共同体中，以倾听为主，不做具体的评价与指导，了解学生学习能力与理解深度，为学生提供及时有效的指导。比如在学习共同体活动开展得非常顺利、有序时，给予及时的表扬；小组活动偏离主题时，及时发现，及时制止；当小组在讨论中遇到困难时，提供及时的点拨。交流之后，师生达成共识、共享、共进的目的。

3. 以“实践场”为阵地，“授之以渔”会学习

改变枯燥乏味的“读写”教学模式，建立“实践场”，开启形式多样、自主创新的学习共同体的教学模式。

多形式地“读”课文。朗读是直接感受、领悟、把握文字的能力。传统的朗读方式以齐读为主，学习共同体可采用轮读、分读、对读、跟读、齐读、唱读等方式，充分发挥学习共同体的作用。例如，学前教育班学生在学习毛泽东《沁园春·长沙》一文时，竟然创造性地结合音乐旋律，把词唱了出来，课堂沸腾了，而且，以唱的方式，学生很快就把这首词背下来。

创造性地“写”作文。写作是中职学生的“最怕”，学习共同体走出教室上作文课，用现实情境激发学生的思维，如校园里夏日的荷塘，秋天的枫叶和桂香，冬日的雪花等，都在学生的笔下有了生动的描写。如用“中国好声音”的模式，给学生创造作文“实践场”，学生爱上了作文课。如采用仿写的方式，也利于学生动笔，如学习《我愿意是急流》这首诗，

反复赏读把学生带入情境后，给学习共同体 10 分钟时间，进行模仿创作，学生也能写出不错的诗。

多样化地“学”文言文。文言文是中职学生的“最难”学习板块。在调动学生积极性方面，通过“我请学生代课”的活动，拉近学生心理距离，教学效果明显。整个操作过程如图所示：

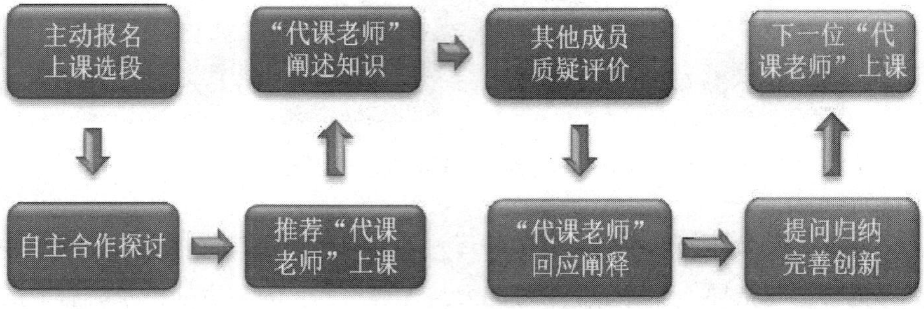

再如教授《兰亭集序》一文时，教师在共同体基础上一改“教师串讲”模式，将《兰亭集序》设计成语文实践活动，成立“《兰亭集序》研究学会”，一起研究王羲之和《兰亭集序》。教学过程主要由三个阶段组成。第一阶段：准备阶段。“兰亭学会”成立。教师任会长，共同体代表任顾问，共同体所有成员当理事。第二阶段：实施阶段。教师指导学生利用各种资源有效整合资料，完成整理。第三阶段：报告会阶段。课堂教学主要以报告会的形式展开，由五个环节组成：①主持人开场白；②各分会代表发言，展示本组成果；③研讨会主题“在《兰亭集序》中，你读出了一位怎样的王羲之？”④会长总结陈词；⑤会后任务：编辑刊物《兰亭絮语》。学生在活动合作中深刻地理解了这篇千古名文并且形成了自己的看法和作品。

4. 以三维度为特色，多元评价成“伯乐”

在教学实践中，我们构建了多元化评价的机制，形成了评价的三个维度。一是均等性评价。传统课堂评价以个体为主，覆盖面小；而学习共同体的学习评价以共同体为基本单位，由个人的单打独斗变成小集体的合作竞争，实现评价机会的均等。二是全方位评价。学习共同体的教学模式，更注重学生的创新意识、自主学习能力、探究能力、合作学习能力等全方位综合立体评价，评价内容更客观、全面、科学，在这种模式中，中职生“只有差异，没有差生”。三是全程式评价。学习共同体中，自评、他评、互评、教师点评等多种评价方式贯穿整个教学；一周小计、一月小结、期中小评、期末总评的测评活动贯穿整个学习过程。全方位、全程式评选出优秀合作小组并给予奖励，激发学习动力。整个研究过程中我们以课堂为主阵地，注重多样性，强调有效性，形成了“中职语文学习共同体实施流程图”（图5）。

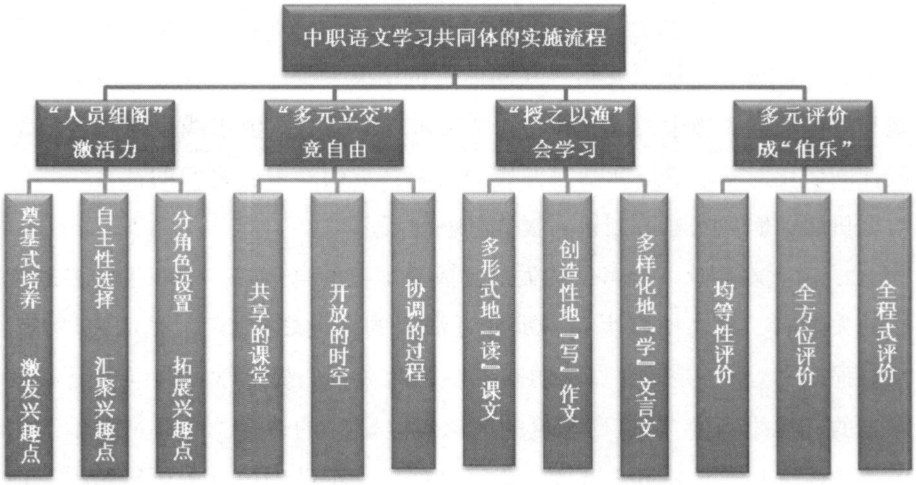

图5 中职语文学习共同体实施流程图

四、解决教学问题的方法

1. 在平等交互的情境中形成“动机激发”策略。共同体以目标激励、友好交往、评价促进等方式，激发学习动机，产生学习内生力。

2. 在多个“实践场”中形成“交互带动”策略。每个共同体都是一个“实践场”，学生在动中学，在学中动，在自动中发展自我，在他动中弥补不足，促进“扬优势、补短板”全面发展。

3. 在自我表现中形成知识“集体创新”策略。发挥每个共同体的特长，鼓励每位学生自我表现，提升自信，锻炼能力，实现个人学习绩效和集体知识创新。

4. 在知识建构中形成“能力跨越”策略。以共同体为中心的教学模式，重视教师的引导服务能力，教师化有形为无形，从台前走向幕后，教学过程需重构学习环境，在这个综合的过程中，实现学生能力的跨越。

五、创新点

1. 开启新模式——从平面化教学到立体化学习的创新。20 世纪 90 年代以来，“学习共同体”在美国大学和社区学院得到普遍推行，并取得较好成效。正是看到了“学习共同体”对本省中职语文改革的借鉴意义，本成果首次提出“中职语文学习共同体”的概念，通过实践探索，成为一种新型的中职语文教学模式。共同体突破班级组织的“流水线生产”和班级授课同质化对学习资源和学习方式的限制，重构学习者之间的社会结构和对话机制，实现从学习创新到教学组织创新。

2. 树立新理念——考试的失败者成为学习的自信者。中职生大多是考试的失败者，点燃中职生心中那几近泯灭的兴趣之“灯”、信心之“灯”和自强之“灯”，是教育真正的基础。因此，我们提出学习共同体是激发学生的“思维火种”、点燃学生的“兴趣之灯”的理念，并通过教学组织形式的改变和一系列行之有效的激励策略，真正做到把自主留给学生，把课堂还给学生，让学生享受“鲜活”的“成长”快乐，从考试的失败者成长为学习的自信者。

3. 实现新转变——课堂教学组织形式的范式转变。学习共同体是新的组织形式，是因着对某一学习领域的共同志趣、目标，学习者彼此合意组成的。但彼此又存在差异，差异的碰撞产生思维的火花。莱芙 · 温格认为：“共同体成员拥有不同的兴趣，对活动作出不同的贡献，并且拥有不同的观点。多层次参与是实践共同体的成员关系所必需的。”另一方面，共同体又是新的学习方式，语文课程具有工具性和人文性，还有强烈的实践性。语文课程如果失去实践性，学生所学得的，将仅仅是“呆滞”的知识，而不能有智慧的增长。共同体在合作实践中成长，知识才变为“骨骼、血和肉”。

六、主要成效

（一）课堂教学实现六大转变

共同体是中职文化课教学改革的一次有益尝试，形成了开放、交互、包容的语文教学模式，创造了“人人尽展其才，人人皆能出彩”的舞台，实现了中职语文教学的六大转变。

1. 教学形式由“灌输”变为“激发”。改变了教师满堂灌、学生静静听的陋习，打破了传统班级师生、生生之间的孤立，极大地增强学生的参与意识、学习兴趣和热情。

2. 学习方式由“被动接受”变为“主体参与”，每一个成员积极提出自己的观点，共同探讨、争论、对话和交流，通过观点的碰撞，激发课堂的主人翁意识。

3. 知识习得由“单纯听记”变为“交互探究”，教师、学生、文本实现多元对话，学生自主发现问题、提出问题、分析问题、解决问题。

4. 课堂主体由“全体一致”转为“个体特性”，改变了“一刀切”的做法，利用学生的差异性、发挥了每个学生的独特性，培养创新精神和实践能力。

5. 课堂氛围由“沉寂单调”变为“活跃多彩”，课堂中充满笑声、歌声、掌声，改变过去的接受学习、机械训练的现状。如朱自清先生所说，实现小组织，学校生活自然活泼泼的，所谓“生命无处不在”！

6. 课堂评价由“单一形式”转为“多元立交”。学生可以根据自己的特点和情况选择学习同伴，在多元化的交流中，实现课堂氛围民主性，学习目标自主性，学习内容可选性，学习资料丰富性，学习场所开放性。

（二）学生学习形成三个“场”

1. 形成班级学习“磁场”。共同体的实施，学生对语文课喜爱程度逐渐上升，成绩提升幅度大，在语文学习中形成一个强大的“磁场”。

2. 每个学生都“在场”。“给我一个舞台，也能秀出我的风采”——这是中职生心声。共同体“给予每个人出彩的机会”，学生的思维和才干在宽松和谐的氛围中轻舞飞扬。

3. 每个学生都“上场”。口语交际共同体，让学生成为善言者；写作共同体，让学生成为智慧的思想者；古诗词积累共同体，让学生成为经典文化的传承者；阅读学习共同体，让学生成为忠实的读者等等。同时，由课堂延伸到课外，每个共同体齐上阵，体验不同的语文快乐。

（三）教师专业发展实现三大跨越

1. 教学理念上的跨越。教育是“一棵树摇动另一棵树，一朵云推动另一朵云，一个灵魂唤醒另一个灵魂”，共同体对教师的素质提出了更高的要求，教师只有拥有扎实的专业能力，才能“掌控”课堂的开放性，这让教师在教学理念有了一次质的飞跃，促进课堂焕发新的生机。

2. 专业成长上的跨越。被认为最无专业性的语文教学，却隐含了高度的专业要求。为了每一位学生的发展，教师积极构建和实施共同体，在这种灵活、多变的课堂中，不仅提升课堂驾驭能力，而且让教师在教学内容的选择上更加慎重、灵活，促进了大批年轻教师的专业成长。

3. 教学改革上的跨越。中职语文教学进入了瓶颈状态，改革创新促使语文教师尽快走向专业化道路，并带动了其他文化课教师积极投身于课改的洪流中，为中职文化课教学的繁荣注入新的活力。

七、推广应用效果

（一）“让每个人学习不一样的语文”的理念得到广泛认同

共同体建立的初衷是针对中职学生语文学习的兴趣点不同，有的喜欢写作，有的喜欢阅读，有的喜欢朗诵；有的喜欢古诗词，有的喜欢现代诗等等，根据不同的兴趣组成不同的共同体，让每个人学习不一样的语文，从而满足学生的学习需求。一开始实施，学生就对这种教学模式充分认同，认为这是他们最喜欢的语文课。媒体记者对此进行专题采访，并在《教育的回归》一书中刊载，写作共同体的成果《墨迹》成为衢州中专的第一本班级刊物。

（二）改革理念和教学模式在市内外辐射

本成果作为衢州市中职语文教师培训会的学习内容，在全市进行推广。课堂实践教学获全市语文教师课堂教学大赛一等奖，并推荐在衢州、丽水、舟山三地市进行课堂展示，同时获三地市课堂教学大赛一等奖。相关论文分别在国家级核心期刊上发表。

（三）学生越来越优秀，教师越来越有信心

五载历程，开设相关课程 20 多门，发表相关论文 20 余篇，师生在各类比赛获奖 50 多次。学生越来越优秀，教师也越来越有信心。①

“情境法”在职高语文教学中的应用

在普通中学语文教材不断“翻新”的今天，职业高中语文教材面貌依旧，尽管在一副副老面孔中，也有文坛大家文质兼美、传诵不衰的佳作，但面对那一篇篇远离学生所处年代的美文，如何走进“阅读视野”较低的职高学生心里，从中获得美的熏陶，仍然是职高语文教师所面临的课题。在古代，孟子的母亲为给儿子寻求一个有利的成长环境，举家进行了三次搬迁，成为历史佳话。孩子的成长需要创设良好的环境，在职高语文教学中，要让学生走进作者与作品，形成“对话”与“共鸣”，往往也需要给予一个良好的环境——“教学情境”，使学生在特定的情境中感知与理解，把教学内容的“此情此景”变成学生的“我情我景”，从而缩短心理距离，提高教学效率。

一、联系生活展现情境

“文学作品，就像一部管弦乐谱，在演奏中获得读者的反响”。而乐谱

① 此文获 2016 年浙江省职业教育与成人教育优秀教科研成果二等奖。

并不是音乐，只有演奏活动才能使它变成美妙的音乐，读者的作用有如演奏者，能够把死的文字变成活生生的艺术形象。在职高语文课本中，有不少“文淡情深”的文章，如何让学生体会到在平淡语句中流淌的深刻情感，在阅读活动中演奏出美妙的“情感共振”？有时，仅仅依靠对课文的字字句句的体验是不够的，而要让它们与生活经验相融合。作品与学生的“先在经验”越接近，与他们的生活越贴近，与他们的体验距离越小，就越能使他们接受。例如：老舍的《我的母亲》是一篇感人至深的美文，在学这篇文章的时候，我选取“除夕之夜，母亲送我返校”这一片段，先让学生朗读这段文字，学生读得“稀稀落落”。于是我联系生活创设情境，让学生说说自己是如何过除夕之夜的？自己的母亲又是如何过除夕的？然后与课文中的“我”与“母亲”进行比较，抓住文中的两个关键词：拥挤不堪的街上与清炉冷灶的家中，体会母亲的“爱子情怀”。经过这一环节，学生再读这段文字的时候，心被震撼了，从朗读中，我感受到了学生心灵的碰撞、情感的共鸣。

二、运用实物演示情境

在职高语文教学过程中，有时候根据课文的描述，无论学生怎样发挥他们的想象与联想，都不能跟真实的作品接近，教师再三讲解，可学生还是云里雾里，只有把“实物”展现在眼前，他们才恍然大悟。因此对于文化基础较薄弱的职高学生，运用直观教具，既能激发兴趣，同时学生获得感性认识，帮助对课文的理解。在美术专业班级讲授《景泰蓝的制作》这篇课文时，我请同学根据课文的描述，画一只景泰蓝花瓶，不一会儿，很美的花瓶便展现在眼前，在赞叹他们专业能力的同时，却发现在画图案时仅有少数同学用的是“繁笔”。然后我拿出景泰蓝花瓶实物，请同学们比较，自己哪里画得不对，然后说说为什么用“繁笔”，同时明确手工做这样一只花瓶需要的工时，学生对景泰蓝的制作精细、工艺精湛，成为我国传统手工艺品的一朵“奇葩”的理解深刻多了。

三、借助画面再现情境

在《我国古代的几种建筑》一文中，所介绍的建筑体制有些彼此相近，如厅与堂、楼与阁、亭与轩、榭等。仅仅根据课文的说明，学生对这些建筑物的特点依然模糊，如果教师把这些建筑图片展现在学生眼前，再结合课文说明，图文对照，那么厅的典雅端庄、堂的严整瑰丽、楼的体型不一、阁的造型各异、亭的形式多样、榭的傍水而立、轩的轻盈疏朗，学生理解起来容易得多，而且记忆深刻。阅读《故都的秋》，展示体现课文意境的《秋意图》，给学生带来美的享受的同时，拨动学生心灵的琴弦，启发学生的思维。阅读曹禺先生的《雷雨》，选择话剧录像让学生直观地体验剧中激烈的矛盾冲突和鲜明的人物性格，等等，让职高学生置身画面所描绘的情境之中，将课文理性不易理解的内容还原为原始感性的生活或自然场景，激发学习热情，更进一步地接近语文内涵。

四、播放音乐渲染情境

在诗词教学中，“意境”的学习与体会非常关键，但诗词极其凝练的文字往往给人“只可意会，不可言传”的感觉，对于文学积淀不多的职高学生要意会“诗境”，更需要教师创设情境。诗三百孔子“皆弦歌之”，“诗乐相通”，因此在诗词教学中，可以通过音乐或歌曲，把学生带入课文所描绘的情境，在特定的情境中领悟课文。学习柳永的《雨霖铃》，播放学生耳熟能详的“离别”歌曲，既激发学生的兴趣又通过低沉凄婉的曲调营造浓厚的“离别”之氛，也可以配乐朗诵，增强感染力。在具体教学中，音乐渲染和图片展示往往结合在一起。如学习苏轼的《念奴娇·赤壁怀古》，播放《三国演义》电视剧片头雄浑、豪放又略带苍凉的主题歌，歌的基调、内容与本词的风格相似，与词人的心境贴近，可以加强学生对豪放风格和词人所表现的思想感情的理解。同时片头宏大的画面和气势，是词开头几句的生动注解和形象再现，可以把学生带入课文情境，奠定鉴赏基调。展示赤壁惊涛拍岸的画面、周瑜和小乔的美好生活场景、谈笑间樯橹灰飞烟灭的战争场面，增强现场感，拉近读者与作者的历史距离，获得真切的体验，从而达到理想的教学效果。

五、扮演角色体会情境

有人说，没有比扮演著名科学家去学科学，或置身于历史环境去学习更快捷有效的了。在职高语文教学中，鼓励学生排演课本剧，让学生自己进入角色，那么学生学习的积极性就容易被调动，同时表演活跃气氛，营造情境，促使学生深入地研读文本，分析人物心理。学习《邹忌讽齐王纳谏》这篇文言文，如果教师采用传统的讲解翻译，学生会觉得索然无味。如果根据课文戏剧性强的特点，让学生分组，一组以现代文为剧本，一组以原文为剧本对照表演，通过现代文的表演，学生读通了课文，根据对照表演，人物的亲疏关系和灵活多变的语言特色轻松领会，同时枯燥乏味的文言文教学变得情趣盎然。在学习莫泊桑的《项链》时，幼儿教育专业的一位同学，通过舞蹈充分展示了马蒂尔德在舞会上的心理活动，加深了对人物性格的把握。因为表演，课文中的角色不再是书本中的人物，而是学生自己或自己的同学，由此对课文的角色产生亲切感，很自然地加深内心体验，表演带动阅读理解，咀嚼品味，心领神会，同时促进学生多种智能的开发。

在职高语文教学中，教师精心设计教学情境，营造充满欢跃的意境，激活课堂氛围，使学生注意的兴奋中心、思维活动达到最佳的教学境界，师生从中得到心灵的交融、形神的契合、美感的陶冶和艺术的享受，职高语文也能焕发出动人的光彩。①

---

① 此文发表于《中等职业教育》2007年第12期。

腹有诗书气自华

——“课堂变学堂”语文教学研讨会的激动与震撼

12 月 9 日，参加了 2012 年浙江省中职语文教研大组年会暨“从课堂到学堂”中职语文教学研讨会，震撼与激动让我迫不及待地想用文字表达出来，于是，在回来的车上，记下了这样一些话。

杭州中职语文“奇幻派”的秘笈

杭州中职语文课改如火如荼，绚丽多姿，形成了流派，取名叫“奇幻派”，在研讨会上大大地晒了一把他们语文老师的成果，确实让人惊叹。探究他们成功的秘笈，概括起来为：两件武器和三大招式。

两件武器：

一片云彩耀星空——引路人的力量是无穷的

黄云，就是前文所提到的杭州语文职教教研员，三年前她还是杭州电子职业学校的一名语文老师，现在是杭州中职语文教学改革的领路人。在她的带领下，杭州中职语文的教改如火如荼，烈焰照亮了中职语文的整个星空，引路人的力量是无穷的。

千人齐阵气焰高——跟随者的潜力是无限的

杭州的语文老师们，在黄云的带领下，形成了他们课改的流派，他们的教改理念层层渗透到每一位老师，于是有了一批课改实践者。他们这次展示最大的特点就是追求文本阅读的深层次，探寻文本解读的独特视角。

三大招式：

每月集结话课改。杭州市教研室每月定期举行一次全市语文教学研讨会，研讨会不是工作布置会，而是围绕课改热点、难点，深入讨论，有主题发言，有各抒己见，周边各县市区的老师们来回奔波，乐此不疲，累并收获着。

QQ 话题引热议。教研室还建立了语文教学 QQ 群，群主定期抛出话题，老师们会云集响应，有些老师甚至在一两个小时内就能用完整的小文章，表达自己的观点，可谓是“一石激起千层浪，各人跟帖各人乐”。

相互“逼迫”出成果。语文老师们称他们的教研员是个伯乐，特别善于发掘千里马，她总能从研讨会老师的发言中，从跟帖中，从交流中，发现人才，捕捉亮点，然后就不断地“逼”他们深入研究，形成自己的成果，这次五位老师展示的成果都是被教研员逼出来的。在逼迫中让“火箭”飞天，让“动车”提速，让“蜗牛”升级（火箭、动车和蜗牛是其中一位发言者对不同层级老师的比喻），教研员甚至把老师逼进试场，如学生般定时写下作文，逼他们参加各种各样的比赛，逼出了一批优秀的教师，逼出了一批优秀的成果。老师们的才学也给了教研员无形的动力，反促她不断地学习研究，在相互“逼迫”中都成了名。

课例一：《项链》教学中“真派 VS 假派”。《项链》这篇课文，我们往往惊叹于莫泊桑式的结尾与处处伏笔的精巧构思。可吴娟老师抛开传统，她提出的问题是：借的项链是假的吗？赔的项链是真的吗？学生找出了很多赔的项链也是赝品的可能性的证据，“真派 VS 假派”，孰真孰假没有定论，但独特的视角引出新的解读和新的思维。不管项链是真是假，但马蒂尔德这个小女人的坚守诚信、勇于承担的人性光辉依然是璀璨夺目的 。“名著是沉默的，解读是多样的”，这是他们践行的一种模式。

课例二：《一碗清汤荞麦面》和《孔乙已》的比较阅读。这两篇文章有完全不同的阅读感受，一个是温情的感动，一个是人情的凉薄，为什么把这两篇文章放在一起比较，因为张月芳老师用火眼金睛发现了它们有不可思议的“雷同”手法：特别的场景，特殊的手法，反复的情景。更厉害的是，她由两篇课文的比较上升到两个国家国民素质的对照，为此，课堂上老师和同学一起热泪奔流。一点思想引出一片火花，一个比较引出一场泪奔，这是多么有魅力、多么动人的语文课堂呀。

研讨会上的五个教学展示，都对文本有独特的解读，有独到的见解，这也充分说明了一个道理，“教学内容的选择远比教学方法重要”，换句话就是“教什么远比怎么教重要”。只有老师对教材的深入解读，只有老师的博学、多思，才有课堂的创新，才有课堂的精彩，才显示出语文教师的“有才”，才有语文老师的成就感与自豪感。

教育的价值，不仅仅靠勇敢者抬高勇气的上限，而是靠普普通通的行走者，一点一点抬高勇气的下限。真正的力量，就是草根们慢慢踏出的一条小路。中职语文教学改革的亮丽风景就是一线语文教师全力打造出来的，杭州的语文教改实践者，驰而不息……

浙江省教研室教研员沈佳乐老师说：语文老师是最有才的，语文老师也是最能出成绩的，因此语文是不会被边缘化的。我作为一个语文老师，终于从杭州的语文老师中领悟到了，我也从中看到了一线语文老师的光辉和未来。

“种自己的地，让别人羡慕去!”与语文组的兄弟姐妹们共勉。

石室酒浓醉放翁

如果不是这次作协的采风活动，我可能永远也不会知道，在南宋，有一位号“放翁”的老人，竟然如此钟情“石室酒”。

石室是三衢大地上的一个小镇，因山而得名；石室酒，想必也是因地得名。放翁是越州山阴人，生逢北宋灭亡之际，二十九岁科考列进士第一，从此离开家乡，奔走在各地的官路上，直到六十六岁，才隐居故里，过上简朴宁静的乡村生活。

史书记载，放翁曾到过石室，还专程拜访“王质遇仙”的烂柯山。那是淳熙六年（1179 年），朝廷召时任福建提举常平茶盐公事的他回京述职，走到半路上，又让其暂勿北上，留在衢州皇华馆待命。不期而至的滞留，让他有暇一游烂柯山。放翁是一位棋局爱好者，由此，“烂柯”一词常出现在他的诗里，如：“还家常恐难全璧，阅世深疑已烂柯”“诗瘦慵看镜，棋鏖恐烂柯”“吾棋一局千年事，从使旁观烂斧柯”“苦吟且复欹吾帽，对弈真当烂汝柯”“西窗一看枯棋罢，归去还忧烂斧柯”“樵柯烂尽棋方剧，客甑炊成梦未回”“梦残正欲还君枕，棋罢那知烂客柯”“袖剑客同楼上醉，烂柯人看洞中棋”等等。

放翁更是好酒擅饮，“放翁”之得名，缘于游宦蜀地时，言官对他“燕饮颓放”行为的弹劾。他本是热衷功名之人，官路受阻，遂生出反向的放浪之游，又因放浪之游的弹劾，主动坐实了其放浪的形象，以彰自我的主体意志。但他并非真的放浪，而是一个放浪的行为艺术家 。

那伴随其一生的慷慨激越的爱国情怀；盛年时沉浮不定的宦途和壮志难酬的感慨；晚年时悠闲的乡居生活和无所适从的悲凉意绪……在酒杯中慢慢发酵，氤氲成浓浓的诗意。有酒即能“狂”：“嗜酒狂无敌”“平生得酒狂无敌”。少年时即如此：“少时凭酒剩狂颠，摘宿缘云欲上天。”但酒狂不应限于少年：“酒狂宁限老，诗思正须穷。”他骄傲地宣称，自己年老之后仍像少年时一样得酒便能狂：“醉觉乾坤大，闲知日月长。暮归诗满卷，虽老尚能狂”“自笑平生醉后狂，千钟使气少年场”“谁知得酒尚能狂，脱帽向人时大叫”“我虽流落夜郎天，遇酒能狂似少年”。

老了，隐居故里，身闲置酒频，有酒仍能狂。

已是深秋了，枫叶经初霜的晕染，色彩渐渐浓烈起来，阳光淡淡的、疏疏的，把人影拉得瘦长。秋风带来丝丝凉意，忽觉已是初寒。晚来霜愈浓，能饮一杯无？人生最为惬意的，便是想什么来什么。此时的放翁“初寒思小饮，名酒忽堕前”，偶得“色若秋涧泉”。李白月下独酌，有执意与月光、身影永结无情之游，并相约在邈远天上仙境重见的浪漫。放翁亦然。二十多年的闲居，久盼无重用，诗酒寄悲情，那就以山为邻，以酒为伴，与己独醉，与影起舞，以此化解一腔的悲愤和郁勃不平。

“闲愁如飞雪，入酒即消融。”名叫石室酒的好酒，也许让诗人找到了一种“漫卷诗书喜欲狂”的感觉。况且李白早就说过：“古来圣贤皆寂寞，惟有饮者留其名。”醉后，还能以诗留名，于是便有这首《偶得石室酒独饮醉卧觉而有作》：

初寒思小饮，名酒忽堕前。素甓手自倾，色若秋涧泉。
浩歌复起舞，与影俱翩僊。一笑遗宇宙，未觉异少年。
诗人不闻道，苦叹岁月迁。岂知汝南市，自有壶中天。
河洛久未复，铜驼棘森然。秋风归去来，虚老玉井莲。

古人常说，人生是一场大梦。酒后，梦更浓。放翁活到八十五岁，酒喝得多，梦也做得特别长。“衾暖梦欲重”，午间喝了石室酒，又觉醒了他的梦，而这个梦，是他的收复之志，直至生命最后一刻，以“王师北定中原日，家祭无忘告乃翁”为遗言，赍志而殁。

放翁既具理想热忱又富现世关怀，本来极具正能量，但受到无情现实的打压，压抑在内心，便成为“情结”。这个“情结”，来自集体无意识的最深处，往往在梦者迷惘的状态中出现，带着他，突破一己视野之局限，回到精神的源头，接受原初意义的滋养。这是另一种意义的场域，是更完整的人生图景。对此，作为做梦者，放翁自己也许不能全然领会，但总会留下那么一些印象，留下回响和震撼：“忽然梦断难再逢，空记说法声如钟”。

酒中的狂放，梦中的深情，无不彰显着他的人生追求和家国情怀，在雨声、莺声中，在砚畔的残香中，在欲醒未醒的缱绻中，眷眷追逐着残梦，诗与情，酒与梦，彼此慰藉，相互印证，唱出了“石室酒最醲”“化作孤鹤去”的人生慨叹。

午醉径睡比觉已甲夜矣

自我归城西，已复再见冬。虽未挂衣冠，其实则老农。
好事或饷酒，石室酒最醲。一醉辄至暮，卧闻湖寺钟。
心安病自除，衾暖梦欲重。化作孤鹤去，云崦巢长松。

石室酒浓醉放翁，人生失意无南北。“红酥手，黄縢酒，满城春色宫墙柳”，家乡的黄酒与眼前的红颜两相映照，借助一分酒气，托着“一怀愁绪”，道尽心底的悲怆。“当年万里觅封侯，匹马戍梁州。关河梦断何处，尘暗旧貂裘”，收复失地的社会愿望与立功封侯的个人志向结合，过去与现在、理想与现实的巨大反差，厚重的悲愤，深沉的忧思，执着的愿望，在酒中，在梦里，久久回荡。

石室酒浓醉放翁，但愿长醉不复醒。在那冷寂幽香、流莺晚钟的暮色中，“化作孤鹤去，云崦巢长松”。这样一种空灵的意境，说不清道不明，不可把控、稍纵即逝的情韵，透露了“自性”的讯息，正是放翁的诗性之召唤，人生之归途。

第二章

我与职教的对话

工匠精神，职业教育的灵魂
——澳大利亚职业教育学习培训报告

2017年12月3日—23日，由浙江省教育厅组织的中职业务骨干TAFE学院运行模式培训团赴澳大利亚学习培训。培训团由全省21所中职学校（技工学校）校长和副校长组成，在皇家墨尔本理工大学（简称RMIT University）学习两周，在悉尼威廉姆斯学院学习一周。墨尔本理工大学的教授、州政府财政部负责人、行业顾问、中学校长、威廉姆斯学院董事会成员等专家教授给我们授课。实地考察了麦克利学院（Macleay College）、精英高等教育学院（Top Education Institute）、悉尼国际管理学院（International College of Management，Sydney）等3所私立职业院校。参观了墨尔本理工大学时装纺织实训工场和创业孵化基地。体验了麦克利学院的创新课程。21天的看与听，学习与交流，澳大利亚职业教育所展示出来的体系化、标准化、灵活化，让我们感受到了强烈的思想冲击、理念冲击和文化冲击。澳大利亚职业教育的做法和经验，既让我们深受启发，也让我们深刻反思：高水平的职业教育既体现在政府的顶层设计上，更体现在教育的理念、办学的内涵上。在实现教育现代化的征程中，我们的职业教育需要在提升质量上下功夫，在真正意义上培养大国工匠，实现“中国制造”向“优质制造”“精品制造”转变。

一、课堂所学

澳大利亚职业教育水平位居世界前列，“结果标准化、过程灵活化、基础体系化”是其三大特色，其中结果标准化是行业的要求，过程灵活化是学校的要求，基础体系化是国家的要求。这些我们在课堂上有了深刻的体会。

（一）成熟的教育及培训体系

维多利亚州财政部相关领导，RMIT 教授谢丽丹、希瑟等老师为我们讲述澳洲的职业教育体系，由于具有以下几个特征而被认为是世界上最成熟的体系之一：一是行业牵头，由企业及行业代表确认培训的需要及结果。二是国家管理，由各个州、领地及澳洲政府共同管理。三是满足客户需求，根据客户的需要能够迅速作出相关调整。体系中基本要素包括：1. 资格证书架构（Australian Qualification Framework，简称 AQF）。AQF 详细说明了国家承认的资格证书，提供了一套简单的、从中学证书到博士证书所有认证的架构体系。职教证书包括：一到四级证书、学位证书及高级学位证书。在 AQF 中，获得一组能力，就可以获得职教证书。2. 品质培训架构（Australian Quality Training Framework，简称 AQTF）。AQTF 是澳洲高品质职教系统一致性的基石，它包括两个方面的国家认可：注册培训组织标准、洲及领地的注册及课程认证授权标准。每个培训机构及注册授权机构严格按此标准实施，保证全国统一的高品质培训系统。3. 注册培训机构（Registered Training Organization，简称 RTO）。培训机构须满足 AQTF 的标准才可注册，只有注册培训机构才可发放 AQF 证书及进行可认证的培训及评估。4. 州及领地注册授权机构（State and territory registering authorities）。每个州及领地的注册授权机构负责对培训机构的注册及监控，确保它们按照 AQTF 的标准来实施。AQF 证书全国通用，这提高了劳动力市场的流动性。

这么多的机构，而且与国内有较大的区别，我们当时听得云里雾里，后来根据罗博教授的课堂内容画出示意图，对各个机构之间的关系才有了较为清晰的认识。

（二）专门职教机构“TAFE 学院”

澳洲提供职业教育和培训的专门机构称为“技术及再教育学院”（TAFE 学院）。在校生中，全日制学生为 30%，非全日制学生为 70%；非全日制学生中 90% 以上是从业人员。TAFE 学院有两种基本模式：一是独立设置的 TAFE 学院，往往设有若干校区（各校区设有不同的专业）；二是大学设有职业教育部，我们所考察学习的 RMIT 大学就有职业教育。TAFE 学院对普通高等教育和中学教育起到“起承转合”的作用，但又区别于高等教育。澳洲职业教育与普通高等教育、中学教育形成了有机的联系，课程设置彼此衔接，学分可以相互转换。TAFE 学院与中学教育的高中阶段接轨，学生可从高中二、三年级进入 TAFE 学院，同时进行义务教育文凭学习和职业教育资格学习。学生在 TAFE 学院取得职业教育文凭后，可以直接进入大学本科二年级学习，学分可以互相转换。

TAFE 学院与普通高等教育有很多区别：学生接受普通高等教育主要是为了更高一级的学历文凭和学位，多数为全日制学习，内容以学科研究性知识为主；而进入 TAFE 学习的主要目的是获得职业技能和从业资格，多数为在职学习，学习内容以应用性为主。所有课程以行业标准的要求实施。TAFE 学院与大学在两条不同的轨道上发展，运行机制、功能及定位各不相同，不存在 TAFE 学院升格为大学的问题。在澳洲，每年都有部分本科生和硕士研究生毕业后就读于 TAFE 学院。TAFE 学院大多数的学生取得证书后一般都能够找到较为理想的工作。

（三）教学核心“岗位胜任能力”

学校的专业按照“岗位的胜任能力”这一原则开设。澳洲国家教育、科学及培训局（the Department of Education and Training，简称 DEST）将胜任能力规范为四种，即岗位要求的专业技术操作能力（含紧急情况处理能力）、职业道德规范能力（含团队精神）、管理协调控制能力（含工作环境保护能力）和基础能力（含技术、知识、语言和文化技巧）。各院校所申报的专业首先由国家职业及技术教育部进行论证加以确定，然后由行业牵头指定岗位胜任能力，再以能力为基础组建课程群，逐一设课，组织教学实施。

（四）行业标准转化成“技能包”

在我们的课上，出现最多的一个词就是“行业”。确实，澳洲的各个行业协会在职教体系中扮演了重要角色。澳大利亚产业与技能委员会制定不同行业、种类、级别的“技能包”，包括各专业学生需要掌握的必修技能和选修技能，必修技能为全国统一课程，选修技能则由各州政府与行业协会协商后形成标准，再向职业教育院校推广和普及。因此，各州接受职业教育的学生毕业后的职业技能基本处于同一水平线，这种“标准化”大幅提高了人才培养、学生择业和企业招聘的效率。

（五）以学生为中心的教学模式

澳洲的职教人才培养模式以职业能力为本，以学生为中心，学生可以在不同时期、针对不同需求选择相应课程，培养方式非常灵活，而且注重实践，大部分课程都以现场教学的方式进行，多数技能培训课程在工作现场完成，有时还要到企业的具体岗位进行考核才算通过。教师具有很强的实践经验，并始终与企业保持着密切联系。阿瑟博士、林内尔博士和悉尼威廉姆斯学院的老师都为我们介绍了以学生为中心的教学模式，尤其是阿瑟教授，以实际参与的方法，让我们体验团队的领导力和以学生为中心的学习方式。

二、心之所悟

澳洲学习，尽管只有三周，但他们的职业教育，对我们触动很大，大家感受很深。

（一）体系是基础

有什么样的体系，就有什么样的教育。澳洲学习，让我们更深切地感受到：成熟的体系在职业教育中发挥着决定性作用。走以内涵发展为主的道路，建立国家职业资格证书制度，发动企业参与，提高办学效益是职业教育近年来改革与发展的主要举措。澳洲职业教育体系化，课程结构模块化，证书、就业一体化，办学形式多样化，很好地将普教、成教和职教连成一体，构建“立交桥”式的教育体制，加强了职前与职后、初等、中等与高等教育的衔接，使得受教育者在高中、职教与高职院校，大学和在职培训之间自由流动，在全国形成了以 TAFE 学院为主体的、完整的终身教育体系和职业教育网络。

（二）理念是关键

产教深度融合，是澳洲职业教育的理念。在学习中我们发现，每一个教师的授课，几乎都离不开“行业”和“培训包”这两个词。培训包由行业主持制定，培训内容直接针对岗位职业能力，将职业教育与社会、行业的岗位技能需求“无缝衔接”的同时，也充分整合产业界和教育界两种教育资源和技术资源。因此，培养出来的学生能够迅速进入职场，发挥职业能力，成为受行业、企业欢迎的实用型人才。

（三）课程是保障

课程的特色，就是办学的特色，也是人才培养的特色。澳洲在职教课程体系的构建上，以培养学生的综合能力和终身学习能力为宗旨，采用开放灵活的课程体系，按照课程包（或模块）实行教学，以适应长期和短期、校内和校外、课堂和在线，以及连续和中断等多种形式的学习，目的在于提高学员适应职业变化的能力。他们甚至做到培训“私人订制”，而且同等收费。

三、工作建议

我省的职业教育走在全国的前列，在硬件设施上甚至高出澳大利亚，但是在教学理念和教育标准的制定与执行上要虚心向澳方学习。

（一）发挥行业优势

澳洲职教的特色在于各个行业协会在职教体系中扮演了重要角色。我国也实施“产教融合”的培养模式。2017 年 12 月 5 日，国务院办公厅专门下发了《关于深化产教融合的若干意见》（国办发〔2017〕95 号），明确指出，让行业企业成为职教的重要办学主体，促进供需对接和流程再造，促进教育链、人才链与产业链、创新链有机衔接。这也充分体现了国家层面对推进“产教融合”的决心。希望政策能够早日落地，落实到位，切实解决教育人才培养和产业需求“两张皮”的矛盾，提高职业院校人才培养质量。

（二）严格质量监控

澳洲职教学生毕业后的职业技能基本处于同一水平线，这种“标准化”大幅提高了人才培养质量。但国内中职学校的办学水平差异大，中职学生毕业没有“统一标准”，对技能的要求也没有统一“规格”，毕业生的能力参差不齐，社会认可度不高。因此，需要明确人才培养标准，强化质量监控，让职教毕业生、技术工人真正成为市场的宠儿，实现高品质就业。

（三）丰厚工匠土壤

工匠精神是职业教育的灵魂，也是学生应该树立的理想。但优秀工匠的诞生离不开教育机构、行业和社会文化土壤共同的影响和努力。澳大利亚对工匠的尊重、对工匠作品的理解、欣赏和支持，同时行业本身对技艺的精益求精和与时俱进都是工匠精神产生的重要基础。工匠精神不仅体现在对精湛技术的追求，更应该是技术技能积累多、社会服务能力强、自我实现人生价值的综合体现，因此，整个社会都需要更加注重对工匠的人文关怀。①

① 此文发表于《衢州教育》2019 年第 6 期。

产教融合内生力从何而来
——三所职业学校（院校）的实地探访

教育部原部长陈宝生提出：只有把专业建在产业链上，才能了解产业发展的现状；学校建在开发区里，才知道开发区人才需求的动向……要办好职业教育，产教融合是必由之路。教育链和产业链如何有效衔接？产教融合的内生动力从何而来？带着这些问题，在“浙派”名校长培训第一次集中学习期间，我们先后实地探访了西湖职高、浙江信息工程学校、杭州职业技术学院等三所代表性学校，不但学习成功校长的谋事之道、干事之法、共事之理、成事之经，更是实地学习、探究他们产教融合协同育人的不寻常之路。

西职经验：“前店后厂”一体化模式

“路转定山绕，塘连范浦横”，这是唐代诗人崔国辅对转塘风光的描写。千年之后，在这片孕育着无数希望的土地上，闪烁着一颗职教明珠——西湖职高。12月7日，“大雪”节气，细雨蒙蒙，冷风凄凄，我们来到了这所学校，进行实地考察学习。

在温馨的校园咖啡馆，校长张德成与我们倾心交谈，共同探讨“产教融合”之路，并传授了“西职经验”。一是一体化研训基地为产教融合注入“一池春水”。学校以烹饪专业为切入口，以校企共建共享和联合冠名的方式，构建一个开放式研发培训中心——“嘉匠烘焙咖啡学院”。这是一个“一体化”研训基地，采用前店后厂的建设方式，在双层、对外开放的咖啡馆后侧，建立教学和培训双用教室，教室边上则是烘焙展示间、面点车间、烘烤车间等，一次可容纳40位师生，学校“塔形学徒制”就在此落地生根。此外，学校的“老底子木工艺术学院”和“泥巴王子陶艺学院”也均为“一体化”研训基地，传承匠人精神。二是创业创新孵化基地铺就创业就业“金光大道”。学校引进铭品装饰、艾括网络、同盛财务咨询有限公司等与专业对口的名企，由企业师傅、行业专家与学校老师共同指导，学生在真实的实训环境和实训项目中操练，在“真刀实枪”中学到真本领，为今后创业就业铺就“金光大道”。三是综合实训中心描绘产教融合新蓝图。目前，西湖职高正在打造产教融合工程，建设一幢集教学、实训、生产和研发于一体、高达10层的综合实训中心。学校将引进技能大师工作室，将茶艺、中西餐、会务、电商等项目融入，结合学校和学生特点，对接企业岗位要求，为学生提供真实教学情境。实训中心的建设，必将为学生实习培训、产教结合以及社会培训提供一个新平台。

西湖职高地处转塘，位置十分优越。学校依傍中国美院，紧邻三大特色小镇——云栖小镇、龙坞茶镇、艺创小镇。特色小镇的创建和运营，为学校的电子商务专业、会计专业、建筑装饰专业、酒店专业、烹饪专业提供了独一无二的资源和实践平台。张德成校长充分整合利用各种地理、社会资源，勇于改革创新，从研发实训中找切入点，从创新创业中找兴奋点，从体制机制中找突破点，从而激发了产教融合内生力，构建了浙江中职教育校企合作新范式。

湖州：现代学徒制“N 次方”

“西塞山前白鹭飞，桃花流水鳜鱼肥”，这是唐代诗人张志和笔下的湖州。湖州是南太湖明珠，山水秀美，2017 年获批“中国制造 2025”试点城市。湖州的职业教育植根于区域经济，和谐互动，走出了一条具有特色的改革发展之路，成为全国首批现代学徒制试点城市。12 月 13 日，伴随着冬日煦暖的阳光，我们来到职教之星——浙江信息工程学校。学生导游带领我们参观校园，之后，湖州市教育局副局长、浙江信息工程学校校长黄桂众为我们详细解读湖州的现代学徒制。“赢”在何方？“特”在何处？“成”在何所？一副壮阔的图景，随着黄副局长的介绍，渐渐显现在我们面前。

一是赢在“顶层设计”。2011 年，湖州市教育局确立了现代学徒制“334”模式，自 2012 年以来，又联合经信、财政、人社部门就现代学徒制实施方案、工作机制、“双导师”队伍建设、第三方考核等方面，先后印发了《湖州市中职学校现代学徒制试点工作实施方案》《关于深入推进中职学校现代学徒制试点工作的若干意见》等7个文件，为区域推进做好顶层设计。2017年，又提出了“334+N”的实践模式，鼓励各专业寻找最适合的学徒培养路径，为全国提供可借鉴的“湖州经验”。二是赢在“资源整合”。首创了现代学徒制联席会议机制，由分管副市长担任组长，经信、教育、财政、人社等21个成员单位密切配合，联合推进。三是赢在政策驱动。“十二五”期间，湖州将现代学徒制培训纳入市中职教育“六项行动计划”，按照每名合格学徒800至1000元的标准进行补助，经费由政府专项资金和学校共同承担。市本级财政投入30万元，中职学校同比配套，用于奖励企业带教师傅。“十三五”伊始，将现代学徒制培训纳入市中职教育“产教融合工程”，市财政对市本级中职学校给予60万元的补助资金，同时，还扶持建设一批示范性职业教育集团、校企合作共同体，探索建立校企一体化育人机制。四是赢在制度完善。先后制定标准条件、相关协议、管理制度、考核制度、奖惩制度等5大类22项制度，全面规范现代学徒制的管理。首创学徒注册制度，制订实习指导教师和企业带教师傅遴选条件和工作职责，完善“双导师”互聘共用机制。建立严格实习前培训和准入制度，校、企、家信息通报制度。强化考核，以学徒自评、互评、教师评、师傅评等多种形式进行过程性考核，考核合格的学徒，由市人社局、教育局共同颁发《学徒合格证书》，确保育人质量。

湖州的现代学徒制，“特”在三个结合：一是与课程改革相结合。构建具有湖州区域特点的“二模二基三群”课程体系，通过强化专业建设、细化岗位课程、深化职业指导、优化文化基础、增添人文创业、有效选课走班、小组合作学习、“五位一体”评价等多项实践，有效实现现代学徒制向纵深推进。二是与“课证融通”相结合。学校、企业、人社部门三方共同研究制订试点专业人才培养方案和现代学徒制课程体系，明确教学计划和轮训方案，实践“多岗轮训+一专多证”，实现学校专业课程、职业资格课程与企业岗位课程的融通。三是与专业产业相结合。在原先“2+0.5+0.5”“1+1+1”“2-1”、成人“双元制”等4种范式的基础上，各中职学校“八仙过海、各显神通”，针对财会、电子商务等无法与企业合作开展现代学徒制的特殊专业，长兴技师学院在校内建起了衡信会计工作室，采用“外联内训”的方式帮助学生提前熟悉岗位；安吉职教中心与安吉竹博园等中小企业开展“联盟组团式”现代学徒制，实现中小企业资源最大化利用；长兴职教中心依托长兴中德产业园，签订中德职教培训项目，开展“产业学院嵌入式”现代学徒制探索，为当地产业园区发展和经济转型升级培养人才……

湖州市委、市政府对职业教育的高度重视；湖州市教育局理念引领，顶层设计；湖州市各职业学校百舸争流，千帆竞技，生机勃勃，催发了产教融合的内生力，一场全员参与、百花齐放的育人模式，改变着湖州的职业教育生态。

杭职院：开启全国首个“校企合作共同体”

12 月 18 日，是久雨之后气温回升的一个大晴天，我们来到杭州职业技术学院，重点参观了全国首个“校企合作共同体”—— 友嘉机电学院，听取了校长贾文胜的治校经验，他从概说杭职、演绎杭职、精彩杭职、发展杭职等四个方面详细解读杭职院的办学理念、办学特色、办学成效和发展目标。实地参观体悟和贾校长的治校智慧引发了我们的思考，杭职院的产教融合之路，芬芳繁华，璀璨绚烂。

一是产教融合是职业教育的沃土。10 年前，在杭州市政府和杭州市经济开发区管委会的牵线搭桥下，杭职院与友嘉集团共同创立友嘉机电学院，开启全国首个“政府引领、企业主体、学校主导”的“校企共同体”办学模式。作为全国首个“校企共同体”，友嘉机电学院率先突破了高职教育校企合作法律法规不健全、校企合作主体关系指向不明、大型企业积极性不高等多个瓶颈问题。杭职院与友嘉集团长期的共同投入、共同参与、共享成果、共担风险，使友嘉机电学院在专业建设、课程设置、人才培养、教材编写、教师队伍、技能培训、科研投入、实习就业及生产性实训基地建设等方面获得了快速的发展。10 年来，杭职院还与区域内主导产业的主流企业开展广泛合作，先后建立了达利女装学院等 8 个校企共同体。在这片产教融合丰饶的土壤里，杭职院为地方产业转型发展培养了一大批高素质的技术技能人才。二是“似校非校、似企非企”的校园生态。10年前，杭职院的“敲墙”行动，引起了职教界的极大反响。课桌椅是工作台，参考资料是图纸，老师不在讲台前喋喋不休，而是手把手地教，这是职教生态的改变。职业院校只有与社会企业无缝衔接，课程设置适应岗位需求变化，人才培养随时置身于企业真实情境当中，才能培养出经济社会发展真正需要的高素质技能型人才，这是职院“敲墙”的初衷。于是，杭职院就把第七教学楼内的普通教室全部打通，改造成为服装设计加工实训车间，成为杭职院达利女装学院大楼。达利女装学院的成立，让企业参与人才培养全过程，包括共同确定培养目标、制定教学计划、开发课程标准和教材、开展办学质量考核与监控等。同时双方还约定，课程设置除学校必修课外，增加达利的企业文化、达利工厂实训等课程内容。“敲墙”行动，敲出了职业教育校企合作、教学改革的新天地，“似校非校、似企非企”也成了杭职院的校园生态。三是职业教育还要追问“用什么资源培养人”。职业教育不仅要回答培养什么人，怎么培养人，还要追问“用什么资源培养人”，校长贾文胜如是说。杭职院在利用各种社会资源培养人上走出了坚实的一步。友嘉机电学院实行校企合作后，不但友嘉数控机床维修中心、精益制造中心和企业培训中心整体入驻校内，企业投入购买并实时更新与产业发展同步的设备1800万元，还为学院提供50台（套）设备，价值3000多万元；20位企业技师常驻学校参与教学，共建叉车研究所、数控加工维修4S店，友嘉集团还出资500万元建设了全国高校首家机床博物馆。2018年还捐赠了1000万元支持学院的专业建设。

校企深度合作的10年，也正是杭职院跨越式发展的“黄金十年”。学校与企业共建了22个技术研发平台和12个名师工作室，撬动企业准捐赠6000余万元购买设备，用于教育教学；建成一个由786名企业技术骨干和能工巧匠组成的兼职教师资源库，其中企业常驻学校兼职教师达70余人；在企业建立了9个“厂中校”或教学区，有50余门课程在企业进行教学。2011年，“友嘉模式”入选《国家高等职业教育服务产业发展成果案例汇编》，成为全国高职教育校企合作的典范，并于2014年荣获国家级教学成果一等奖。同时，学校拥有了全国数量最多的国家级专业教学资源库，并获得“全国黄炎培职业教育奖‘优秀学校奖’”“全国高等职业院校服务贡献50强”“全国高职院校创新创业示范校50强”等一系列荣誉。杭职院改革创新，敢为人先，主动作为，激发产教融合的内生力，为高职院校校企合作、协同育人提供了范例。

党的十九大报告提出，要“完善职业教育和培训体系，深化产教融合、校企合作”，这给职业教育的未来发展作出了清晰的定位，也意味着职业教育新时代的到来。上述三所职业学校（院校），奏响了职业教育高质量发展的时代强音，也让我们深刻体会到，浙江的职业教育正迎着新时代的朝阳，乘风破浪，筑梦远航……①

教育“现代化”催生学校“新样态”
——“领雁班”温州中小学校实地探访

作家莫言说：“世上凡是鸟儿能飞到的地方，都有温州人的足迹。”这样一座敢为人先的“商城”，它的教育，在新时代又会焕发怎样的光彩？12月26日—27日，阳光明媚，温暖如春，在市教育局的精心组织下，“领雁班”赴温州考察学习，实地走访了温州市区的6所中小学校，并与学校领导进行了交流。两天的看与听，温州中小学校所展示出来的“阔绰”校园、多彩课程、多元文化，让大家感受到了强烈的视觉冲击、思想冲击和文化冲击。温州的经验与做法，既让我们深受启发，也让我们深刻反思：教育现代化既体现在校园的新样态、课程的新样态、文化的新样态，更体现在理念的新样态和内涵的新样态上。

眼之所见——新样态之美

精心准备的考察更能看到精彩，带着任务的学习更能发现本质，温州之行，即是一场寻美之旅。

---

① 此文发表于《衢州教育》2020. 04。

1. 地域文化传承之美。白手起家、艰苦奋斗的创业精神；不等不靠的自主精神；闯荡天下、四海为家的开拓精神；敢于创新、善于创新的创造精神，被称为“温州精神”。温州人用他们的精神创造了无数的第一和奇迹，使温州成为中国十大最具经济活力的城市之一。温州中小学校依托温州区域文化，弘扬“温州精神”，开展创新创业教育，让双创教育成为学校鲜明特色。走进温州市实验中学，正是中午时分，校园热闹非凡，学生一脸灿烂，一年一度的课程成果展示活动激活了“一池春水”。校长倪彤介绍，学校有一项最受学生欢迎的活动——财商文化节，有位七年级男生，在校财商文化节中，创造了 2 小时赚 2 万“财商币”的纪录，登上领奖台，成为学生们的“偶像”。“当下，家长与学校越来越重视培养孩子在未来社会中的生存和发展能力，金融观念和理财能力已成为个人生存发展的基本素质，而温州又有经商的传统与特有的地域文化，所以，我们一直在思考如何将它与学校教育结合起来。”校长倪彤告诉我们说。学校在全市率先开设“财商启程”课程，希望通过财商教育，帮助学生树立正确的金钱观、理财观、消费观、价值观。学校的“创客空间”早在 2015 年就在全国教育信息化应用展上展示，得到时任教育部副部长杜占元的点赞。不当“守财奴”，会赚钱还得会投资，我们所到的每一所学校都开设了创客工坊，“财商”的培养已经融入温州教育的血脉中。

2. 常规理念坚守之美。温州广场路小学是一所百年名校，郑振铎、夏承焘、徐桂芳等一批“大家”都曾在此受过启蒙教育。在这样一所有着百年积淀、享誉全国的名校，一直坚守“把常规做到极致就是质量”的理念，坚持“走进课堂做研究”，近 10 年，以教学目标制订为切入点，形成了“定标—调标—试标—测标—论标”的“五标”教研范式。十年磨一剑，“五标”教研范式成功引领温州市乃至全省的课程改革，并获省教学成果奖。温州中学坚持“健康第一”的理念，在体育课中开展“选项教学”，逐步形成以体育选项课为主体、体育选修课为补充、体育训练队为抓手、田径运动会和综合运动会为载体的立体式阳光体育课程。学校两次被教育部授予“贯彻落实《学校体育工作条例》全国优秀学校”，在全省高校新生体质健康测试中，毕业生总成绩合格率排名全省前列。学校不仅重视群众体育，在比赛项目中也全面开花，田径队曾多次获得省市中学生田径运动会冠军，多次代表浙江中学生出战全国赛场并屡获佳绩，健美操队曾连续五年参加全国校园健身操大赛。有人说，人生的失败往往在于轻易放弃，而教育的精彩有时需要的也仅仅是一份心无旁骛的坚守。

3. 课程资源融通之美。“让每个孩子的青春都明媚起来”，这是温州市实验中学课程建设理念，该校的音乐 STEAM 课程享誉全国，《Processing 互动编程》是被学生“秒杀”的拓展课程，学校曾在全省义务教育课程改革研讨会上作主旨报告，被盛赞“惊艳全场 60 分钟”。聚焦学生核心素养的温州市广场路小学“香樟园”课程体系，分为基础性课程与拓展性课程两大类，特色鲜明。办学历史仅有 12 年的龙湾中学，却藏着 10 座主题鲜明的校园“博物馆”，“博物馆”课程应运而生。17 门课程由学生当老师，是温州中学的特色，学校本着“敞开式课程，敞亮式教育”理念，构建了“领袖气质培养、创新素养培育、生涯规划辅导、学科固本舒根”的“敞开式”课程体系，自主开发校本选修课 137 门。“敞开式课程”是一种开放性的倾诉与理解的过程，“敞亮式教育”是对校训“作圣启蒙”的一个很贴切的诠释，校长徐坚说。全省义务教育课程改革实施以来，温州市教育局提出以“面向世界的现代温州人”为培养目标，构建指向核心素养的基础教育课程内涵，从“以学生发展为本”的课程价值取向出发，调结构、育特色、强内涵、成体系，已经形成“一区域一品牌”的格局。

4. 智慧校园创新之美。走进第二十二中学，学生上课考勤、进出校园情况、热销菜品排行、用餐消费等大数据分析赫然呈现在电子屏幕上，智慧校园“让数字说话”，该校是信息化建设的领军学校，被评为全国首批百所数字校园展示校建设项目学校、教育部第一批教育信息化试点优秀单位、全国 STEAM 种子学校 。在龙湾中学智慧食堂，扫码点餐，自动结算，一秒一单，快速高效。学校的“一站、两库、三平台、四大应用、五大资源”智慧校园建设，实现信息技术和教育教学深度融合。温州职业中专的汽车、机械专业，用信息化手段打破时空限制，校内课堂与企业课堂实时联通，实现“无边界”教学。2017 年温州市教育局即制定《温州教育信息化 2.0 时代线路图》，提出四大目标，即以教育大数据建设为驱动，推进未来教育发展；深化大数据与教育教学应用融合，引领教育综合改革；高位提升教育信息化整体水平，促进教育现代化建设；大力推进教育信息化创新，服务学生综合素养提升。以区域推进的方式，实现温州教育信息化的快速发展。

心之所悟——新样态之感

温州之行，用一天半时间（除去去温州的半天时间）考察六所学校，可以说是马不停蹄，也许仅仅是走马观花，但每到一所学校，都对大家触动很大，主要有四点感悟。

1. 校长是核心。都说一位好校长成就一所好学校，确实，有什么样的校长，就有什么样的学校。温州的考察让我们更深切地感受到，校长对于一所学校发展发挥着决定性作用。实验中学校长倪彤认为“每一个孩子都是有差异的，我们必须承认这种差异的存在。教育的宗旨不是也不应该弥补这种差异性，而应该尽最大努力激发学生生命的潜能”，所以学校的课程丰富多彩，学生阳光明媚，幸福成长。温州中学校长徐坚认为，中学和大学应该像接力赛跑一样，要在跑动中接棒，温州中学希望成为最接近优质大学的高中学校，希望学生在高中毕业时具有准大学生的姿态。所以温州中学的毕业生后续发展强劲。温州职业中专校长黄威认为，职业教育应开创学生的生命力，以知识、技能与核心素养完善个性，改变命运，获得自身的可持续发展，学校的“创·生”教育哲学，让中职生“遇见更好的自己”。“孩子没有梦想是因为教师没有梦想，教师没有梦想是因为校长没有梦想。”温州中小学的许多校长，都怀揣着自己的教育梦想在主动而投入地办学校、办教育。

2. 理念须先行。在考察中我们发现，校长们没有一位主动谈起过升学率，他们谈得最多的往往还是自己对于教育的思考，自己的办学理念。倪彤校长的办学理念是“创设一方自主发展的蓝天，让每一位‘实验人’成就最好的自己”。她说：“我当校长，始终坚持做一件事，那就是怀着一颗阳光的心汇聚美好，传播美好，成就美好，让每位遇见我的师生都享有教育的幸福！”温州中学校长徐坚说，“我们针对学生的生源差异、选科差异、习惯差异因材施教”“还创设了一系列自律、修身、领导力课程，班级、社团学生自主管理”，这就是他们“舒根化种，击磬弘音”的办学理念。在龙湾中学校长蔡朝晖看来，在校园打造各式各样博物馆，目的是将散落在校园中的碎片化空间进行整合，丰富校园文化内涵，通过润物无声的方式，让学生浸润书香校园，学会读书，学会做人。

3. 课程是关键。无论是教还是学，都离不开课程。课程的特色，就是办学的特色，也是人才培养的特色。把学生培养向“分层培养”“分类培养”转化，载体也是课程。漫步广场路小学，最引人注目的是那棵四季常青的百年香樟，樟韵清远，桃李芬芳。校长杨素琴说，在百年历史和“香樟精神”的引领下，学校形成“尊重个性，关注差异”的办学理念，“香樟园”课程就是以此构建，夯实基础，发扬个性，关注每一个孩子的成长。我们所到的 6 所学校，都开展 STEAM 教育，建立 STEAM 课程体系和 STEAM 专用教室，据悉，温州全市有 63 所试点校，STEAM 教育已渐渐在全市学校中普及。只有大量各具特色、可供选择的课程体系，才能实现每一类学生的最优发展，使孩子的个性特长能够被延续。

4. 规律须遵循。作为教育工作者，就是要认识规律、遵循科学，更好地帮助孩子实现最优发展。尤其是校长，需要深入研究教育科学，用科学的精神领导学校、改革教育。广场路小学在持续 10 年的课题研究中发现，教学目标的“切适”是有效教学的关键，为此，学校专攻十年。温州市教育局提出，教育的科学性应体现在教学要符合学生身心发展规律和经济社会发展规律上，既要对孩子“补短板”，使其尽可能地全面发展，也要“扬长板”，最大限度地开发其天性特长，使其为社会所用。因此，在分析不同年龄学生学习特点的基础上，分别实施了幼儿园重在“启蒙学习”、小学重在“快乐学习”、初中重在“有效学习”、高中重在“综合学习”的“全学段课程教学改革”。

工作建议——新样态之思

他山之石，可以攻玉。在实现教育现代化的征程中，衢州教育已经吹响了加快构建德智体美劳全面发展的教育体系的集结号；职业教育已经明确“六个统筹”的改革路径；名师名校长的培养培训已经拉开了序幕，与温州相比，衢州教育也有自己的品牌与特色。但是，教育没有最好，只有更好。

1. 打造一支高水平专业化的“领头雁”队伍。校长是学校的灵魂，是学校改革发展的带头人，一个好校长，可以成就一所好学校。2015年教育部分别制定《普通高中校长专业标准》《中等职业学校校长专业标准》《幼儿园园长专业标准》，上述三条标准均指出校长要有专业理念的高位引领，具有“规划学校发展、营造育人文化、领导课程教学、引领教师成长、优化内部管理、调适外部环境”等6项专业职责。因此，打造一支专业化水平更高的“领头雁”队伍，是衢州教育持续提质增效的关键。

2. 让课程改革成为提升质量的“加速器”。教育改革的核心在于课程改革。按照国家课程校本化、学科课程层级化、校本课程特色化的要求，加强课程建设的顶层设计。尤其是通过课程建设，提升办学理念，凝练教学特色，构建适合学生个性发展的课程体系，推进合作学习、探究学习等。同时真正从有利于学习的角度出发改造教室、实验室、阅览室等教学设施。把实验室转化为探究课程、扩展课程的教学场所，让学生有更多的地方、更多的时间动手、实践。在“图书走出来”的基础上，更大限度开放阅览室、图书馆、使其成为讨论、研究、授课、休息的多功能场所，让课程改革和配套举措成为提升质量的“加速器”。

3. “一校一品牌”打造教育“新样态”。教育新样态，是指去除功利性，突出“有人性、有温度、有故事、有美感”的“四有”特征。有人性就是要“以生为本”，以让学生成“人”为宗旨；有温度就是要办活的教育，办亲切的教育，办学生自己喜欢的学校；有故事就是要办得厚重，学生学得厚实；有美感就是知识之美、思想之美、青春之美和形态之美。加快推进“一校一品”特色创建，形成“校校有品牌、名校多品牌”的衢州教育新样态。①

---

① 此文发表于《衢州教育》2020. 04。

素质 机制 理念，提升质量的关键
——德国学习考察报告

今年暑假，在德国学习近半个月，粗略地感知德国的职业教育，于是记录了一些见闻与感受，用以阐释“素质、机制、理念是提升质量的关键”这一论断。

第一篇　休闲与素质

（一）

第一次到欧洲，第一脚踏上的是德国这片土地。

一路上，大片大片金黄的麦田，成片成片翠绿的森林，一片一片齐整的草地，一株株恣意生长的野花，一簇簇点缀其间的小庭院，“采菊东篱下，悠然见南山”的田园风光在这里得到更充分的体现。

欧洲的城市是怎么样的？在期盼中，来到了马格德堡。

马格德堡是德国的重要城市，有着千年历史，诞生了第一位帝国皇帝——奥托大帝。

没有喧闹的人流，没有车水马龙，没有高楼大厦，没有灯红酒绿……

城市是什么？我在街上寻找，是灰墙巴洛克？是阳伞咖啡座？是尖顶老教堂？

余秋雨说：所谓欧洲，就是用古旧黄铜雕铸于街市的闲散与幽默。

我恍然大悟。

奥托的雕塑是用黄铜雕铸的，但那是金灿灿的黄，是一种金贵的颜色，显现出他的地位与辉煌。但马格德堡的城市标志：两匹奔腾的马，被切割成两半，相向而驰，古旧黄铜与飞马奔腾的气势，呼应出这座城市金戈铁马的显赫历史，这是否是一种历史的幽默？

城市里没有急匆匆的脚步。相反，街上却总能看到大量手握一杯啤酒或咖啡，悠闲地坐在路边一张张小桌子边的闲人。他们吃得不多，却坐得很久，有的聊天，有的看报。老人们像孩子一样，喜欢坐在树下惬意地吃着冰激凌。偶尔抬头打量街市，目光平静，安然自得，十分体面。啤酒、咖啡、冰激凌、休假，是欧洲人的一种生活状态，他们认为平日辛苦工作，是为了更好地休假，只有休假才能使杂务中断，使焦灼凝冻，使肢体回归，使亲伦重现。

城市的极致就如老街疏桐，桐下旧座，座间闲谈。

同样，城市的潜力，拥挤的市中心不是标志，市中心是一个漩涡，把衰草污浊旋到了外缘。真正的潜力忽闪在小巷的窗台上，近郊的庭园里……

（二）

凯老师，马格德堡大学教授，具体名字叫不来，因为他喜欢大家称呼他“凯教授”，教授在德国是个非常受尊重的头衔。他给我们讲课的内容是德国是怎样培养教师的，课后，我们总结了德国教师的培养模式。

在德国，教师因为考证难而被称为“三大艰难职业”（其余两个为医生、律师）之一。德国《职业》杂志的调查显示，教师职业已成为大学毕业生“最向往的职业”。教师职业受欢迎，与德国对教师的独特培养制度有密切关系。

从师范模式到综合模式

目前，德国并没有传统意义上的师范教育。凯教授告诉我们，20 世纪 70 年代后期，德国教育界逐渐认识到，教师的唯一来源是师范生很有局限，教师应从社会上选拔。于是，师范学院逐步被并入大学，或被扩建成新的大学及综合高等专业学校。两德统一后，东德也取消了师专。这样，中小学（职业学校）教师培养被纳入普通高校系统之中。

“一个未来的教师，在大学里不仅要学习‘应知’，而且要学习‘应能’。”巴尔博士在给我们上课时指出。为了达到这个目标，德国大学教育提供了一个开放和研究并重的学习氛围。一个中学毕业生，要走上教师之路，首先必须进入综合性或技术大学学习 5 年，选择一个主修专业和一个辅修专业。学生可根据学校的推荐性学习计划和教授开设的课程，以及自己的兴趣、教师职业的要求，充分利用大学的条件，设计自己的知识体系。

通过两次国家考试

教师资格证书是教师行业的资质证明，是教师职业的准入证。在德国，一个大学生必须通过两次国家考试才能获此“殊荣”。

德国的中小学校（职业学校）教师考试由考试委员会负责，委员会则由大学教授、学校校长和有关考试机构的代表组成。

通过第一次国家考试后，取得了见习教师的资格。实习的前半年要在大学学习大量的教育理论和技能，全时教学实习时间实际为 1 年，包括听课、试讲和参加学校的各种活动等。期间可领取 30%的公务员工资。只有完成实习工作后，才能参加第二次国家考试，从而获得教师资格证书。然后，“准老师”进入人才市场，参与公开招聘。

继续教育——提高的重要途径

在德国，教师是国家公务员，享有较高社会地位，可以终身任职。根据各联邦的法律规定，教师参加工作后必须参加被称作“第三阶段”的师资培训。教师每年有 5 个工作日可以带薪脱产进修。其中，教师进修有全州集中、地区性和学校内部 3 种。第一种由州文化部组织，每个课程培训时间为一周左右；第二种由区政府组织，每个课程时间为一至两天；第三种由学校组织，缺什么补什么。

德国教师入门难而要求高。他们周末的休闲与度假，其实是因为功底深厚。工作时的高投入、高质量让他们可以把工作和生活分开。

这，就是休闲与敬业。

第二篇　气质与机制

（一）

在德国学习，除了领略职业教育的魅力，我们还用一个下午的时间，考察它的都城——柏林，了解他独特的气质与文化。

车子一进入柏林，感觉并不好：拥挤、脏乱、陈旧，并不宽广的马路边停满了车，街道两旁随处可见白色垃圾，它看起来显得有些忙乱与喧嚣。

但它是德国的都城，一个国家精神的凝聚。

在它的中心，除了国会大厦——这个权力的心脏，吸引众多的游客；其中还有一片地，也吸引了无数人前来瞻仰，那就是“欧洲被害犹太人纪念碑”，两千多块高低参差又整齐排列的混凝土板安放在一个斜坡上，没有文字，但很肃穆，提醒着曾经的残暴与罪恶，也表现了德意志的内省与人道精神的追求。

资料表明，柏林，它并不年老，比罗马建城足足晚两千年，比伦敦建城晚一千多年，比巴黎建城也晚了六百多年，它外表忙乱而喧嚣，但内心却显得比谁都老练、含蓄，静静的让人琢磨不透。

有位作家说：“只有柏林，隐隐然回荡着一种让人不敢过于靠近的奇特气势。”

人类一共经历两次世界大战，两次都是它策动，也都是它惨败。

在策动世界大战前，它的文化艺术已经万丈光芒，有人说，所有的西方哲学都是用德语写的。它也因康德、黑格尔、费尔巴哈这样的精神高峰雄视欧洲，因诞生50%的诺贝尔奖而睥睨世界。

在遭到惨败后，经济恢复又突飞猛进，基辛格说：近三百年，欧洲的稳定取决于德国。

是一种什么力量，能使他在喧嚣野蛮背后，保存沉静而强大的高贵。

余秋雨在考察欧洲后评价说，德意志有大森林的气质：深沉、内向、稳重和静穆。我想，这就是柏林精神，普鲁士精神，是整个德意志国家的精神和气质。

现在，这个森林里瑞气上升，祥云盘旋，但它“不欢悦，不敞亮，静静地茂盛勃发，一眼望去，不知深浅”。

（二）

德国制造，以质量、技术和服务称霸全球，因此德国的企业很牛。从德国友人送来的《欧华商报》中了解到，德国的经济之所以这么好，是因为德国的企业很强。德国的企业，95%以上是私企。德国是全世界企业“隐形冠军”最多的国家之一，企业寿命长，在德国到处都是百年老店。还有一项更牛的是，产品的定价权，它不讨价还价，你不买也得买，因为它的产品：人无我有，人有我优。

德国企业的霸气，与它坚持高质量和高价格战略不动摇有关，更与它强大的人才支撑有关。德国重视教育，这是德国企业保持长盛不衰的核心动因。

德国高等职业教育免费，为企业源源不断地提供高质量的管理和市场人才，而德国独特的职业教育模式为德国的技术人才提供了最可靠的保障。

因此，学习德国，要学习德国在人才培养上打提前量。在企业还没有入驻的时候，政府就要开始下大力气培养人才，让企业随时有人才可用，这才是解决企业问题的根本所在，这也就是眼界。

而双元制，也只有在德国本土，才能放射出它最灿烂的光芒。

这，就是气质与眼界。

第三篇　本真与理念

（一）

奎德林堡是德国的一个千年古镇，我们来到这里，“恰若青石的街道向晚”。

小镇在历史的洗刷中，显得更加的沉静与厚实。

沉静与厚实，从每一扇旧窗中溢出，从每一块古砖中溢出，从每一道雕纹中溢出，从每一束老藤中溢出，从每一张淡然的脸上溢出……

一对双胞胎姐妹，五六岁，骑着单车，在父亲的陪伴下，悠然地淡出小镇；

一对年老夫妇，手牵手，从容而淡定，在小镇的青石路上迈步而过；

一位青年，开着跑车，放着激情的音乐，在小镇颠簸的石子路上拉风；

一对新人，在摄影师的指挥下，在小镇的花丛中，留下美好的印记；

还有一些男女，稀稀落落地，坐在小镇的一角，喝着清啤，聊着天；

还有，我们，小镇的过客，留下匆匆的脚步，闲淡中的急切……

小镇的宁静而安详，犹如丝丝凉风，沁入心田，消解了夏日的烦躁；小镇的悠闲，冲淡了忙碌，人本就可以很悠闲地生活着……

在小镇，唯一的一丝“嘈杂”，便是在歌剧院，一群小伙伴围在门口，手里拿着冰激凌，也许，他们刚欣赏完一场演出，脸上露出满意的笑容。

还有一群孩子，坐在剧院旁的一段两米左右高的围墙上，晃着双脚，吃着淡紫色的冰激凌，小声地说着话，不肆意嬉戏，不大声吵闹，白皙的脸，淡蓝的眼，精心编制的小辫子，在阳光清透地照耀下，犹如一个个小精灵，为小镇增添了一份灵动。她们是小镇的未来，沉静中透出大气，正如小镇的气质，小镇千年沉淀的气质。

这是周末，大多数人都外出度假去了，大方地把整个小镇留给了一位位过客，这份沉静与厚实，唤醒了内心的渴望—— 回归人的本真……

（二）

在德国学习期间，总会看到孩子们在家长的陪伴下尽兴地玩耍，满手的泥，满身的沙，一脸的笑……

孩子不用参加兴趣班，因为，在德国，有法律规定，孩子在幼儿园期间不允许教授专业知识，社会上也没有类似的培训班。

上小学的孩子，也不能学习额外的课程，即使这个孩子的智商超过同龄人。

在《欧华商报》中，看到一位在德工作的华人家长这样写道：“今年我儿子 7 岁，我向学校老师提出，能否额外教他一些东西？因为他五六岁的时候就自己在家学会了基本的阅读、书写和简单的数学计算。老师表示反对并说：‘您应该让您的孩子与其他孩子保持同步。’”

“一个星期后我再次去见老师，并出示了孩子高智商的证书，希望得到她的理解和支持，但老师用一种奇怪的眼光看着我，仿佛我是来自外星的人。”老师进而解释，孩子智力被过度开发并不是一件好事情，因为必须给孩子的大脑留下想象空间。过多的知识会使孩子的大脑变成计算机的硬盘，长此下去，孩子的大脑就慢慢地变成了储存器，不会主动思考了。

德国，甚至整个欧洲都普遍认为，孩子有自身的成长规律，他们在相应的阶段要做相应的事情。

孩子在小学前的“唯一的任务”就是快乐成长。因为孩子的天性是玩耍，要做符合孩子天性的事情，而不应该违背孩子的成长规律。

这就是教育的本真。

中职教育花香何方

——丽水职业教育实地探访

曾担任教育部部长的陈宝生指出：要让职业教育香起来、亮起来、忙起来、强起来、活起来、特起来。2019 年 10 月，丽水市缙云工艺美术学校迎来了陈部长的实地考察，并“点赞”学校办得有特色。丽水职业教育“花香何方”？12 月 11 日，时值冬日，却阳光明媚，温暖如春，衢州市高职成教处、市教研室联合组织全市中职学校分管教学副校长赴丽水实地探访。

政策引领，“一校一特”尽显风采

青山环绕，林海氤氲，走进丽水，满目尽是绿色。这座被誉为“浙江绿谷”的城市，以怡人的“天然氧吧”闻名全国。而作为助推丽水区域经济发展的中坚力量，丽水职业教育围绕丽水市委“培育新引擎，建设大花园”绿色发展战略，紧扣地方生态产业发展之需，走出了一条职业教育崛起之路。坐在会议室，丽水市职成教处处长陈海香对丽水职业教育的跨越发展举措娓娓道来。一是把技能竞赛作为提高质量的突破口。每年举行一届市级技能竞赛，以赛促训，以赛促练，多部门参与，把技能比武办成展示中职教育成果的窗口和中职技能教学交流盛会。二是政策引领抱团发展，提高师资队伍素质。一方面以省骨干专业和示范专业为基础，建立 15 个专业课改基地。每个专业课改基地学校每年由市财政补助建设经费，基地建设积极对接发达地区优质学校，学习先进经验，促进教师专业成长。另一方面实行“编内外聘、财政定补”的用人制度，允许部分紧缺专业教师“先进后考”、学校自主录用高技能人才；在编制内允许学校依据专业动态调整，自主聘用教师与技术人员，并经编制部门批准后，财政部门按现行顶编人员经费标准的 2 倍予以保障。同时依托天津职业技术师范大学等国内院校，加强教师定向培养，打造优质师资队伍。三是专业建设凸显

“一校一特”。围绕“一校一特色”的专业发展路径，形成主次分明、优势突出、错位发展的区域专业集群，专业建设与区域经济对接更加紧密。如龙泉市中等职业学校的青瓷工艺、宝剑工艺等专业，缙云县工艺美术学校的缙云土面设计包装、参与笕川花海设计与施工等。

丽水职高——净心“荷”畔育风采

“山重重，水重重，云淡风清洗碧空，啼莺伴道中”，丽水职高就坐落在这样一个充满诗意的小山坡上。校长李立金，8月份刚从市教育局计财处处长提任丽水职高校长。他带领我们边参观校园，边描绘未来的发展蓝图和办学特色。一是“和合”文化，引领和谐发展。“和”是中华民族一以贯之的价值理念，也是中华文化的主旋律。“和”是指人内心的平和中正；“合”则是指人与外界的风云会合。“和合文化”就是以“和”为价值取向，以“合”为手段和途径，促使学生实现和谐发展的文化。学校的“和合”文化印刻在每一道墙上，更是通过文化引路，价值引领，加强“和合”文化的浸润和精神养成，将“和合”印刻在每一位学生心中，成就最好的自己。二是心理健康教育浙江样板。学校是“浙江省健康促进金牌学校”和“浙江省一级心理辅导站”。通过行动研究模式打造高水平、高规格、高标准的心理评测体系、优质课程体系、学科研修体系、智能化网络体系的“四维一体”心理健康教育品牌。三是一座图书馆让你爱上一所学校。图书馆内布局错落有致，色调清新自然，有纸质书籍阅览区，有电子阅览区，有休息咖啡区等。纸质书与当地新华书店合作，更新及时，内容丰富。卡座、转椅、榻榻米，在这里可以找到一个半封闭的独立空间，浸润书香，享受思想的自由，拥有这样一座图书馆，就能让你爱上这样一所学校。

漫步在学校净心“荷”畔，心里想着，如此“净心”，这里的学生是幸福的。

缙云中专——用思想引领学校发展

缙云有仙都，早些年去过。唐玄宗闻奏缙云山“彩云仙乐、山呼万岁”，感叹“真乃仙人荟萃之都也!”乃敕封“仙都”，仙都之名由此而来。来到缙云中专，校长叶云汉向我们介绍，缙云是养生福地，长寿之地，神仙相伴景相随，可以沾沾仙气。“叶校长是一个很有办学想法的校长”，陈海香处长向我们这样介绍。

在学校会议室，叶校长底气十足地给我们介绍缙云中专的办学经验。一是有美丽传说的“鼎文化”。缙云烧饼是缙云民间著名特产，也是缙云重要的文化特色之一。相传缙云烧饼的制作与当地“黄帝铸鼎”的美丽传说有着密切关系。“鼎文化”就是从这个人人传颂的故事里凝练出来的。学校深挖传统文化精髓，开展了“鼎文化”建设，确立“立人尚鼎”的办学理念。叶云汉校长说：“办学如铸鼎，而鼎的三足象征着学校的人才培养、文化传承、社会服务三大功能。学校就是一尊大鼎，是学生学习、练技、锻能、立业的地方。”二是首创“校企校”模式 。“校企校”模式由学校、企业和电大三方共同参与，根据行业发展，结合区域产业需求，立足学校和电大的教学条件及资源，把学历证书、技能证书、职业资格证书“三证”结合，用的“2+2.5”学分制培养模式，体现“中职有大专，大专有中职”的实训、实习特色。三是国际合作风生水起。叶校长介绍，缙云人有学日语的先天优势，今年11月，学校作为首批“一技成”职教联盟的十所学校之一，与日本中央教育团签订合作办学协议。之前，与法国国际金钥匙学院缙云分院、澳大利亚国际海湾学院的合作办学，引进优质教育资源，推动跨国文化交流，让学生既植根于民族文化，又具备全球化视野和多元文化意识，为地方经济社会发展输送高素质的国际化人才。这样一所县域学校，拥有如此广阔的国际视野，国际化合作做得风生水起，让我们感慨不已。

做强实体经济、推动高质量发展、创造高品质生活，离不开职业教育。习近平总书记指出，“职业教育前景广阔、大有可为”，这给职业教育的未来发展作出了清晰的定位，也意味着职业教育新时代的到来。丽水，同样是浙江欠发达地区，却奏响了职业教育高质量发展的时代强音，也让我们深刻体会到，浙江的职业教育正迎着新时代的朝阳，乘风破浪，筑梦远航……

"全景"育"全人"
——"南孔家宴"品牌打造与全景式人才培养模式架构

一、背景与起因

"衢州是一座小而美的城市。行走其中，可以看见开阔的城市天际线，以及带我穿越过往的古典城郭与飞檐。那些建筑经过巧妙布局，都在不经意间彰显出传统儒家文化的独特气质……"对于衢州城市特色，一位游客在游记中这样描述。

一城一味，一味一情怀。衢州素有"东南阙里、南孔圣地"之美誉，泗淛同源，南北同宗，和曲阜拥有全国仅有的两家孔氏家庙。美中不足的是曲阜有"孔府家宴"，而衢州仅有"三头一掌"，南孔文化的"根"和"魂"没有在舌尖上流传，给游客带来更深层次的文化体验和精神熏陶。

衢州是唯一一个"有庙又有人"的孔氏南宗所在地，孔子第七十五代嫡长孙孔祥楷先生一直居此会见宾客和著书立说。目前，衢州正在全力打造"南孔圣地，衢州有礼"城市品牌，推进全域旅游。但南孔饮食文化仍处待开发状态，地方饮食特色体现不足，品牌文化内涵深挖不够，因此，我们依托学校烹饪专业优势，本着"承文化之美，发产业之花，育人才之苗，助城市品牌"的追求，打造"南孔家宴"品牌，在这个过程中，构建融"书、礼、艺、技"于一体的课程体系，形成全景式人才培养模式，促进人才培养质量的提升。

二、措施做法

学校将烹饪专业作为融入地方文化建设的"突破口"，将南孔文化与烹饪进行有效融合，打造"南孔家宴"品牌。"南孔家宴"品牌打造主要包括市场调研、制定标准、菜品研发、课程开发、品牌推广及形成人才培养模式等六大过程。具体如图 1 所示。

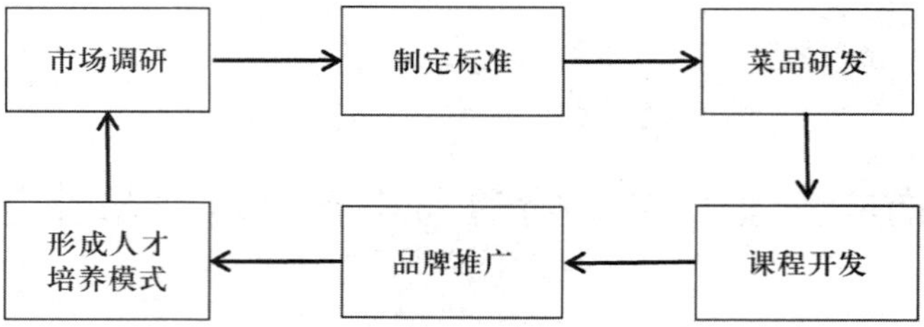

图 1　“南孔家宴”品牌打造过程

（一）市场调研

1. 北宗的“孔府家宴”。2019 年初，“南孔家宴”品牌建设团队赴山东曲阜调研“孔府家宴”，拜访中国孔府菜第一女传人王兴兰，了解孔府菜的制作标准、开发过程及故事挖掘，汲取“北宗”经验与精华。

2. 全域旅游产业发展新需求。全域旅游致力于打造新产品，培育新业态，发展新动能，为游客提供更高效的服务、更丰富的体验、更特色的产品，也推动旅游餐饮行业消费需求呈现重文化、重特色、重康养的新态势。具体调研蕴含文化价值的饮食追求，了解康养理念的适用人群以及饮食特色化、地域化的市场情况。

3. 南孔文化的底蕴与传承。参观孔氏家庙，参加每年一度的祭孔大典，了解南孔文化传承延续的历史脉络，重新认识南孔文化的意义。拜访孔祥楷先生，聆听“那些过去的事情”所蕴含的饮食、礼仪、音乐等；汇报“南孔家宴”品牌打造的设想，听取建议和意见。

4. 行业企业中的需求。调研餐饮行业，了解餐饮业对“南孔家宴”菜品的研发情况；调研衢州最大的集餐饮、住宿、购物于一体的龙头企业——衢州东方集团，它也是学校“现代学徒制”合作企业，双方紧密合作，共同打造品牌。

（二）制定标准

1. 菜品标准：与行业专家共同制定家宴中单个菜肴的规格标准，力求市场推广时品质的统一性。

2. 器皿标准。定制一批家宴使用的器皿，让菜肴与盛器相得益彰。

3. 食材标准。秉承传统孔府菜“食不厌精，脍不厌细”的精髓，充分挖掘本地特色优质食材，运用适当的烹调方法，力求保持食材的本味。

（三）菜品研发

“不学诗无以言，不学礼无以立。”既有诗情画意，又饱含着吉祥荣耀祝福的菜肴，从庙堂的满汉全席之上，飞至寻常百姓的餐桌，承载着千年间的人与事，流淌在人们的舌尖上，在筵席间传礼，在唇齿间留味，在人心中入魂，这就是“南孔家宴”。根据“南孔家宴”的菜肴定位，首批开发了“南孔礼杏”“清汤素燕”“龙凤和鸣”“麒麟御书”“诗经面条”“六艺迎宾”“西瓜洞”“乐礼”等8个菜品，具体如图2所示。每道菜都是一个故事，人生至理呈现在精巧至极的菜品之上，寄希望在南孔大地上绵延传承。

菜品：龙凤和鸣

本道菜来源于孔子拜见老子的故事。孔子用龙比老子，取龙升天潜渊、灵异善变的神性，形容老子纵横天地、不拘一格的思辨才能。老子用凤比喻孔子，取凤清德嘉仁的神性，形容孔子至善和悦、仁爱为本的品格。

菜品：麒麟御书

相传在孔子出生前，有麒麟口吐玉书到了他家，送来了喜讯，上写着“均天降圣”，寓意孔子未来就是个圣人。

图2 雕刻作品“龙凤和鸣”亮相浙江省技博会

（四）课程开发

1. “南孔家宴”品牌课程设计

“南孔家宴”品牌项目课程在品牌打造过程中，以课程跨界融通为重点，以工作任务为突破，构建书、礼、艺、技等课程，通过课堂教学、社会实践、线上云端学习与线下社团运作、推进“1+X”实体论证等途径，让项目化课程落地。具体如图3所示。

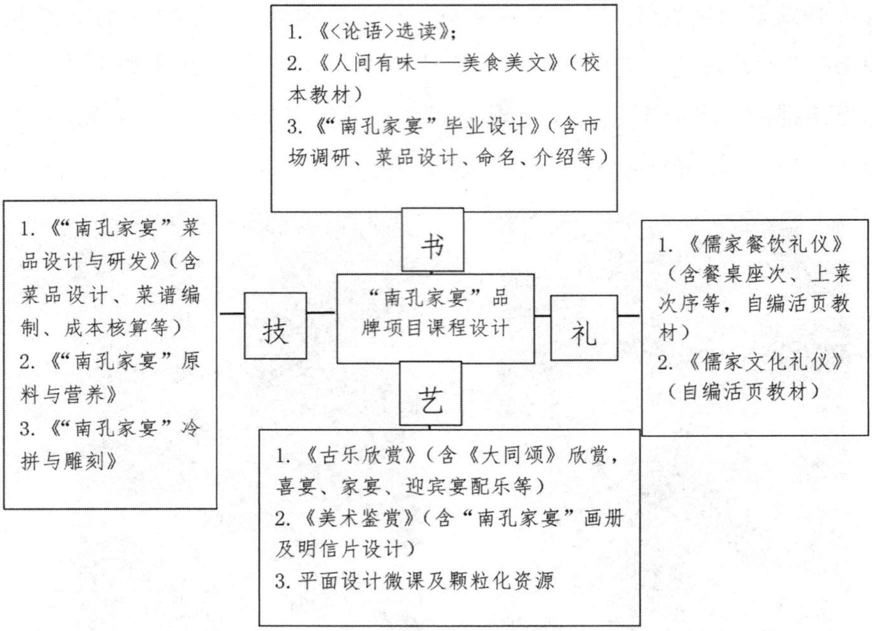

图3　“南孔家宴”课程设计

2. “南孔家宴”品牌技术要求分析

打造“南孔家宴”品牌的技能要求包括：能根据顾客的营养需求，运用现代营养理论优化烹饪工艺；能开发色、香、味、形俱佳的体现南孔文化的创新菜肴；能设计喜宴、家宴、迎宾宴等三大宴席菜单；能建立菜品制作标准，规范菜品制作流程。

素质要求包括：熟知以孔子为代表的相关儒家文化知识以及衢州的地域文化知识；具备“干一行爱一行、择一事精一技”的职业道德素养；此外还包括交流沟通与团队协作能力，创新、创造、创作能力，后续学习能力等。

3. 培养目标确定

“南孔家宴”品牌的技术要求就是培养目标。

（1）能力目标（如表 1 所示）

表 1 能力目标

总体能力	单项能力
能根据当前旅游餐饮行业呈现的新态势开发健康养生的“南孔家宴”	1. 能对顾客的餐饮需求进行全面翔实的调查
	2. 能对顾客餐饮需求进行准确评估并设计菜品
	3. 能准确进行成本核算并选择合适的原料
	4. 能正确准备烹饪原料并进行合理烹调，注重创新
	5. 能正确评价菜品，书写菜品说明书
	6. 能对菜品制作流程、标准进行归纳总结提高
	7. 能对菜品进行包装并宣传

（2）知识目标（如表 2 所示）

表 2 知识目标

序号	知识
1	了解调研相关知识
2	掌握当前旅游餐饮市场的格局
3	了解六大营养素的结构、功能及在食物中的含量
4	了解主要烹饪原料的营养价值，掌握食品保存的方法
5	掌握菜品文化背景和中国饮食文化的讲解能力
6	了解菜品评价标准
7	了解菜品推广、宣传途径

（3）素质目标（如表 3 所示）

表 3 素质目标

序号	素质
1	具有创新意识和创新能力

续表

序号	素质
2	掌握阅读能力
3	具有团队精神和协作能力
4	养成良好的职业素养

（五）“南孔家宴”品牌推广

1. 设立“南孔家宴”陈列室——儒味馆。推进“南孔圣地”人文典故、“衢州有礼”城市品牌、“南孔文化”精髓的传播。对“南孔家宴”菜品、菜谱及制作标准流程、冷拼与雕刻艺术等进行集中展示。

2. 在国家级儒学文化产业园核心区——水亭门推出“南孔家宴”特色菜品。水亭门是国家级儒学文化产业园核心区的重要组成部分，也是衢州古城的中央休闲区和市政府倾力打造的 5A 级景区主景点。水亭门自开放以来，年客流量超过 1000 万人次，是浙江省“网红”新地标。学校与水亭门的“古铺粮食”合作，推出“南孔家宴”特色菜品，让“南孔文化”走上游客的餐桌。

3. 开发“南孔家宴”周边产品，推进全域旅游与南孔文化深度融合。将“南孔家宴”菜品蕴含的文化故事制作成画册、明信片、伴手礼等，既有“南孔家宴”菜品的“形象”，又有菜品的原料介绍以及背后故事，让“南孔家宴”伴随游客，一路分享。

4. 依托社会培训、送教下乡，让“南孔家宴”走入寻常百姓家。依托“乡村振兴讲堂”“农家乐”餐饮培训等，让“南孔家宴”走进“农家乐”餐桌，走入寻常百姓家，服务乡村振兴。

（六）形成全景式人才培养模式

“南孔家宴”品牌的打造，突出“全领域、全学科、全感官、全课程、全方位”，即调动行业、企业、社会和学校等全领域社会资源，整合语文、音乐、美术、计算机等全学科（专业）资源，调动学生手、脑、眼、耳、嘴等全感官的体验，融合烹饪专业全课程的项目化设计，全方位培养集书、礼、艺、技于一身的有创新思维、创造能力、创业本领的“三创”学生及有德、有艺、有文化的儒厨，具体如图 4 所示。

1. 以书达意。带领学生参观南孔家庙，拜访孔子第七十五代嫡长孙孔祥楷先生，了解“南孔家宴”的文化。学习《论语》等传统经典，编写语文教材《人间有味——美食美文》，提升学生文化底蕴，培养书以道事达意的能力。

2. 以礼明德。开发喜宴、家宴、迎宾宴等三大宴席菜单，建立菜品制作标准与流程，为“南孔家宴”走向市场铺设道路，同时在实践中领悟南孔饮食文化中蕴含的礼仪，让每一道菜融入情感，礼以节人立德，做到干一行爱一行，择一事精一技。

3. 以艺融通。将“南孔家宴”菜品以及“南孔文化”故事配合音乐、图像进行艺术设计，制作成工艺品、伴手礼，作为旅游纪念品，为全域旅游增色。创作过程融合美术、音乐、信息技术，培养学生欣赏美、创造美的能力，做到艺以发和融通。

4. 以技达人。在学生创业基地、衢州市文化旅游街区、沿线农家乐等场所及学校对外交流中，推广“南孔家宴”品牌，以培养学生创新思维、创造能力及创业本领，做到技以立身达人。

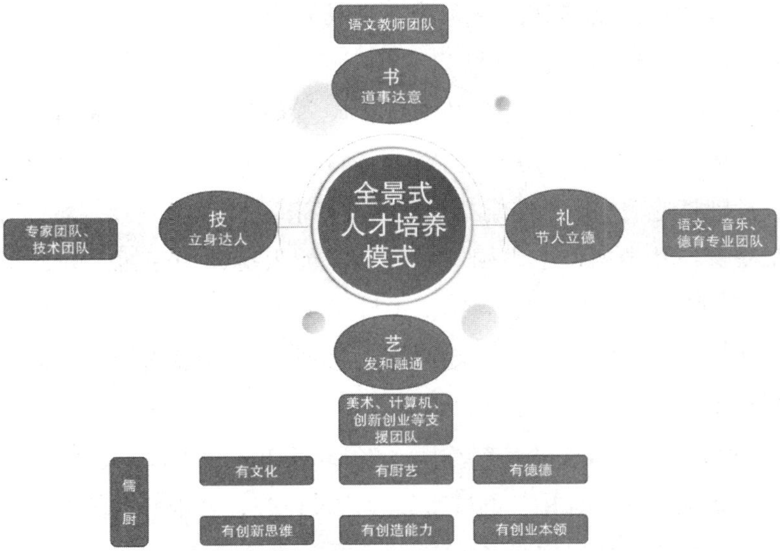

图 4　全景式人才培养模式

三、成效与影响

1. 形成一条专业服务产业新路径。学校根据全域旅游发展过程中旅游餐饮行业发展的需求，主动与衢州饭店和东方大酒店开展合作，师生利用节假日主动到酒店进行全景式合作实训，共同研发“南孔家宴”菜品。与热门旅游景点饭店共同推出“南孔家宴”特色菜品，让“南孔文化”走上游客的餐桌；开发“南孔家宴”周边产品，推进全域旅游与“南孔文化”深度融合；依托社会培训，送教下乡，让“南孔家宴”走入寻常百姓家。

2. 形成一套菜系标准的固化成果。“南孔家宴”品牌在菜品名称、食材选择、烹饪手法、上菜流程等方面都制定了标准化的体系，并形成固化成果，使之可复制可推广。设立“南孔家宴”陈列室——儒味馆，对“南孔家宴”菜品、菜谱及制作标准流程、冷拼与雕刻艺术等进行集中展示。

3. 形成一种新的人才培养模式。“南孔家宴”品牌打造，构建了全景式育人的课程体系。在市场调研、菜品开发、制定标准等过程中，提高学生技能熟练度，加深对技能、知识的理解，领悟南孔饮食文化中蕴含的礼仪，在挖掘、生产、推广的过程中提升学生文化底蕴，培养学生创新思维、创造能力及创业本领，帮助学生形成对职业全方位的认知，形成了“全景育全人”的全景式人才培养模式。

4. 打造一支“双师型”教师创新团队。通过菜品研发、标准制定、品牌打造、成果推广等，搭建校企合作、创新创业平台，以项目助推、技术创新、品牌打造促进教师厚学精技。近两年来，四位90后年轻教师分别在国赛中获奖，其中两位在中国厨师职业技能大比武中夺冠，并分别获封“刀工王”和“冷拼王”，获得第二十届FHC中国国际烹饪艺术大赛意大利饺子项目银奖及2018年度“金厨奖”；另两位分别获首届全国流行菜烹饪大赛冠军，并入选世界烹饪大赛集训。

5. 助力一个“城市品牌”建设。2018年初，衢州市委、市政府提出了“南孔圣地、衢州有礼”的城市品牌建设口号，要求各单位抓好儒学文化研究传播，从更高层次、更宽视野、更新角度探索儒学文化的现代意义，打造新时代的衢州文化新符号。打造“南孔家宴”品牌正是对城市品牌建设“文化之礼、产业之礼”题中之义的积极回应。“南孔家宴”将浓厚的儒家文化底蕴呈现于餐饮文化中，伴随着“衢州有礼”在全球的推广，独具韵味的衢州特色饮食也将成为一张独特的城市名片。

四、经验与讨论

1. 项目定位是基础。品牌的市场定位是品牌策划的核心、本源，我们选择以“南孔家宴”品牌打造助力衢州城市品牌建设，是一个充分挖掘地域特色、服务当地经济发展的很好的着力点。

2. 顶层设计是关键。合理的顶层设计是品牌项目顺利推进的前提，本项目结合职业教育服务地方的要求，发挥学校专业优势，对接区域经济社会发展需求，开发“南孔家宴”特色课程，以承地方文化之美，开地方产业之花，育地方人才之苗，助城市品牌打造。

3. 课程开发是核心。特色课程是项目实施的具体抓手，围绕项目定位，在调研、论证后，我们开发了完整的项目化课程体系，以课程跨界融通为重点，以工作任务为突破口，构建书、礼、艺、技等特色课程，通过课堂教学、社会实践、线上云端学习与线下社团运作、推进“1+X”实体论证等途径，让项目具体化为课程落地。

4. 人才培养功到自然成。在项目实施的过程中找到了饮食与南孔儒家文化的契合点，发挥了“南孔家宴”品牌打造对旅游餐饮行业的积极推动作用，以及对职业学校人才培养的反哺效应。在传承南孔文化、为地方品牌创建作贡献的同时，学校形成了一套对应的人才培养模式，师生成材率、获奖率大大提高。

5. 任重而道远。“南孔家宴”特色课程和新的人才培养模式刚实施一年多，目前还在初始阶段，不管是助力城市品牌创建还是培养有创新思维、创造能力、创业本领的“三创”学生及有德、有艺、有文化的儒厨，都是一件积久为功而非朝夕之间的事情，需要不断循环往复市场调研、自我修正等环节，才能真正有所为。①

---

① 此文获2020年浙江省职业教育与成人教育优秀教科研成果一等奖。

“全景”育“全人”
——中职烹饪专业“全景式”育人模式的创新与实践

一、成果背景

一城一味，一味一情怀。衢州素有“东南阙里、南孔圣地”之美誉，作为唯一“有庙又有人”的孔氏南宗所在地，孔子第七十五代嫡长孙孔祥楷先生一直居住此地，会见宾客、著书立说。孔氏南宗文化，德化江南九百年。近年来，衢州市委、市政府将南孔文化作为城市主题文化，打造“南孔圣地 衢州有礼”城市品牌，让浩荡儒风浸润衢州每一个角落。

大国尚技。高质量发展的浙江正大力实施新时代工匠培育工程，迫切需要培养大批知识型、创新型、复合型高技能人才。本成果对标新时代工匠要求，本着“承文化之美，发产业之花，育人才之苗，助城市品牌”之追求，立足烹饪专业，打造“南孔家宴”品牌，构建“书、礼、艺、技”一体化课程谱系，以培育有德行、有文化、有技艺，具备创新思维、创造能力、创业本领的“三有三创”新时代工匠为目标，探索“全景式”育人模式与实施路径。

二、主要解决的教学问题

1. 技能培养与立德树人轻重失衡。重技能、轻育人，思政和文化元素融入专业技能培养深度不够，学生综合素质不高，发展后劲不足，职业归属感、幸福感不强。

2. 地域文化与人才培养融动不足。未充分发掘地域文化资源，融入项目化课程谱系，在育人过程中传承地域文化、实现专业建设与文化传承的交融互动做得不够。

3. 人才培养模式与实施路径单一。顺应时代发展与服务地方意识不强，人才培养模式与实施路径单一，学生创新、创造、创业能力偏弱，职业成长速度慢、空间小。

三、解决问题的思路

“一研”“二建”“三探”“四通”。“一研”即以“南孔家宴”品牌打造为载体，研究新时代工匠培育路径，创构“全景式”育人模式；“二建”即构建项目化课程谱系，建设校本教材；“三探”：一探地域文化与人才培养的融合，二探文化基础与专业成长的共生，三探课堂教学与社会实践的同频，线上云端学习与线下社团运作的双融互促；“四通”：职业素养与专业能力互通，文化传承与实践应用联通，品牌打造与创业实践融通，人才培养与市场需求直通。

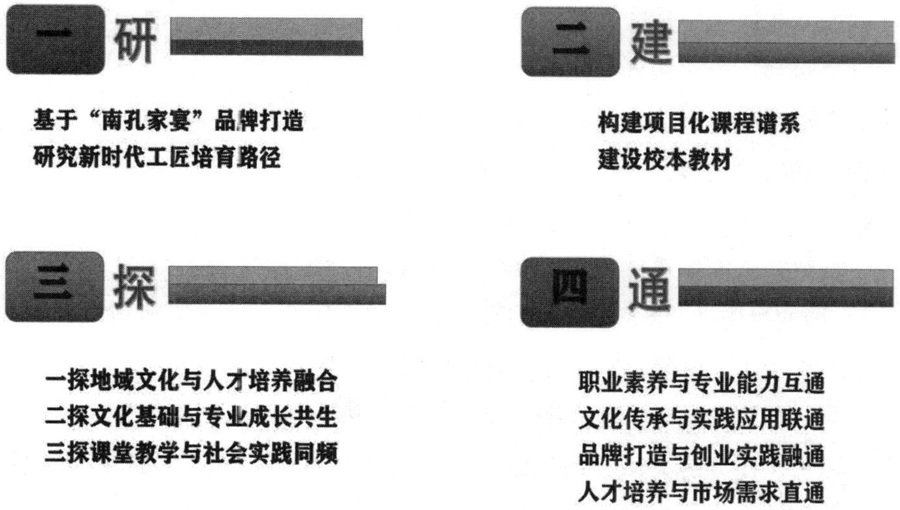

图 1　解决问题的思路

四、解决问题的方法

（一）四方联动，创建“全景式”育人模式

1. “全景式”育人模式内涵

“全景式”育人模式突出“全领域、全学科、全感官、全课程、全方位”，即联合政府、行业、企业和学校等全领域参与，整合烹饪、语文、数学、音乐、美术、信息技术等全学科（专业）资源，调动学生手、脑、眼、耳、口等全感官体验，融合专业“全课程”项目化设计，全方位培养“书、礼、艺、技”于一身的“三有三创”新时代工匠。

全领域资源调动。政校联动、行业协会参与、企业助力、名师工作室协作，形成政府主导、行业引领、企业支持、学校主体的四方互动、资源共享的共建模式，发挥人才培育反哺效应，构建融产、学、研、创于一体的“全景式”育人模式。

全学科资源整合。将专业课与公共基础课统筹、分工、对标、合作、共创，突出“内容整合、能力融通”。综合实训与创新创业实践融通，资源共享，形成合力，最大限度提升育人质量。

全感官情境体验。创设良好学习情境，与实践结合，提供环境“供养”。即通过南孔文化挖掘、“南孔家宴”菜品研发与推广等活动，有效调动学生视、听、触等感官学习，培育创新、创造和创业能力。

全课程项目设计。以“南孔家宴”开发为载体，以课程跨界融通为重点，以工作任务为突破，构建融“书、礼、艺、技”于一体的课程谱系。通过课堂教学、社会实践、线上云端学习与线下社团运作，推进“1+X”实体论证等途径，让项目化课程落地生根。

全方位人才培养。强化文化润心、学业精进的人文底蕴；突出知礼行礼、敬业专业的职业道德；提升以艺融通、技进于道的专业技能，全方位培养有德行、有技艺、有文化和具有创新思维、创造能力、创业本领的新时代工匠。

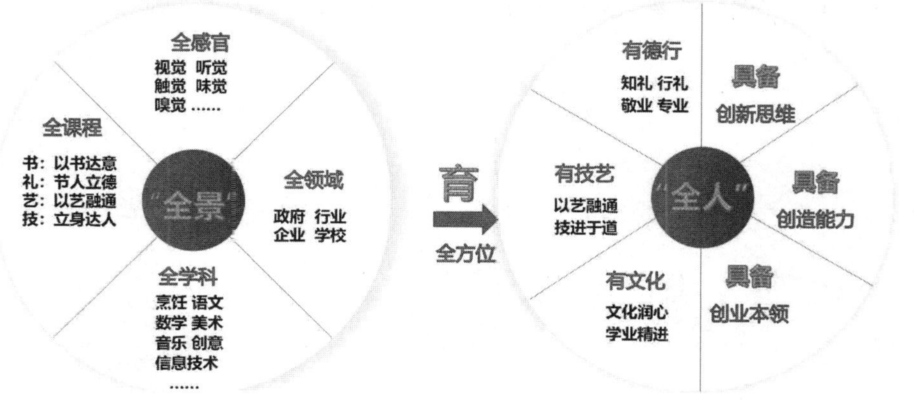

图 2 “全景式”育人模式内涵

2. “全景式”育人模式逻辑架构

“全景式”育人以“南孔家宴”品牌打造为载体，通过市场调研、菜品研发、标准制定、品牌推广等实践，领悟南孔文化中蕴含的礼仪、礼让、礼贤等丰富内涵，在挖掘、研发、推广过程中，夯实学生文化基础，提高技能熟练度，培养创新思维、创造能力及创业本领，形成对职业的全方位认知，创建“全景式”育人模式。

以书达意。构建南孔文化学习生态圈，精选历代关于美食、食材、烹饪的美文为教学内容，编写《人间有味——美食·美文》等校本教材，借美食之味，扬文化之美，养浩然之气，全面提升学生文化素养。

以礼明德。开发“南孔家宴”菜品，融入南孔文化“礼”的内涵，以“礼”的故事、“礼”的论述、“礼”的学习、“礼”的实践等，规范职业行为，融洽人际关系，赋予职业道德新内涵，做到干一行爱一行，择一事精一技。

以艺融通。将“南孔家宴”菜系及南孔文化故事配合音乐、图像进行艺术设计，开发系列文创产品，为全域旅游增色。创作过程融美术、音乐、信息技术等，培养学生发现美、欣赏美、创造美的能力，做到以艺融通。

以技达人。把专业技能提升融入“南孔家宴”菜品制作、菜标制定、技术标准等，在创业基地、文化旅游街区、沿线农家乐等场所及对外交流中，推广“南孔家宴”品牌，培养创新思维、创造能力及创业本领，做到立身达人。

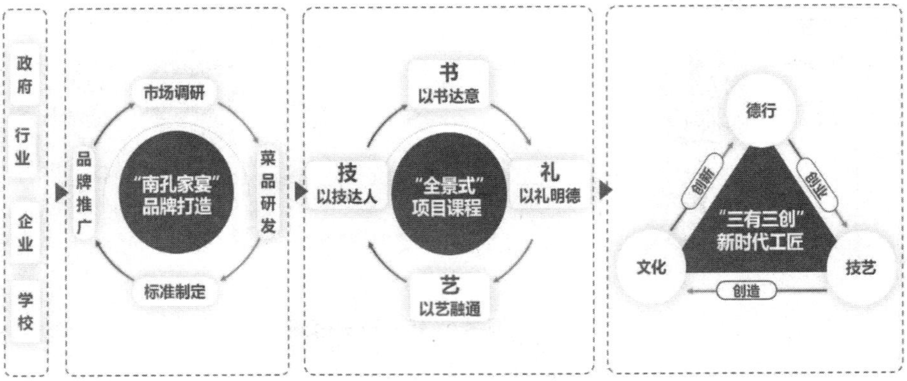

图 3 “全景式”育人模式逻辑架构

（二）跨界融通，开发“全景式”课程谱系

1. 制定标准，“南孔家宴”成品牌。调研北宗“孔府家宴”，探寻儒家文化传承脉络；根据全域旅游及行业、企业新需求，制定标准。一是菜品标准。与行业专家共同研制家宴中单个菜肴规格标准，力求市场推广时品质的统一性。二是器皿标准。研制一批家宴使用的器皿，让菜肴与盛器相得益彰。三是食材标准。依据传统孔府菜“食不厌精、脍不厌细”的追求，充分挖掘本地特色优质食材，运用相应的烹调方法，让“南孔家宴”菜品保持独特地域风味。

2. 开发课程，“书礼艺技”成行标。依托“南孔圣地·衢州有礼”城市品牌，立足烹饪专业建设，有效整合地方特色文化资源，以“产、学、研、创”为内在逻辑，开发融“书、礼、艺、技”于一体的“全景式”项目化课程谱系，通过课堂教学、社会实践、线上云端学习与线下社团运作，推进“1+X”实体论证等途径，让项目化课程落地生根，开花结果。以“专业服务产业、品牌推动品牌”的生动实践，实现专业与产业的深度融合、创新发展。

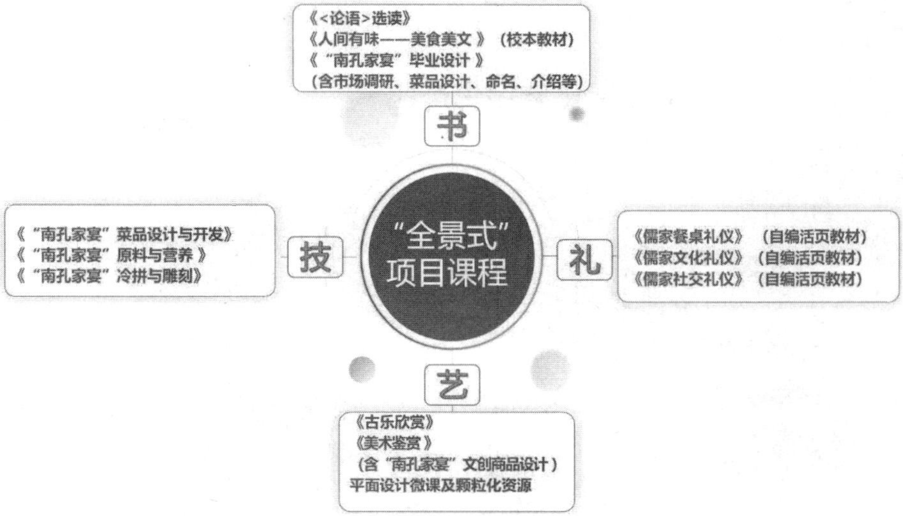

图 4 “全景式”项目化课程谱系

（三）文专融合，创新“多元”教学模式

1. 构建学习生态圈，明德守礼立人。依托南孔文化区，建立研学基地圈；以国家级儒学文化产业园为核心，依托南孔大讲堂、“衢州有礼”品牌推介、“南孔有礼”形象代言、“8090 理论宣讲团”等载体，构建南孔文化传播圈；开展祭孔活动，开办“学而”讲堂，成立“学而”社团，举办“南孔文化节”和“浙闽赣皖学校联盟论语大会”等一系列校园活动，构建教学实践圈。多层次、全覆盖的南孔文化学习生态圈，充分发掘南孔文化礼仪、礼让、礼贤等丰富内涵，通过“观、祭、研、展”等多种形式，感悟、品味、传承、弘扬南孔文化，润心育德，成风化人，全面提升学生文化素养和道德水平，学习成果被市委宣传部作为典型案例上报中宣部，并在《党建》杂志刊登，同时获评 2017 年浙江省中职德育品牌。学校参与教育部《关于加强和改进新时代中等职业学校德育工作的意见（教职成厅〔2019〕7 号）》的起草工作。

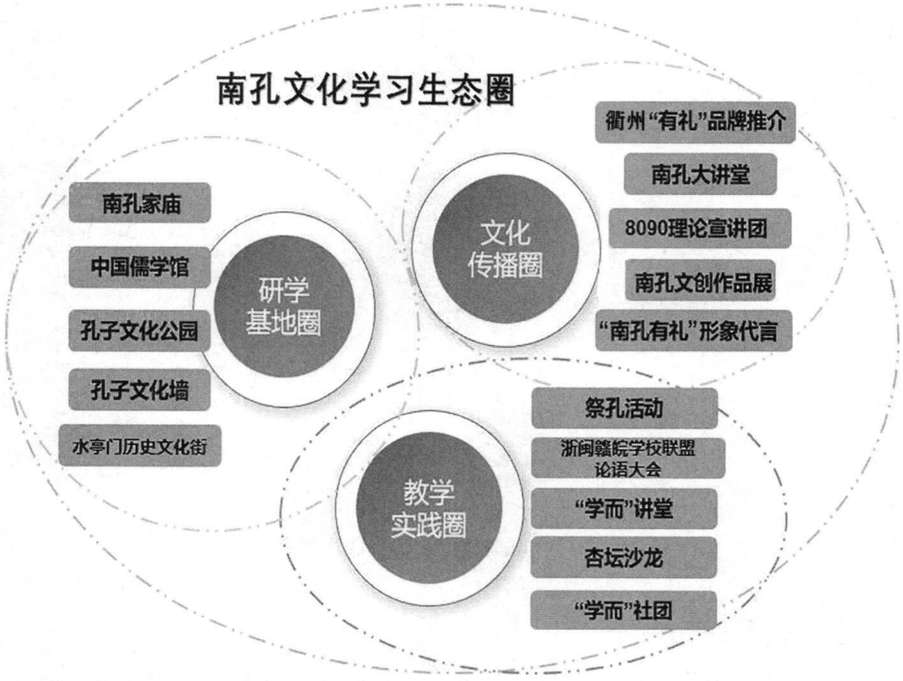

图 5　南孔文化学习生态圈

2. 开发系列校本教材，以书达意提素养。开发《人间有味——美食 · 美文》等系列校本教材，教材突出三大特点：一是单元设计主题化。如《人间有味——美食 · 美文》分“知食”“明食”“名食”“评食”“品食”等五个结构层次。二是实践活动情境化。在教材内容的权重上，加大活动的比例，让行业情境贯穿始终。三是课程内容层次化。如：从美食佳作欣赏感受美食风味，到感悟美食背后的匠心与文化；由注重学生对文本的整体感知和把握，到尊重学生对文本的独特见解与创新想法，契合学生的语言能力以及认知发展水平。

3. 打造“多彩”课堂，技艺融通成儒匠。全景式教学，为民族融合、文专共生提供广阔舞台，催生职业教育“多彩”课堂。一是文专融合课堂。通过“南孔家宴”品牌，文专融合推动课堂革命，有数学老师宴席“成本核算”，语文老师“雅趣菜名”，信息技术和美术老师将菜品蕴含的文化故事制作成画册、明信片、伴手礼等，德育老师引导学生进行南孔饮食文化相关礼仪体验等。二是民族融合课堂。将《论语》等传统文化纳入新疆学生的课程，根据不同年级学生，制定相应学习目标，开展《论语》每日一诵、章句接龙、成语接龙、飞花令、知识抢答、儒学剧表演、辩论赛等“学《论语》、悟《论语》、用《论语》”实践活动，用传统经典提升天山学子文化素养，增强中华文化的认同感。

（四）实践融道，“南孔家宴”圆创业梦

1. 推广特色菜品，提升学生综合实践能力。水亭门作为网红新地标，年客流量超过1000万人次。该地“古铺良食”是非物质文化传统小吃的餐饮连锁店，也是学校烹饪和宾旅专业的校外实践基地，双方联合推出“南孔家宴”特色菜品，在美食制作与品鉴中，交流切磋，掌握岗位基本能力、专项能力，不断提升菜品创新、艺术审美等综合实践能力。

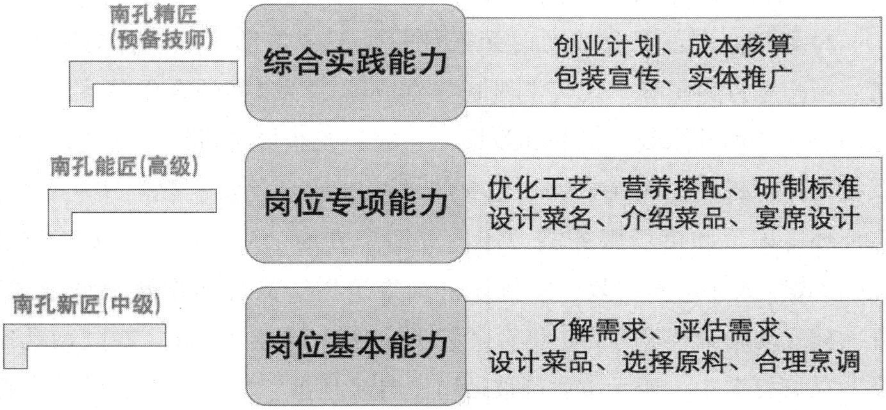

图6　岗位技能进阶图

2. 开发系列文创产品，打造创新创业新平台。加强与企业沟通对接，组织开展创新创业课程工作坊及文创实践交流活动，推动“南孔家宴”文创商品创业项目孵化；将菜品蕴含的文化故事制作成画册、明信片、伴手礼等，将南孔文化融入产品设计；通过开展手工制作、分享沙龙、展览展示等活动，推动系列文创产品进市场，提升学生创新创业实践能力。学校成为浙江省中职创新创业教研大组理事学校，主持省中职创新创业相关标准制定，拥有全省唯一一个创新创业名师工作室。

3. 服务区域乡村振兴，“南孔家宴”走进千村万店。依托“乡村振兴讲堂”“农家乐”餐饮培训等，年培训及资格认定1000多人次，“南孔家宴”走进千村万店。开设“云端课堂”，“线上培训+线下服务”双线并进，构建社会服务新体系。开创了走出校墙、拆除围墙、进入高墙的“破三墙”衢州新模式。

（五）校内考核+职场鉴定，建立多元评价机制

1. 校内考核：变“过去取向”为“未来取向”。校内考核强调改变传统的期中期末考试等“盖棺定论”式的评价模式，采用能够呈现动态变化以及阶段性的评价模式，即“评价—改进—计划—实施”，从积极评价学生优势和进步状态出发，把握教学目标的达成状态，探寻未达成目标的原因，改进教学活动。同时，除师评和他评之外，将学生的自我评价和互评也纳入其中，扩大了评价主体范围。

2. 职场鉴定：平台带动四元素评价。平台带动，即学校与衢州饭店、衢州东方集团等“现代学徒制”企业建立了紧密的合作关系，双方共同成立“南孔家宴”品牌建设团队，完善校企协调机制、共同评价以及相互评价机制。四元素评价包含人才培养质量评价、教学团队评价、实训环境评价和市场服务能力评价等四个方面，从不同的角度来评价“全景式”人才培养成效，并将评价结果运用于品牌建设及“全景式”育人模式动态调整等方面，培育“三有三创”新时代工匠。在“南孔家宴”品牌打造中，四元素评价被运用于各个环节，如烹饪专业学生实行周期轮岗制度时，师傅对各岗位学生表现进行每周考核和总结，评价结果反馈给学徒和教育教学一线的老师，对后续工作进行改进。四元素评价中教师和企业师傅双向全程共导，共同培育新时代工匠，实现了“全景式”育人。

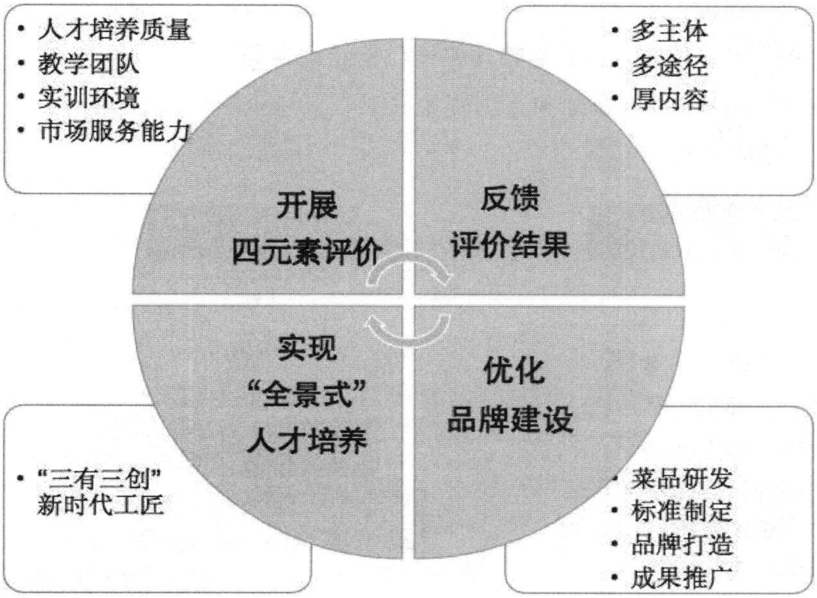

图 7　四元素评价机制

（六）平台+竞赛，打造双师结构教学创新团队

1. 创大师平台，教师成长新“引擎”。在“南孔家宴”菜品研发、标准制定、品牌打造、成果推广中，搭建校企合作、创新创业平台，聘请餐饮行业专家、各大酒店主厨及知名儒学研究大师组成“南孔家宴”品牌建设团队，搭建起校内外联系的桥梁和纽带，以省市各级大师工作室为“引擎”，定期开展专家讲座、专业研讨、课题研究，让劳模大师成为学校“客座教授”，构建双师结构教学创新团队，促进教师厚学精技。

2. 设“四匠”擂台，阶梯成长“闯三关”。实施“青蓝、砥柱、领雁”等三大队伍建设工程，以教学能力大赛、班主任基本功大赛、技能提升、企业实践为载体，构建新教师、骨干教师、名优教师、领军人才等四个层次培养梯队，开设青匠—优匠—精匠—匠首“四匠”擂台，通过知识闯关、技能过关、技术通关，促进教师个人及团队全方位、阶梯式成长。

3. 展大赛风采，跑道赛场成“加速器”。以市级、省级、国家级不同层次的技能竞赛为突破口，阶梯式锤炼教师业务素质，通过学校提供平台、层层选拔、年年循环的模式，逐年选送各梯队优秀教师以各类竞赛为平台提升专业素质，构建起教师成长与技能竞赛的对应关系。烹饪专业四位 90 后年轻教师老师分别在国赛中获奖，其中两位分别获封“刀工王”和“冷拼王”。

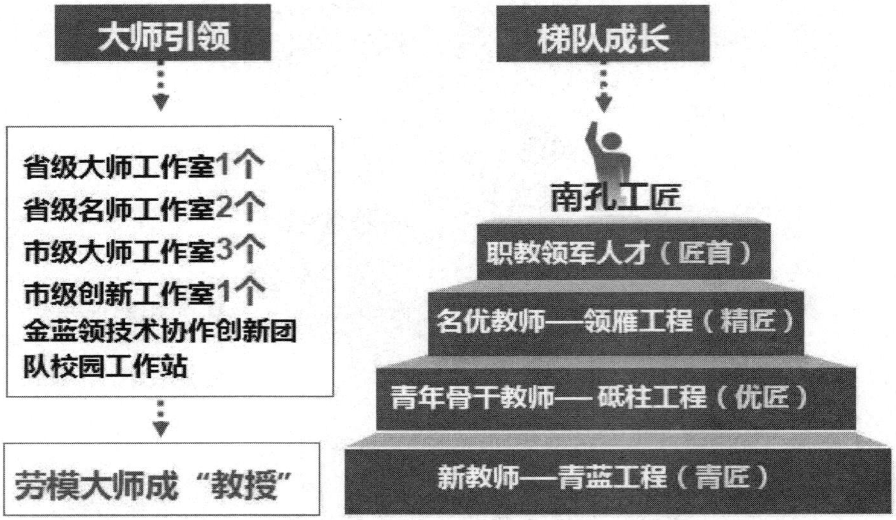

图 8　教师创新团队打造路线

五、成果的创新特色

1. 创新载体形式，将南孔文化融入人才培育全过程。以“南孔圣地衢州有礼”城市文化为依托，充分发掘和利用南孔文化资源，通过创新载体形式，将其融入烹饪专业建设、课程体系创设、教材开发、菜品研发、创新创业等教育教学各个环节，贯穿技能人才培育全过程，解决了技能培养与立德树人轻重失衡、地域文化与人才培养融动不足等痛点。在培养专业技能过程中，全面提升学生的职业素质和文化素养，培育“三有三创”新时代工匠，传承弘扬南孔文化，助推城市文化品牌建设，促成了人才培育与文化传承交融互进的良好态势，具有创新价值。

2. 打造“南孔家宴”品牌，助推城市文化建设。立足地方餐旅产业和城市文化品牌，重点建设烹饪专业，以“南孔家宴”菜品的挖掘、研发、生产、推广作为专业建设和人才培养的载体，搭建校企合作、创新创业平台，打造“南孔家宴”品牌。通过产品研发和品牌打造，培养学生的创新意识、创造能力和创业本领，让学生圆梦创业的同时，不断提升专业建设水平，助推地方产业发展和城市文化品牌建设。以“专业服务产业、品牌推动品牌”的生动实践，助推专业与产业、专业品牌与城市文化建设的深度融合和创新发展，具有重要的应用价值。

3. 创建“全景式”育人模式，拓宽人才培育路径。聚焦人才培养，培育服务地方经济社会发展的新时代工匠。充分发掘地域特色文化资源，通过有效载体将其转化为教育资源，开发融“书、礼、艺、技”于一体的“全景式”项目化课程谱系，创建“全景式”育人模式。根据时代发展需要，将服务地方经济社会发展贯穿于人才培养全过程，拓宽技能人才培育路径，增强服务地方的意识和能力，实现了“全景”育“全人”这一根本目标，具有一定的理论创新和实践探索价值。

六、成果的推广应用效果

1. “南孔家宴”成为舌尖上的“高铁”。2019 年 4 月，“南孔家宴”作品首次亮相，受到时任衢州市市长汤飞帆的高度赞扬；同年 5 月，“南孔家宴”亮相中国（浙江）技能培训教育博览会，得到原副省长毛光烈充分肯定。2021 年，依托东方大酒店和铁路局，将“南孔礼杏”“清汤素燕”“六艺迎宾”“龙凤和鸣”“礼乐琵琶”“麒麟御书”“诗经面条”“益者三友”等 8 个“南孔家宴”菜品及特色美食以点单现煮、到站配送等形式送上列车，成为舌尖上的“高铁”。同时，在儒学文化产业园核心区推出“南孔水亭门家宴”特色菜品，该地年均客流量达 20 万人次，让“南孔文化”走上游客餐桌。依托“乡村振兴讲堂”，年培训 1000 多人次，让“南孔家宴”走进千村万店，将“南孔文化”奉上大众餐桌，摆上“农家乐”餐桌。把“南孔家宴”融入监狱服刑人员“双证制”培训，受到时任中央政治局委员、公安部部长孟建柱的批示。

2. 项目化课程谱系被誉为专业课程的“行标”。与多家企业共同开发融“书、礼、技、艺”于一体“全景式”项目化课程谱系，得到烹饪行业充分认可，被誉为校企合作开发的课程典范，成为专业课程的“行标”。课程融入新疆民族班教育教学，极大提升天山学子文化素养，促进民族融合，学校被省委省政府授予民族团结进步奖。校本教材《人间有味——美食·美文》向全市推广应用，并计划出版发行，向全国推广。以活化南孔文化基因为重点，“探寻、传承、创造、分享”独创性课堂在全省展示，有数学老师宴席“成本核算”，语文老师“雅趣菜名”，信息技术和美术老师菜品文化故事画册、明信片、伴手礼等，“全景式”育人模式催生职业教育“多彩”课堂。

3. “全景”育“全人”，发出“职教好声音”。“全景式”育人模式自创建以来，已培养5届共1000多名学生，学生“三创”能力、文化素养和综合素质均有显著提升，实现“全景”育“全人”，发出“职教好声音”。系列成果连续两年获浙江省教科研优秀成果一等奖，连续两年获省职教改革优秀案例，被衢州市委宣传部作为典型案例上报中宣部，并在《党建》杂志刊登；获评2017年浙江省中职德育品牌。学校参与教育部《关于加强和改进新时期中等职业学校德育工作的意见（教职成厅〔2019〕7号）》的起草。“南孔家宴”文创商品石头画、手工刺绣系列推向市场，受到消费者青睐，并于2021年6月在省技工院校“庆祝建党100周年”系列活动中展示。2篇论文在《职教论坛》发表；1个课题获省重点课题；烹饪专业2位90后老师在中国厨师职业技能大比武竞赛中夺魁，并分别获封“刀工王”和“冷拼王”，另2人获全国金厨奖，其中1人入选省“百千万”高技能人才培养工程；5个项目获全省创新创业大赛一等奖，30余位学生在全市论语大赛中获奖；《古城儒礼》《作揖防疫 健康有你》分获城市品牌设计大赛“金奖”“银奖”，助推“南孔圣地·衢州有礼”城市品牌分获2019中国品牌城市、2020博鳌国际旅游奖年度金奖；《光明日报》《中国教育报》《学习强国》等国家级媒体10多次报道相关成果。①

---

① 此成果获2021年浙江省教学成果二等奖。

“全景式”育人模式下烹饪专业创新型教学团队建设路径探索

一、案例背景

1. 案例缘起。衢州素有“东南阙里、南孔圣地”之美誉，“南孔圣地衢州有礼”已成为全国知名城市品牌。本着“承文化之美，发产业之花，育人才之苗，助城市品牌”之追求，我们依托烹饪专业“南孔家宴”品牌打造，构建了“全领域、全学科、全感官、全课程、全方位”的“全景式”育人模式，培育有德行、有文化、有技艺，具备创新思维、创造能力、创业本领的“三有三创”新时代南孔工匠，“全景式”育人模式对烹饪专业教学团队提出新要求。

2. 破解问题。一是单个学科走向N个学科融合。“全景式”育人模式以项目化教学为路径，着力培养复合型、创新型高技能人才，这就要求教学团队综合多学科知识，即由单个学科走向N个学科的融合。二是“一牛独冲”走向“万马奔腾”。创新型教学团队需要“匠首”引领，带领“青匠”“优匠”“精匠”梯队成长，实现从“一牛独冲”走向“万马奔腾”。三是固守本源走向创新发展。创新型教学团队既需要坚守教育教学和学生成长规律的本源，又需要在教学理念、课程建设、教学手段与方法等方面创新，激发教学活力。

3. 预期目标。“全景式”育人模式下的创新型教学团队要努力实现“三全”和“三个起来”。“三全”，即：全员聚焦，聚焦每一个个体，帮助团队成员发掘自身优势和潜能，实现“青匠—优匠—精匠—匠首”阶梯式成长；全领域参与，凝聚学校、家庭、行业、企业以及社会力量，互相支撑，互相融合，共同服务教师成长；全能培育，培养教师课程设计与开发、教学实践、创新创业指导以及教科研等全方位综合性能力。“三个起来”：一是筑基培土，让思想“活”起来。创新型、复合型高技能人才培养，需要教学团队与时俱进，不断吸收前沿的教育教学理念；要有善于学习的热情和敢为人先的勇气；要强化教师敢于破解问题的担当，让思想“破冰”，行动“突围”，激活一池春水。二是四方联动，让资源“动”起来。创新型教学团队需要整合政府、行业、企业、学校等各方资源，依托政府城市品牌建设与推广、行业标准的认定、企业真实的生产场景，叠加教学功能，有效将生产资源转化为教学资源，促进人才培养质量的提升，与此同时高质量的人才也有效转化为人力资源。三是实践融通，让本领“强”起来。“全景式”育人的实践，呼唤教学团队由单个学科转向 N 个学科融合，“一牛独冲”转向“万马奔腾”，固守本源延伸至创新发展，在“两转向一延伸”中，激发教师团队由“一枝独秀”到“春色满园”。

图 1　“全景式”育人模式下创新型教学团队建设架构

二、主要做法

（一）主要举措

1. 把握内涵，明确创新型教学团队要义

“全景式”育人模式下的烹饪专业创新型教学团队，以名师引领、资源整合、分工协作、多维创新为重点，突出以下三个特征：一是创新性。把握职教和行业发展趋势，具备行业沟通和企业实践能力；具有基于多学科融合的教学改革和项目课程开发与设计能力；具备信息技术与教育教学融合创新能力。二是开放性。创新型教学团队是基于多学科融合、多部门合作而创建的，团队成员既具有稳定性又需根据项目实际进行灵活调整。三是综合性。以课程跨界融通为重点，以工作任务为突破，以“产、学、研、创”为内在逻辑，以开发“全景式”项目化课程谱系为载体，德、智、体、美、劳全方位育人。

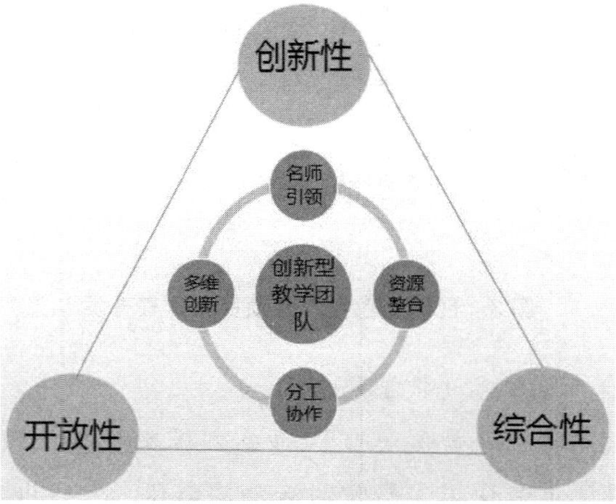

图 2　创新型教学团队内涵

2. 打破界限，广邀“合伙人”组建多学科团队

“全景式”育人，需要教学团队打破学科界限，突出“内容整合、能力融通”，因此，我们邀请烹饪、语文、数学、音乐、美术、信息技术等全学科（专业）教师及餐饮行业专家、各大酒店主厨、知名儒学研究大师成为团队“合伙人”。通过分工、对标、合作、共创，实现专业课与公共基础课的多维统筹、综合实训与创新创业的实践融通，综合多学科知识，重构教学流程，再造课程结构。

3. 跨界融通，开发项目化课程谱系

教学团队立足烹饪专业建设，有效整合地方特色文化资源，以“产、学、研、创”为内在逻辑，开发融“书、礼、艺、技”于一体的“全景式”项目化课程谱系，通过课堂教学、社会实践、线上云端学习与线下社团运作、推进“1+X”实体论证等途径，让项目化课程落地生根，开花结果，提升团队教师的课程设计、开发能力及创新创业指导能力。

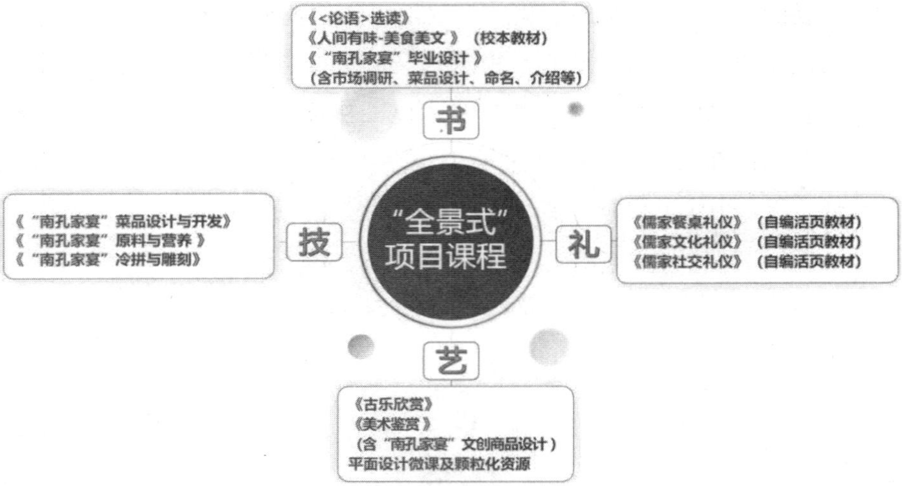

图 3　创教型教学团队项目化课程开发

4. 文专融合，创新多元教学模式

开发《人间有味——美食美文》等系列校本教材，教材突出三大特点：一是单元设计主题化，二是实践活动情境化，三是课程内容层次化。以校本教材建设为基础，推动文专融合课堂革命，打通学科与专业、学校与企业的界限，以真实的生产情境与地方文化为基础，开展线上线下跨界融合教学实践。并以大师工作室、创新工作站等为载体，以“三大培养”工程为契机，构建新教师、骨干教师、名优教师、领军人才等团队成员四层次培养，实现“青匠—优匠—精匠—匠首”阶梯式成长。

图 4　教学团队四层次培养路径

5. “多维”评价，构建团队效能“加油站”。建立以“基本条件+代表性成果”为标准，以实绩、能力与贡献为导向的多元评价标准。重点考核教师的课程开发与建设、团队协作能力的发挥、项目化教学落实情况、特色经验成果以及创新成果转化等，引导团队教师找准自身优势和发展方向，提高考核评价的实效性，对在高水平技能大赛、社会服务等重大项目中作出特殊贡献的成员加大职称评审权重。此外，实行教师自评、学生评价、同行评价、企业评价等全方位、多形式综合评价模式，激发团队成员工作动力，提升教育教学质量。

（二）保障机制

1. 有坚实的研究基础。6年来，学校依托城市文化，构建了“南孔文化”学习生态圈；立足专业建设，开发了“全景式”项目化课程谱系；对接地方产业，打造了“南孔家宴”专业品牌；着力人才培养，创建了“全景式”育人模式。烹饪专业创新型教学团队建设是应时而生，有良好的研究基础。

2. 有稳固的合作平台。在“南孔家宴”品牌打造过程中，建立了政、校、行、企四方联动合作平台，开发“南孔家宴”文创商品，打造创新创业平台，也组建了行业专家、企业大师、骨干教师组成的项目开发团队，有良好的平台支撑。

3. 有良好的建设机制。学校高度重视师资队伍建设，建有教师梯队培养、专业教师与企业专家双向互派、教师绩效考核奖励等完善的队伍建设机制。

三、改革成效

（一）实践成效

1. 为有效实施“全景式”育人模式增力度

创新型教学团队以“南孔家宴”开发为载体，以课程跨界融通为重点，以工作任务为突破，构建“书、礼、艺、技”一体化课程谱系，创新“多元”教学模式。包括依托“南孔文化”区，构建多层次、全覆盖的

“南孔文化”学习生态圈，充分发掘“南孔文化”丰富内涵，通过“观、祭、研、展”等多种形式，感悟、品味、传承弘扬“南孔文化”，润心育德，成风化人，全面提升学生文化素养和道德水平；开发《人间有味——美食美文》等系列校本教材，以书达意提升学生文化素养；通过社会实践、线上云端学习与线下社团运作、推进“1+X”实体论证等途径，为有效实施“全景式”育人模式增力度。

2. 让打造厚学精技的创新型教学团队显效度

创新型教学团队为跨界融合、文专共生提供广阔的舞台，诞生了职业教育的“多彩”课堂。2020 年 10 月，全省技工院校德育、语文教研活动在学校举行，会上，“语文+烹饪+思政”三师创新课堂展示获得一致好评。创新型教师团队中集聚了一批行业、企业大师及社会知名儒学研究大师，教师有更多机会与大师面对面、零距离交流请教，搭建了学习成长的平台。烹饪专业四位 90 后年轻教师分别在国赛中获奖，其中两位分别获封“刀工王”和“冷拼王”。两项成果分别获 2020 年、2021 年浙江省职成教优秀教科研成果一等奖，两个典型案例分别获 2019 年、2020 年浙江省职教改革优秀案例，《“全景”育“全人”——中职烹饪专业“全景式”育人模式的创新与实践》获 2021 年衢州市政府教学成果一等奖。

3. 让“三有三创”新时代工匠培养有准度

教学团队联合非物质文化传统小吃餐饮连锁店“古铺良食”共同推出“南孔家宴”特色菜品，在美食制作与品鉴中，交流切磋，掌握岗位基本能力、专项能力，不断提升菜品创新、艺术审美等综合实践能力。加强与企业沟通对接，组织开展创新创业课程工作坊及文创实践交流活动，推动“南孔家宴”文创商品创业项目孵化；通过开展手工制作、分享沙龙、展览展示等活动，推动系列文创产品进市场，提升学生创新创业实践能力。学校成为浙江省中职创新创业教研大组理事学校，主持省中职创新创业相关标准制定，拥有省唯一一个创新创业名师工作室。

（二）创新点

创新型教师团队依托“南孔圣地·衢州有礼”城市品牌，以“南孔家宴”品牌打造为载体，多学科融合，重构教学内容，再造教学流程，推动“三教改革”。案例重在探索方法和实践价值。

1. 创新载体形式，构建团队成长新路径。以“南孔圣地·衢州有礼”城市品牌为依托，充分发掘和利用“南孔文化”资源，融入烹饪专业建设、课程体系创设、教材开发、菜品研发、创新创业等各环节，促成教师成长与文化传承交融互进的良好态势，具有方法创新价值。

2. 依托品牌项目，助推城市文化建设。教学团队立足地方餐旅产业和城市文化品牌，以“南孔家宴”菜品研发、生产、推广作为团队实践载体，搭建校企合作、创新创业平台，提升专业建设水平，助推地方产业发展和城市文化品牌建设。以“专业服务产业，品牌推动品牌”的生动实践，助推专业与产业、专业品牌与城市文化建设深度融合和创新发展，具有重要应用价值。

四、体会思考

1. 模块化教学是创新型教学团队建设的基础

我们依托“南孔圣地 衢州有礼”城市文化，立足烹饪专业，以“南孔家宴”研发、生产、推广为载体，以培养适应区域经济社会发展的新时代工匠为目标，创立“全景式”育人模式，开发融“书、礼、艺、技”于一体的项目化课程谱系，打破学科教学的传统模式，实施分工协作的模块化教学，引领示范全校教学团队建设。

2. 实践融通是创新型教学团队建设的关键

教学不能止步于课堂，也不能停留在教材，它更要求教师走进企业，明确企业用人需求，并将这种需求转化为教学内容。因此，创新型教学团队教师除了具备专业教学能力和专业实践能力之外，还应具备将职业素养和新技术、新工艺、新规范融入知识体系与教学过程的能力，要能够围绕“模块化”来设置教学，在巩固学生基础理论知识、增强实践能力的同时，培养学生综合素质和能力。

3. 梯队培养是创新型教学团队建设的核心

教学团队发展是一项系统工程，需要将不同梯队的教师按实际能力和需求分层次进行有侧重点的培养，努力提供和创设教师可持续发展的空间。根据教师专业发展的自主性、差异性、阶段性特征，创新型教学团队形成了以年轻教师为基础、中青年教师为中坚、骨干教师为核心、名师、大师为引领的梯形结构，提升教师自我发展内驱力，为创新型教学团队的可持续发展注入动力。

“礼”之行动：“三有三创”新时代工匠培育的实践探索

一、背景与起因

衢州素有“东南阙里、南孔圣地”之美誉，是孔氏南宗文化的重要发源地，在浙江历史文化传承中具有鲜明特色。衢州市委市政府一直致力于传承南孔儒家文脉，尤其是近年来，更以空前的力度实施南孔儒学的保护、开发、利用，在青山翠岭的南国，展开儒学文化区建设，将“南孔文化”作为城市主题文化，让浩荡儒风浸润衢州每一个角落，打造“南孔圣地·衢州有礼”城市品牌。

大国尚技。高质量发展的浙江正在大力实施新时代工匠培育工程，迫切需要培养大批知识型、创新型、复合型的高技能人才。对标我省新时代工匠培育要求，充分挖掘地域文化特色，需要着力解决人才培养中的四个主要问题：

产教融合的路径和形式单一。专业与产业融合的深度和广度不够，专业服务产业的能力不强，产业发展推动专业建设的动力不足，产教融合有待进一步深化。

“培技”与“育人”融通渠道不畅。“培技”与“育人”成为“两张皮”，人才的创新思维不足，创造能力和创业本领不强，文化素养和综合素质不高，职业发展空间狭窄，发展后劲不足，理性“工具人”问题仍然突出，不利于新时代工匠培育。

跨界融合的人才培养体系尚未建立。课程建设与人才培养，未能充分调动校、政、行、企多方资源，有效整合多学科资源，开发项目化特色课程和校本教材，构建一个跨界融合的人才培养体系。

人才培养与文化传承交融互进缺少有效载体。因为缺少有效载体，未能充分发掘和利用地域文化资源培养高素质技能人才，在培养人才的过程中传承弘扬传统文化、助推城市文化品牌建设，交融互进的局面尚未形成。

作为技能人才培养培训的主阵地，发挥地域文化优势，紧密对接地方经济社会发展需求，是职业院校提升人才培养质量和社会服务能力的重要途径。我们依托“南孔圣地 · 衢州有礼”城市品牌，以“礼”之行动为载体，以培育“三有三创”新时代工匠为目标，通过加强政校联动和校企合作，在人才培养与文化传承、专业建设与产业发展、产品研发与社会服务的融合共进中，探索出一条新时代工匠培育的有效路径（见图 1）。

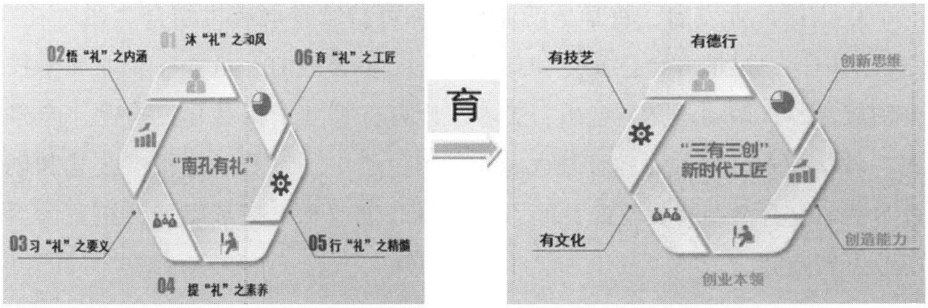

图 1　“礼”之行动：“三有三创”新时代工匠培育架构图

二、实施路径

学校本着“承文化之美，发产业之花，育人才之苗，助城市品牌”的追求，以“南孔圣地 · 衢州有礼”城市品牌为依托，以“礼”之行动为载体，根据学生职业发展、服务地方经济建设和社会发展需要，通过“全景式”教学，全面提升人才培养质量，使之成长为有德行、有技艺、有文化，具备创新思维、创造能力和创业本领的新时代工匠。

1. 依托城市品牌，将人才培育与文化传承融为一体。在“礼”之行动中，将具有鲜明地域特色的“南孔文化”融入专业教学中，在专业技能培养过程中注重思想文化教育，使学生在学习专业技能过程中接受思想教育和文化熏陶，成长为有文化、有德行的新时代工匠。这不仅解决职业教育重专业知识学习和专业技能训练、轻思想教育和文化熏陶的突出问题，为新时代工匠培育探索出新的路径，同时也在人才培育过程中传承地域文化，助推了城市文化品牌建设，真正实现了人才培育与文化传承的互进共赢。

2. 立足地方产业，将特色产业与特色专业精准对接。在“礼”之行动中，将烹饪专业与地方餐饮产业精准对接，深度融合，打造“南孔家宴”品牌菜系，构建融“书、礼、艺、技”于一体的课程体系，开发单元设计主题化、课程内容层次化、实践活动情境化的校本教材，采取“双线”实施策略，推动课程落地生花。通过“南孔家宴”品牌菜系的研发、展示和推广，培育具有一定创新思维和创造能力的高素质烹饪人才，服务地方饮食文化产业发展。

3. 着眼职业发展，将学生就业创业和可持续发展有机结合。在“礼”之行动中，立足地方特色文化和新兴产业，整合政府、行业、企业和学校全领域资源，调动语文、音乐、美术、计算机等多学科参与，构建“全景式”教学模式，将创业教育融入专业学习过程中，培养具有精湛技艺和创业本领的复合型新时代工匠，助力学生就业创业和可持续发展，拓宽学生职业发展空间。

三、具体措施

1. 探寻南孔文化，沐“礼”之和风

衢州建有占地40万平方米的儒学文化区，它是衢州文化产业聚集区和发展高地，是儒学文化、“南孔文化”与衢州地域文化的大融合，展示了衢州人文景观和自然景观的契合，体现了人文精神与自然生态的互融，在传承历史文脉的同时，弘扬“南孔文化”，充分彰显衢州地域特色文化的活力。

旅游专业“金牌”导游带领学生到儒学文化区的五个地标区（见图2），探寻南孔文化，沐浴“礼”之和风。漫步于水亭门历史文化街，从古朴素雅、精致细腻的建筑风格和整体色调，到砖雕、木雕、墙绘、碑刻等细节之处，感受浓浓的儒学气息。在思鲁阁，了解“孔洙让爵”的佳话，感悟背后隐含的“礼让”与孝道。在孔府与大成殿，瞻仰、祭拜“万民先师”雕像，感悟孔子思想的博大厚重。在儒学文化馆，看展览、听讲座，体验“南孔文化”与衢州故事。在儒学文化区打卡，如同品味一场场文化盛宴，滋润学生心田。

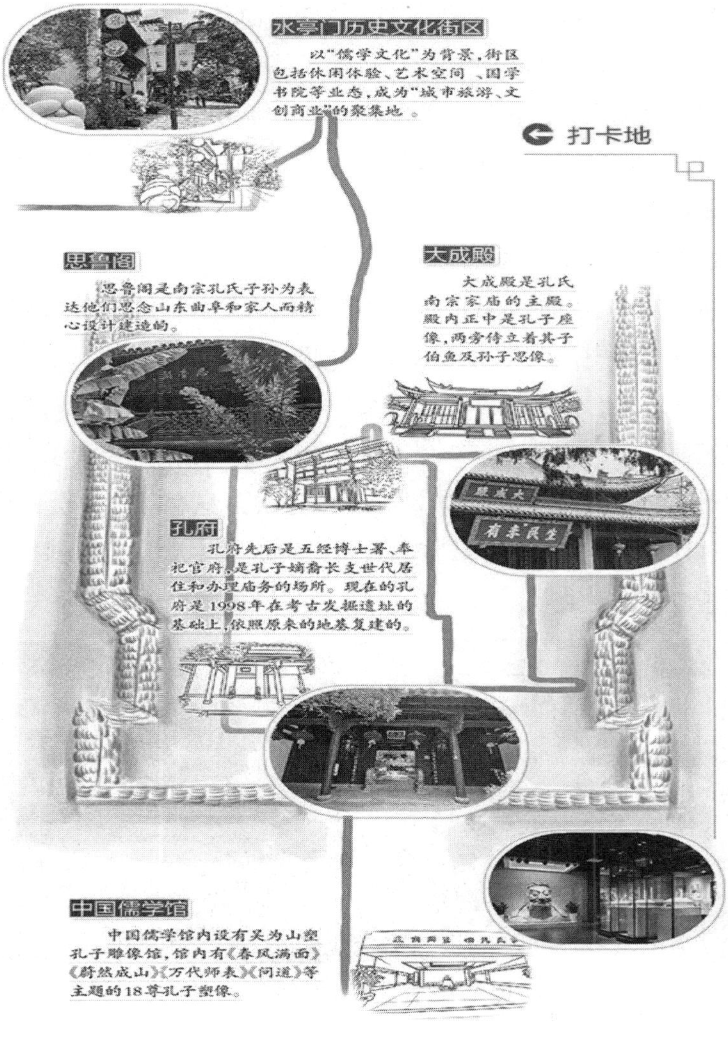

图 2 儒学文化区打卡图

2. 打造“南孔家宴”品牌，悟“礼”之内涵

将“南孔文化”与烹饪专业进行有效融合，打造“南孔家宴”品牌。“南孔家宴”品牌打造包含市场调研、菜品研发、菜标制订、课程开发、品牌推广及全景式教学等六大模块，体悟“礼”之内涵，突出德、技、艺“三位一体”复合型人才的培养。

以礼明德。根据“南孔家宴”的菜肴定位，首批开发了“南孔礼杏”“清汤素燕”“龙凤和鸣”“麒麟御书”“诗经面条”“六艺迎宾”“西瓜洞”“乐礼”等 8 个菜品（见图 3）。每道菜都有一个故事，将人生至理融入精致可口的菜肴之中，在品尝美食的同时回味南孔儒家文化的真意。开发喜宴、家宴、迎宾宴等三大宴席菜单，建立菜品制作标准与流程，学生在实践中领悟南孔饮食文化中蕴含的礼仪，让每一道菜融入情感，礼以节人立德，做到干一行爱一行，择一事精一技。

以技达人。在学生创业基地、衢州市文化旅游街区、沿线农家乐等场所及学校对外交流中推广“南孔家宴”品牌，以培养学生创新思维、创造能力以及创业本领，做到技以立身达人。

以艺融通。将“南孔家宴”以及“南孔文化”故事配合音乐、图像进行艺术设计，制作成工艺品、伴手礼，作为旅游纪念品，为全域旅游增色。创作过程融合美术、音乐、信息技术，培养学生欣赏美、创造美的能力，做到艺以发和融通。

图 3　“南孔家宴”菜品

3. 开发“书、礼、艺、技”项目化特色课程，习“礼”之要义

结合“南孔家宴”品牌打造，开发项目化特色课程。项目化课程以课程跨界融通为重点，以工作任务为突破，构建融“书、礼、艺、技”于一体的课程体系（见图4）。通过课堂教学、社会实践、线上云端学习与线下社团运作、推进“1+X”实体论证等途径，让项目化课程落地生根。课程旨在培养学生以下素质：熟知以孔子为代表的相关儒家文化知识以及衢州的地域文化知识；培育干一行爱一行、择一事精一技的职业道德素养；培养学生欣赏美、感悟美、创造美的能力；此外还包括沟通与团队协作能力，创新、创造、创作能力，自主学习能力等。

图4 “南孔家宴”课程设计

4. 编写《美食美文》校本教材，提“礼”之素养

针对烹饪专业学生文化素养不足之问题，开发“语文+烹饪”校本教材《人间有味——美食美文》，突出学生文化素养的培养。教材突出以下三个特点：一是单元设计主题化。内容选择以专题化为纲，以“人间有味”为主题，分“知食”“明食”“名食”“评食”“品食”等五个结构层次，分别对应五个章节。每章编有“单元导语”，同时根据各自主题安排3-4篇选文，每篇选文后精心设计实践练习和拓展迁移内容，增强学生的

语言理解与运用能力，提升思维品质和审美情趣，形成良好职业素养。二是实践活动情境化。教材有意将课程内容与专业教育、职业生活相联系，创设开放式情境，借助灵活多样的学习任务，提升学生的职业道德修养，彰显中职语文的职教特色。三是课程内容层次化。教材按主题进行单元划分，从美食佳作欣赏感受美食风味，到感悟美食背后的匠心与文化，由注重学生对文本的整体感知和把握，到尊重学生对文本的独特见解与创新想法，允许学生对文本进行多元解读，层层深入，契合了学生的语言能力以及认知发展水平。

5. 开展“多彩”实践活动，行“礼”之精髓

发挥“东南阙里，南孔圣地”地域文化特色，开展新生祭孔、举办南孔文化节、开办“学而”讲堂、成立“学而”社团、开展杏坛沙龙、浙闽赣皖学校联盟论语大会、天山学子学《论语》等七大特色活动（见图5）。学生在每日一诵、章句接龙、成语接龙、飞花令、知识抢答、儒学剧表演、辩论赛等学《论语》、悟《论语》、用《论语》的实践活动中，加强传统文化知识学习和积淀，加深对“南孔文化”的理解，夯实文化基础，净化美好心灵。尤其是自2012年开办新疆内职班以来，学校将《论语》纳入新疆学生的课程，根据不同年级的学情，制定相应的学习目标，用传统经典提升学生的文化素养，同时加强民族文化的认同感。开展全国文明城市创建“行礼”活动，让“礼”弥漫在校园里、流动在大街上、浸透到灵魂中、体现于日常生活。礼让斑马线、垃圾不落地、志愿者服务……“人人有礼、处处见礼”成为衢州新名片，助推衢州“打造一座最有礼的城市”。

6. 推进“全景式”教学，育“礼”之工匠

在“南孔有礼”行动中，尤其是“南孔家宴”的品牌打造，突出“全领域、全学科、全感官、全课程、全方位”，即调动行业、企业、社会和学校等全领域社会资源，整合语文、音乐、美术、计算机等全学科（专业）资源，调动学生手、脑、眼、耳、嘴等全感官的体验，融合烹饪专业全课程的项目化设计，全方位培养集“书、礼、艺、技”于一身，具有创新思维、创造能力、创业本领“三创”能力的学生及有德行、有技艺、有

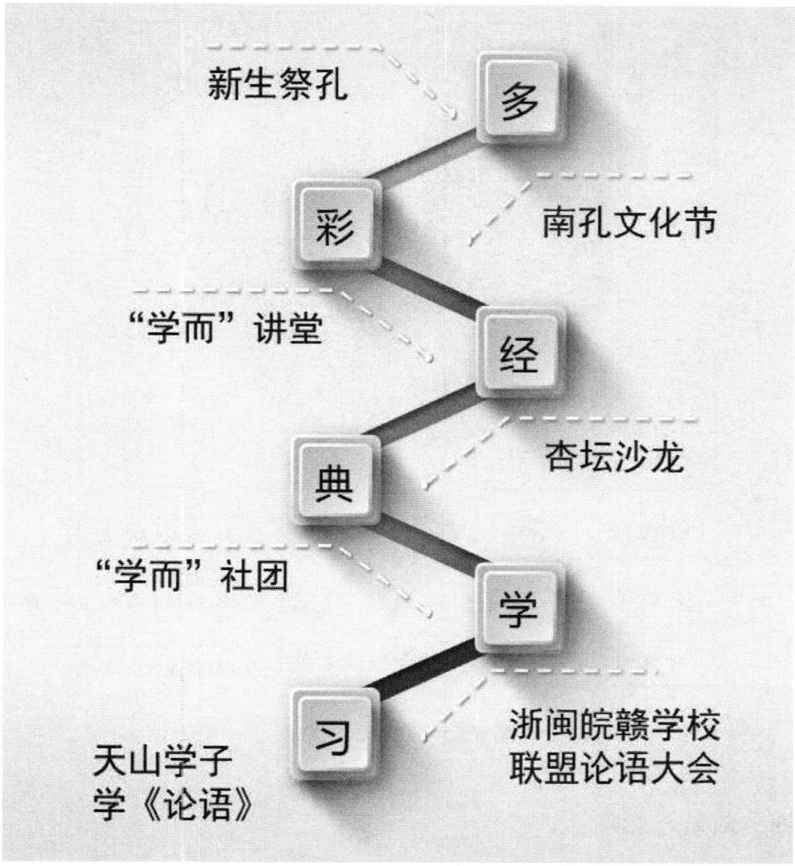

图 5 “多彩”活动学经典

文化的新时代工匠。在“南孔家宴”品牌打造的综合实训实践中，将语文与专业及其他公共基础课统筹、分工、对接、共创，突出“内容整合、能力融通”。例如：语文老师教学生设计调查问卷和“雅趣菜名”等，数学老师进行宴席“成本核算”，计算机和美术老师对“南孔家宴”菜品进行设计，将菜品蕴含的文化故事制作成画册、明信片、伴手礼等，德育老师引导学生进行南孔饮食文化相关礼仪的体验等（见图 6）。以“南孔家宴”品牌打造为载体的综合实训实践，提高了学生技能熟练度，加深了对南孔饮食文化中“礼”的领悟，帮助学生形成对职业全方位的认知，实现了“全景式”教学。

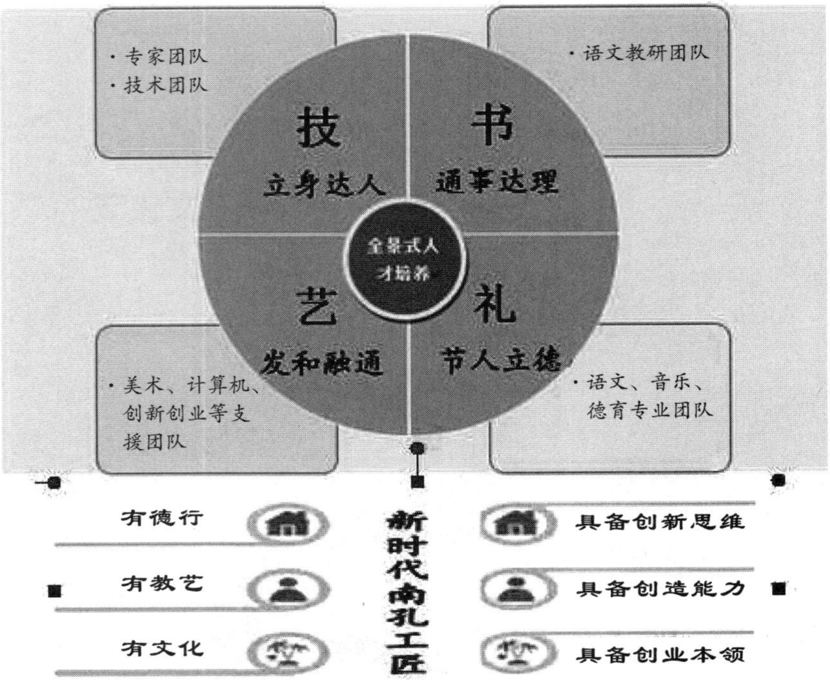

图 6　全景式教学模式

四、成效与影响

1. “让南孔文化重重落下去”——立足地方产业，实现专业与产业的深度融合。衢州是唯一一个“有庙又有人”的孔氏南宗所在地，孔子第七十五代嫡长孙孔祥楷先生一直居住在此，会见宾客和著书立说。2005 年 9 月，时任浙江省委书记习近平来衢考察时作出重要指示：“衢州历史悠久，是南孔圣地，孔子文化值得很好挖掘、大力弘扬，这一‘子’要重重地落下去。”学校将地方餐饮产业与烹饪专业对接，打造“南孔家宴”品牌菜系，以“专业服务产业，品牌推动品牌”的实践，实现专业与产业深度融合、创新发展，让南孔文化在职校校园的传承与创新中重重落地。

2. 让“衢州有礼”重重落下去——依托城市文化，实现人才培养与文化传承的交融互进。2018 年 8 月 4 日，衢州在北京举行新闻发布会，向全社会发布了“南孔圣地 · 衢州有礼”城市品牌。“礼”是核心，是灵魂，是撑起整个城市品牌的“四梁八柱”。南孔文化中“礼”的故事、“礼”的论述，通过“礼”的学习、“礼”的实践，让“礼”弥漫在校园里、浸透到灵魂中、体现到日常生活。礼让斑马线、垃圾不落地、文明排队、志愿者服务……培育新时代有礼衢州人，让“人人有礼、处处见礼”成为衢州新名片，助推衢州创建全国文明城市，助推衢州“打造一座最有礼的城市”。尤其是将“礼”之行动融入新疆民族班的教育教学中，提升天山学子的文明程度，促进民族文化融合，学校被浙江省委省政府授予“民族团结进步奖”。

3. 让“新时代工匠”培育重重落下去——着力人才培养，实现“培技”与“育人”的“同频共振”。在“礼”之行动中，烹饪专业师生为了打造“南孔家宴”，利用节假日到各大酒店进行全景式合作实训，共同研发“南孔家宴”菜品；与热门旅游景点饭店共同推出“南孔家宴”特色菜品，让“文化”走上游客的餐桌；开发“南孔家宴”上下游产品，推进人才培养与南孔文化深度融合；依托社会培训、送教下乡，让“南孔家宴”走入寻常百姓家。同时，在“礼”之行动中，构建全景式教学模式，建立了书、礼、艺、技等课程体系，全校学生融入项目建设中，让培养有创新思维、创造能力、创业本领的“三创”学生及有德行、有技艺、有文化的“新时代工匠”的育人目标重重落地。

4. 让创新型教学团队培养重重落下去。全景式教学模式，为跨界融合、文专共生提供广阔的舞台，诞生了职业教育的“多彩”课堂。2020年10月，全省技工院校德育、语文教研活动在学校举行，会上，“语文+烹饪+思政”三师创新课堂展示获得一致好评。“礼”之行动中，集聚了一批行业、企业大师及社会知名儒学研究大师，教师有更多机会与大师面对面、零距离交流请教，搭建了学习成长的平台。烹饪专业四位90后年轻教师分别在国赛中获奖，其中两位分别获封“刀工王”和“冷拼王”。《“全景”育“全人”——“南孔家宴”品牌打造与全景式教学模式架构》获2020年浙江省职业教育与成人教育优秀教科研成果评选一等奖，《烹饪遇见儒学——“南孔家宴”助力城市品牌打造》获2019年浙江省职业教育改革发展典型案例，《文化润心 立德精技——“南孔有礼”

行动育新时代工匠》获2020年浙江省职业教育改革发展典型案例。

五、经验与讨论

1. 培育新时代工匠是“礼”之行动的目标。发挥地域文化优势，紧密对接地方经济社会发展需求，是中职学校持续增强社会服务能力的重要途径。因此，“礼”之行动传承南孔文化，培育“三有三创”工匠，要使学校教育与“衢州有礼”品牌建设形成互为促进、互动发展的良好态势，为当地经济社会发展赋能。

2. 把握精髓是“礼”之行动的基础。对于传统文化，习近平总书记强调：“善于继承才能更好创新。”南孔文化继承孔子重要思想，传承“洙泗”遗风，其中所倡导的崇学尚礼、义利并举、知行合一、经世致用的思想成为衢州地域文化的重要渊源。因此，我们要结合实际，准确把握南孔文化精髓，让其跨越时空，成为涵养社会主义核心价值观的重要源泉，在衢州大地上重焕生机。

3. 实践融通是“礼”之行动的关键。文化传承不能止步于课堂上，不能停留在教材中，它更需要全方位、多维度的实践活动来打通学生的“任督二脉”，在全身心的参与和体验中，由内而外实现学生对传统文化的认同和吸收，最后外化于一言一行之中。

4. 文化传承，一直在路上。文化传承途径多种多样，不管是助力城市品牌创建还是培养有创新思维、创造能力、创业本领的“三创”学生及有德行、有技艺、有文化的新时代工匠，都是一件积久为功而非朝夕之间的事情，需要不断循环往复研究和自我修正等环节，才能真正有所为。①

① 此案例获2020年浙江省职业教育改革优秀典型案例。

校、行、企共建产业学院激发产教融合内生力的探索与实践

一、案例背景

产教融合、校企合作是职业教育作为类型教育的主要特征，是国家关于教育和人才培养改革发展的重大决策部署，关乎教育、科技、人才、产业各领域，是具有基础性、先导性、全局性的战略性设计。要办好职业教育，产教融合、校企合作是必由之路。虽然经过多年推进，合作不断深入，但仍缺乏通盘考虑、整体推进、统筹运作，没有很好使企业运行与办学诸要素有机结合。在校企融合的专业建设标准、“企业化”的人才培养模式、“双师型”教师能力培养体系等方面没有形成相互作用、互动介入、相互交融；合作形式局限于“工学交替”“订单培养”“项目驱动”“顶岗实习”“2+1 结合”“产学结合”等形式，校企融而不透、合而不深，仍然是职业教育的痛点。

《关于推动现代职业教育高质量发展的意见》指出，要推动校企共建共管产业学院、企业学院，延伸职业学校办学空间。在浙江省“双高计划”等重大项目的导引下，学校汽车运用与维修专业联合衢州市汽车维修行业协会、衢州市汽车美容与装潢行业协会，协同 106 家企业，分别成立衢州市绿色产业集聚区汽车产业学院及柯城区火宏凯泰汽车学院，建立“一体多元、双元主导、三层架构、开放融通”的多元合作育人模式，打破资源困境、击破时空限制，突破人才供给滞后等壁垒，整体规划，统筹运行，深度融合，实现“三基地、N 工坊、一高地”建设目标（见图 1）。“三基地”建设，即共建产业学院，以“人才、产业、创业”三个基地建设为主线，建设人才培养基地、产业孵化基地、创业者孵化基地，在专业、课程、师资建设和社会服务中深度融合，推进产学一体、工学结合、

创新创业、“三教改革”于一体的人才培养模式创新；“N 工坊”建设，即建设“N”家公司、“N”个真实工作岗位的产业工坊，承接企业真实业务，深化产学一体、工学结合教学模式改革；“一高地”建设，即通过“三基地、N 工坊”建设，将人才链、产业链和创新链贯穿融合，旨在把产业学院打造成“产教融合创新高地”。

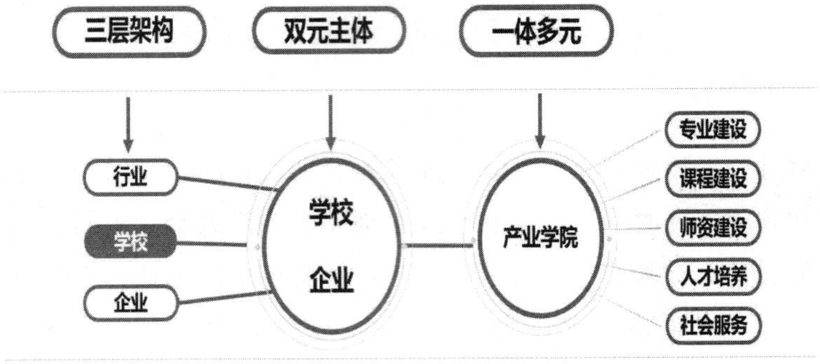

图 1　合作模式架构图

二、主要做法

1. “四磨四共”促专业建设

一磨产业学院合作机制，形成联盟共识。建立一体多元、开放融通的产业学院，在人才培养、教师专业化发展、实训实习实践、职业培训、学生创新创业、技术服务、科技创新等方面建立机制，形成联盟共识，把产业学院建成“产、学、研、转、创、用”一体化的人才培养学院。二磨专业发展规划，形成发展共识。为主动适应本地经济社会发展对人才培养的新要求，以及产业结构调整对专业发展的新需求，联合开展行业、企业调研，并结合学校总体发展规划，共同确定专业发展规划，形成发展共识。三磨人才培养方案，形成培养共识。通过对产业学院会员企业的走访调研、毕业生跟踪调研及在校生学情调研，联同骨干会员单位共同分析产业发展趋势和行业企业人才需求，明确本专业面向的职业岗位（群）所需要的知识、能力、素养，制订专业人才培养方案，并参与方案的论证与实施，形成多元监督机制和培养共识。四磨专业教学标准，形成融通共识。

作为教育系统与人力资源和社会保障系统双挂牌学校，为推进中职教育与技工教育的融通，首先从专业教学标准着手，整合两个系统对人才培养的定位、对专业教学的要求，结合企业、行业对人才培养的规格要求，制订以就业为导向、以能力为本位、以岗位需要和职业标准为依据，满足学生职业生涯发展需求、适应社会经济发展和科技进步需要、中职教育与技工教育融通的专业教学标准。

2. “四通四融”促人才培养

根据市场调研，进行职业能力需求分析，剖析具体职业岗位（群）的职业能力；结合企业工位技能要求开展“工位教学法”；推进“1+X”证书，促进课程内容与职业标准、行业标准衔接；根据企业实际就业岗位需求确定实习岗位，从而实现专业人才培养目标与社会需求，专业教学活动与企业工位技能要求，专业教学内容与行业标准，实习岗位与就业岗位的“四通”。同时，推进学校与企业、专业教师与技术专家、理论考试与企业实习评价、专业学习与创业教育的“四融”。通过“四通四融”，实现学生职业素养、专业知识学习、专业技能训练和创新创业培育“四位一体”培养（见图 2）。

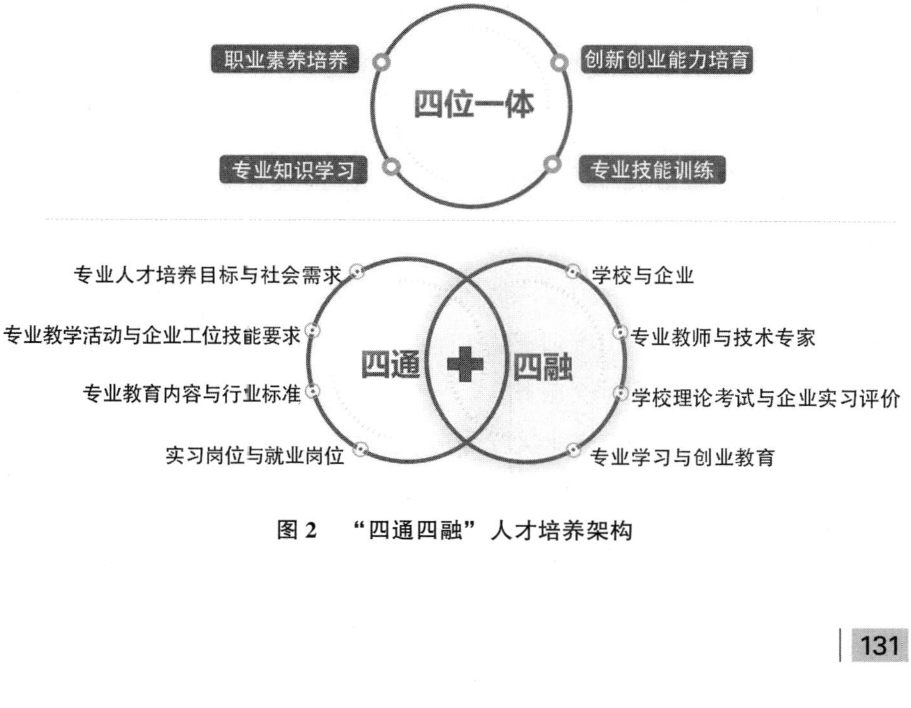

图 2　“四通四融”人才培养架构

3. “四研四育”促课程建设

一是研发校本课程。依托产业学院，成立专业课程开发团队，通过企业调研，根据企业典型工作任务，结合学校人才培养计划，共同开发专业校本课程及教学资源库。二是研制课程标准。共同研制课程标准，明确中级工、高级工、技师一体化课程的典型工作任务、学习目标、工作与学习内容等，充分发挥课程标准在提升人才培养的基础性作用。三是研究课程实施。为解决工学矛盾，实施“白+黑”教学模式（“白”，学生白天实践操作；“黑”，晚上理论学习），利用信息化手段，建立校企“共同课堂”，即学校教师与企业技师共同备课、授课，用智能设备联通直播平台，突破时间、空间等的局限，增强情境化和现场感，提高课程学习效果。四是研制课程评价。构建学校与企业双方联动，学生、教师、一线员工、师傅四主体参与的“两方、四主体”评价机制，对专业知识、岗位技能和职业素养等方面进行综合评价。

4. “四层四匠”促师资培养

一层“青匠”实践。由产业学院统筹，每学期安排新教师利用一个月下企业实践，结合不同的专业方向，到相对应的企业与岗位进行实操训练，促使其尽快成为一名合格的“双师双能”型教师。二层“优匠”打磨。依托产教学院的设施设备和技能大师优势，开展骨干教师与企业技师同台交流活动，精进技能，提升指导学生职业技能大赛的能力及自身的教学能力。三层“精匠”共生。学校名师、大师工作室成员与企业技能大师工作室合力，开展技术难题攻关、成果研发和创新创业孵化，依托工作室的平台，实现“精匠”共生。四层“匠首”领军。学校当前缺乏具有行业、企业知名度的专业领军人物，借助产业学院平台，共享“浙江大工匠”等企业高端人才，引领师资队伍建设迈向新高度。

5. “三优三技”促社会服务

一是优质技术服务。产业学院分别建立由企业、行业、院校专家组成的技术专家组和纠纷调解组，学校教师成为专家组成员，为会员单位提供技术服务。积极承办汽车维修行业各级各类技能大赛，为大赛提供服务，同时促进师生及时了解行业前沿技术。二是优质技能培训。学校是衢州市唯一一家具有对在校学生和社会人员进行技师和高级技师认定资格的单位，每年为汽车维修行业从业人员进行高级技能培训量占80%，职业技能等级认定量占100%。2020年，学校与火宏凯泰汽车产业学院开展3期“菜单式”培训，精准服务，企业满意度高。三是优质技术研发。以产业学院为平台，以大师工作室为引领，建立创新服务成果累积转换制，产业学院在学校设立奖教基金，对创新成果进行奖励。衢州万通进出口轿车修理厂入驻学校，建立校内生产性实训基地。

三、改革成效

1. 打破资源困境。产业学院的特色在于共建共管、共融共享，已成为校、行、企合作共同体，打破校企间的“围墙”，学校充分利用各方资源，提高专业建设水平，汽车运用与维修专业2020年入选浙江省双高A类建设专业。

2. 突破时空限制。产业学院将教室和工作场所、学校和企业紧密联系，建立“共同课堂”，充分利用信息化手段，形成“白+黑”教学模式，开发3门特色网络课程，建成50个教学微视频库及知识碎片化视频，建立“无纸化”手机考试题库1.0版本以及在线学习资源2500多个，实现名师大师课堂“互动学”，网络环境“随时学”，平台空间“精准学”，学校被评为浙江省数字资源建设与应用示范学校，中职汽车运用与维修被评为浙江省之江汇学科建设专业。

3. 破解人才滞后。产业学院能够加快教学内容、教学方法及企业配套资源的更新，建立更加及时有效的产教互动机制，强化专业适应性，学生长期在真实工作情境中学习理论与实践操作，能够培养学生对企业文化的认同感，实现人才供给的持续性、有效性、精准性。近几年学生在技能、创新创业等竞赛中取得佳绩，其中39人次获得市级以上奖励。

4. 培养强劲队伍。在“一体多元，开放融通”的合作模式下，产业学院为专业教师搭建了学习成长的平台，提供了更多与大师面对面、零距离交流的机会。专业与课程标准的制订，课程的开发与实施，“四层四匠”的培养及社会服务等领域的参与、合作，提升教师专业水平和创新能力，打造了一支强劲的队伍。其中 1 人获浙江省技术能手，1 个团队获浙江省教学能力大赛三等奖，近 3 年 13 人次获得省级以上奖励。

四、体会思考

1. 共商共赢是基础。学校与衢州市汽车维修行业协会共商成立的绿色产业集聚区汽车产业学院、与衢州市汽车美容与装潢行业协会共商成立的柯城区火宏凯泰汽车学院，综合双方的需求，切实解决目前学校人才培养与企业人才需求方面的问题，以共商为基础，实现互利共赢。

2. 人才培养是目标。产教融合，校协一体，都有一个共同的目标，那就是人才培养。有了共同的目标，力往一处使，才能真正实现双方的互利共赢。学校需要培养出企业需要的人才，企业需要找到能真正胜任工作的人才，学校汽车运用与维修专业与衢州汽车维修行业协会、汽车美容与装潢行业协会共同培养，人才培养更加有效、精准。

3. 资源互通是关键。师资资源、实训设施设备资源实现互通，才能真正打破产教融合的壁垒问题，共同育人、相互合作。教师在教学过程中解决学生的实际问题，如此才能调动学生学习积极性，提升教学质量；企业才能真正精准找到需要的人才，保证人才供给。资源互通，教学质量提升，人才供给满意度提升，如此循环，激发产教融合内生力。

以社会良心和正义教育提高中职学校德育实效性

一、问题的缘起

1. 中等职业教育发展基本情况

我国的职业教育起步晚，发展迟缓，直至国家实行改革开放，经济建设和对外开放急需大量的中初级技术人才和熟练操作技能的劳动者，社会对职业教育产生了强烈的需求，职业教育才迎来了灿烂的春天，曾经作为学历教育，走过了辉煌的历程。到 20 世纪 90 年代末，我国的中等职业教育遭遇新的困难和挑战：一是高等教育由“精英教育”向“大众教育”转变，社会普遍追求高学历，出现了“普高热”，严重冲击了职校生源，职普比例连年下降；二是生源质量滑坡，大多中等职业学校招生录取线不复存在，许多学生初中学业还未完成便被“分流”到职业学校，这些学生被称为“双差生”（成绩差、表现差）；三是中等职业教育资源大量流失，作为中等职业教育的骨干力量——中专学校，或升格或合并或撤销，不少职高又回头办普高。职业教育虽然面临困境，但发展依然是我国职教事业鲜明的主题。2005 年，第六次全国职业教育工作会议召开，国务院下发了《关于大力发展职业教育的决定》，指出“要加快职业教育、特别是加快中等职业教育发展，扩大招生规模，到 2010 年，中等职业教育招生规模达到 800 万人，与普通高中招生规模大体相当”。2007 年 3 月 5 日，时任国务院总理温家宝在十届全国人大五次会议政府工作报告中指出，“要把发展职业教育放在更加突出的位置，重点发展中等职业教育，这是一项重大变革和历史任务”。在政府的高度重视下，职业教育再次迎来了发展的春天。

2. 学生现状描述

中等职业学校学生大部分是经过普高筛选的“剩余品”，在文化课的学习上他们是“弱势群体”，被社会定位为“不会读书之人”，在行为上被形容是“问题学生”。学生来源大致有以下几种：（1）中考落榜生，退而求其次；（2）厌倦学习，但又被家长“逼”进了职校；（3）经初中学校“分流”进职校；（4）热爱专业，主动求职。其中前三类占多数，职业学校成了许多学生和家长的“无奈选择”。随着生源结构的变化，学生的文化基础、行为习惯、学习品质、心理素质和人文素养等方面都在不同程度的下滑，导致思想道德问题突出：理想、志向不明，对前途迷惘；主流意识淡薄，信仰和生活目的缺乏；自信心不足，上进心缺失，学习积极性不高，精神状态不振；集体主义观念淡薄，以自我为中心，责任心淡漠；承受挫折能力差，适应能力弱，不善调节情绪，行事冲动。随之而来的是，厌学逃学、夜不归宿、抽烟喝酒、滋事斗殴、破坏公物等等。“管”不牢，“压”不住，“禁”不止，德育工作面临挑战。

二、社会良心和正义教育——职业学校德育新视角

仅仅停留在传授知识层面上的教育是最低层次的教育，培养出来的学生只能是“半成品”甚至是“次品”。求学的最高境界是做人，因此德育一直列为“五育”之首，国务院《关于大力发展职业教育的决定》明确指出：职业教育要把德育工作放在首位，全面推进素质教育，坚持育人为本。职业学校学生现状导致德育工作难度加大，效果不明显。要提高德育的实效性，应该寻求德育工作的新视角。

亚里士多德认为：正义和良心是百德之首，有正义和良心的人是真正有道德的人。克鲁泡特金主张“没有正义和良心，便没有道德”。教育的核心是“以人为本”，在德育工作中，以社会良心和正义教育为基点，健全人的心智，促成人心灵的转换，回归以人为本，实现成就人，促进人的全面发展，达到教育理想与目标。

良心是中国传统文化中的一个核心概念，是古代思想家德育的基本点。孟子将恻隐、羞恶、恭敬、是非之心称之为良心，主张为人要“舍身取义”。我们常说“这个人良心发现”，一个人要是有良心发现，他便能弃恶从善。良心在人们的道德生活中具有特殊的意义，在行为发生之前，指导人们确定和检查道德动机，规定目的和手段的选择；在行为过程中，指导行为者进行自我控制和监督；在行为结束后，帮助检查行为后果并作出道德评价。社会良心指社会优良的、正确的道德规范。“追求社会良心并以确立社会良心为己任，都是教育永恒的主题和使命。”但“社会良心首先必须表现为个人良心，具体的单个人道德法则为出发点的良心才是可靠的，应该有独立人格的社会良心，对人才具有教育意义。”

正义是教育的最高评价，也是教育的本质要求。教育不仅仅是“培养人”“塑造人”，更重要的是“形成人”，成人之“真”，成人之“善”，成人之“美”。真善美在个体身上的统一，就是和谐，就是成人，就是正义。在市场经济的浪潮中，传统的美德与时代的潮流产生强烈的碰撞，人们的价值观发生了变化，个人功利价值突出，群体、利他的价值受到轻视，人际交往中的情感、友谊等因素不断弱化，现实功利因素却不断强化，重利

轻义、见利忘义的事情屡见不鲜；社会公德意识弱化，明哲保身现象增多，见义勇为不断减少。在科技越来越发达、经济越来越红火、生活越来越富裕的今天，道德情感领域却出现了“情感冷漠”“情感缺乏”“情感危机”。在这样的背景下，人们对社会良心和正义的呼声越来越强烈。用社会良心和正义教育的理念引领职业学校德育工作，使职业教育朝着人的“全面发展”的目标前进，有利于为社会培养有用的人才，促进和谐社会的建设。

三、实施社会良心和正义教育——德育的实践探索

卢梭说：“从我的门下出去，我承认，他既不是文官，也不是武人，也不是僧侣，他首先是人：一个人应该怎样做人，他就知道怎样做人，他在紧急关头，而且不论对谁，都能尽到做人的本分；命运无法使他改变地位，他始终将处在他的地位上。”教育的最高理想是让人成为人，拥有社会良心与正义是一个人成为人的基础。

（一）新的理念——社会良心和正义教育的基础

正义教育要尊重人的差异，给人均等的教育机会，满足个性自由发展的需要。因此我们提出“全纳”教育理念。“全纳”教育最早用于特殊教育，是给残疾儿童一种平等的人权。在当前的中等职业教育工作实践中，学生个性受压抑，尊重受削弱，潜能受挫伤，地位受排挤。给学生平等的关怀和平等的尊重，才能享受教育机会的平等，才是正义教育。“全纳”教育的内涵是：每个学生都有接受公平教育的权利；每个学生都有得到尊重的平等地位；每个学生都是独一无二的，有着独特的个性、特长和品格。学校的教育应该容纳所有的学生和学生的所有。“全纳”教育的实质是实施以人为本的教育理念。职业学校学生在学习上多处于“劣势”，在以“分数”定优劣的学习生涯中，他们所受的“呵斥”远比“赞美”多，他们的自信在一次次冷落中丧失，他们的自尊在一次次批评中沉陷，他们的热忱在一次次应试中泯灭，他们逐渐迷失方向，变得懒散，甚至玩世不恭。重树自尊，恢复信心，使之成为“人”；“不放弃任何一个学生”，

“从最后一名学生抓起”，在感情上温暖他，人格上尊重他，心理上开导他，目标上指引他，学习上激励他。如此，暗淡的日子被点亮，怠惰的双脚才有快乐前行的动力。

（二）美的熏陶——社会良心和正义教育的辅助

一个人行走在文明的环境中，他的行为举止同样文明。校园是孕育文明的场所，也是践行文明的土壤，学校的每一项设施，每一块墙壁，每一寸草地都担负着育人的功能，“一草一木总关情”，“校园处处会说话”。用整洁干净的甬道，园内“温馨的提示”规范学生的行为；用精心设计的宣传橱窗，鲜艳夺目的学校“核心精神”激人奋进；学生作品凝聚成的“文化长廊”成为校园亮丽的风景；“星级评比”，创设温馨文明的寝室文化；轻柔的草坪音乐调节人的情绪；内容丰富的校园网站可以是师生交流和开展活动的平台和家园。高雅的环境提升人的精神境界，校园的每一个角落都能成为美的所在，都该是一个“潜在课堂”，用“润物细无声”的渗透，荡涤学生的心灵，体现人文关怀，在美的氛围中推进善的教育。

（三）善的活动——社会良心和正义教育的载体

是非心、同情心和羞耻心是构成良心的三块基石，是照亮人们道德区域的指路灯。

认识自我。苏霍姆林斯基说：“一个少年，只有当他学会了不仅仔细地研究周围世界，而且仔细研究自己本身的时候；只有当他不仅努力认识周围的事物和现象，而且努力认识自己的内心世界的时候；只有当他的精神力量用来使自己变得更好、更完善的时候，他才能成为一个真正的人。”认识自我才能对自己作出正确、客观的评价，才能产生自尊心理，从而改变以往的自我中心意识，在行为上开始以社会规范要求自己，在举止上开始懂得自我约束，在行为上开始考虑后果，注意给人以好的“自我形象”，赢得自我的尊严。认识自我的途径不仅是“自知之明”，还可以从别人的眼中审视自己。中等职业学校学生明显的“缺点”遮蔽了他的“优点”，要树立他的自尊，多找闪光之处，少看缺点。召开“你身上的闪光点”主题班会，给某同学专找优点，不提缺点，汇集起来就有了连他本人都意识不到的动人之处。当自己意想不到的优点得到别人肯定与承认之时，唤起了他的自尊，同时也会反省自己的不良行为举止，从而产生羞愧感，学生一旦懂得自尊与羞耻，就会珍惜名誉，惧怕羞辱，思想行为走向正轨。

学会关心。学会关心身边最亲近的人，关心和自己有各种关系的人，关心和自己没有关系的人，关心动物、植物和自然环境，关心人类制造出来的物品以及关心知识和学问。学会关心还需学会关心自我，对自我的人生意义，道德价值的关心，对未来期望的积极态度。“没有关心便是道德上的贫困教育”，关心是一种能力，能力的高低，取决于有多少被关心的经历。积极开展“爱心”活动，营造关心氛围，让学生多体验被关心的经历，从而学会关心。中等职校生中有许多“双困生”（学习困难与生活困难），可以积极开展党员干部与困难学生结对子活动。“不让一名学生因贫困而失学，不让一名学生因品行而掉队”。一位成绩经常为“0”分、表现令班主任头疼的男孩子，学校党总支书记与他结成帮扶对子，一次次地找他谈心，帮助他制定进步计划，鼓励他树立学习信心，从最喜欢的一门课学起，争取期中考试不出现“0”……母亲般的关怀，使这位同学发生了根本性的转变，他不打架了，开始听课了，开始做作业了，成绩进步了，还发表了《有一双温暖的手牵着我》的文章。在文章中写道：“我开朗多了，快乐多了，我有自信了，我还参加了竞选副班长。我要感谢父母、班主任，更要感谢学校书记，如果没有她的引导和关怀，我不会认识到自己的错误。我能被张书记这双温暖的手牵着感到有幸。……”在学生中开展献爱心活动、贫困资助活动、互帮互助活动，让学生在关心他人和被他人关心的环境中成长，成为一个关心人、爱人也值得人爱的人。

学会感恩。苏霍姆林斯基在开学的第一天，就在他的学校挂了“要爱你们的妈妈”的标语。现在的学生大多是独生子女，他们在不同程度上存在着自私、狭隘、以自我为中心、偏激的性格和心理特点，对别人要求多，严以待人，宽以律己，认为亲人朋友对他做任何事都是理所当然的，缺乏一颗感恩之心。开展“我为××做件事”活动，如为母亲做件事，报答父母无私养育之恩；为学校做件事，感谢学校为学生的发展创造良好的条件与机会；为同学做件事，回报他们的友好情谊，教育学生学会感恩。在活动中，引导学生想想自己，想想他人；尊重自己，善待他人；少看矛盾，多体温馨。在这样的心境下，学生一改以往的冷漠与自私，人际氛围达到了和谐。

积极奉献。针对中等职业学校职业化教育的特点，积极鼓励学生为社会提供服务，奉献自己的才干。组织电子电工专业的学生开展义务维修电器活动，幼儿教育专业学生为孤儿院的孩子装扮教室，美术服装专业学生上街头为民画剪影、缝补衣物等等，在活动中奉献自我才能，体现自我价值，增强社会责任感。在平时的教育活动中，让学生明白，关键时刻“舍己救人”“舍身取义”是奉献的最高形式，但在日常生活中助人为乐、扶贫救困，在职业生活中的任劳任怨、敬业重职，在公共场合的谦让宽容、扬善抑恶等都是一种奉献精神，鼓励学生从日常生活中的点点滴滴做起，在积极奉献中实现社会良心和正义。

（四）真的本领——社会良心和正义教育的促进

“正义教育是要肯定每个人都能受到适当的教育，而且这种教育的进度和方法是适合个人特点的，为每个人的发展提供舞台”“教育机会平等只能使每个人的能力按其潜能得到发展，而并不是使每个人具有同样的能力”。职业学校的许多学生在课堂上会昏昏欲睡，但体育场也许是他们大显身手之处；职业技能大比拼是他们展现风采的舞台；学生会、团委是他们练就才干的平台；形式多样、内容丰富的社会实践是促成他们成长的第二课堂；各级各类技能比赛是学好专业的激励。多开展和举办班级、全校以及省市各级各类文体活动、专业比赛、评优评先等，发掘每一个学生的潜能，让每个学生都能找到自己的位置，为每个学生的进步提供平台，让每个学生的发展需要得到充分满足。鼓励学生“不求事事优秀，要有一点出色”，要求教师“宽容学生过错，放大学生亮点”，寄望每一位学生一学年要有一张奖状带回家，在学校体会到“更多机会，更多成功，更多快乐”。①

---

① 此文发表于《职教论坛》2008 年第 7 期。

第三章

我与校园的对话

校园如歌的四季

“年年岁岁花相似，岁岁年年人不同”。花开花谢，叶落霜飞，迎新送旧，人去人来，让我对校园多了一份感悟与怀想，于是用笔记录了校园如歌的四季。

春

2012 年的春来得特别的晚，已是阳春三月，爱美的人竟然还脱不下厚厚的棉衣；小草缩在泥土里，在凛冽寒风的威逼下，不敢探出头来；满枝的花骨朵，颤颤巍巍、躲躲藏藏的，想俏也不敢争春。春的涌动，我忘记了是怎样的一个开始，只记得校园的茶花，火红的，一朵一朵竞相怒放，带来了春的讯息。但几番春雨的洗刷，淡了颜色，掉了花瓣，还没来得及释放明艳，就灰头土脸地被雨水淹没了。“春色满园关不住”，在早春是不太看得到的。

过了清明节，校园的春天才真正开始热闹起来。草坪有了绿的生机，山水园旁的柳枝婀娜起来了，桃花、杜鹃在深深浅浅的绿意里泼洒出艳丽来。最耀眼的是艺术楼甬道旁，横列着的两排樱花，满树都是，白的、粉的，三朵一丛，五朵一束，绽放得热烈而奔放，从容而忘我地展示春的妩媚。一阵风来，花絮随之飞舞，星星点点如细雨，纷纷扬扬如雪花，一会儿，树下便像铺了一张粉红色的地毯。每天清晨和傍晚，都会有同学在树下打扫花瓣，他们时而会仰起头，看看那一束束烂漫的花朵，留心那花开的声音，一定是细细的；时而感受被风吹起的花絮，静听那落地的声音，一定是柔柔的。

在樱花树下，第一次看到那个用小板凳走路的男同学。我好奇地看着他，他见到我，大声地说“老师好”，眼神没有一丝的躲闪。没料到，这样一个肢体有残障的男生，会有如此响亮的问候，会有这般坚定的眼神，会有这样一脸的自如。我赶忙回应，生怕怠慢了他的热情。接着，他和我聊起了天，问我是哪个学部的，教哪门学科，还告诉我他叫郑捷，是开化人。看着他挪动着四脚板凳，带动身子，一步一步前行的背影，我想，有阳光，春天里的花总是会吐露芬芳的；心里有阳光，人也一定会灿烂的。

校园里有很多的合欢树，春天开花，粉的、白的，在纤纤叶儿的映衬下，袅袅的如梦一般。但是，许多人却不喜欢它，因为，它的花时常铺得满地都是，针线般的细密，清扫起来要费力气。我曾看到一位老师把车停在树的底下，但是，刚一下车，看到满地的花絮，又把车子移开了，那如扇子般的花长在枝头，煞是好看，但掉落在车上，就让人心恼了。可我却喜欢合欢树，不仅因为它有着一段凄美的故事，一位由青丝变白发的古代女子，用生命发下重誓：“如果夫君变心，从今往后，让这苦情开花，夫为叶，我为花，花不老，叶不落，一生同心，世世欢合！”合欢树见证了“空留万古香魂在，结作双葩合一枝”的忠贞爱情。合欢树又演绎了一段感人至深的亲情。在史铁生的心里，合欢树是一位苦情母亲对儿子的眷眷之心，站在树下，愧疚与悲伤就像轻度发酵的茶叶悠悠散发出茶香那样，徐徐地吐露出绵长而醇厚的思念。在合欢树下，我曾经和学生探讨生命的意义，我们似乎都明白挫折和苦难也是人生的老师，只要勇于面对也能拥有充满阳光的未来。

夏

夏天校园的宁静，是要等到学生放暑假的时候。那些少男少女，提着大包小包，成群结伴，欢悦地走出校门，那时已经是盛夏了。

这时候，校园的树通通都翠绿了，知了趴在树上，叫声一浪高过一浪。艺术楼墙边的夹竹桃，红色的、白色的小花热热闹闹地开了一树。我常常会在这样的日子里，来学校值班。

清晨，朝阳很早就跃上了云端，不一会儿就已经火热了，很想去校园逛一逛，但头从窗户一探出，炙热的光、逼人的热又让我打消念头。还是待在办公室，边享受空调带来的凉爽，边做一些杂事，静心写一些材料，抑或看一些书，都比在室外惬意。

但是，我还是会在夕阳西下的时候，沿着校园走一圈，那时，临江的晚风徐徐而来，消散了部分热浪，漫步校园，夜色朦胧，树影婆娑。大成楼旁边淡黄色的槐花寂寞飘落，静得听不到声响。富有韵律的上课铃声已经休眠了。清晰可辩的是那减弱渐息的蝉鸣声，还有飞鸟掠过天际的黑色身影。平常热闹而有生气的校园开始了休养与调整。

教学楼前，白色涂料东一点、西一块，不规则地点缀了一地。盛料的罐、粉墙的刷、攀高的梯，随着夜的到来，在一旁静静地休憩，养精蓄锐，准备明天的开工。

校园的保安，是暑假校园的坚守者。此时，他们也可以走出热得透不过气的值班室，搬条凳子，坐在门口，手摇蒲扇，身着背心，聊着天，声音可以很高，不时发出爽朗的笑声，在空旷的校园里回响，给沉寂的校园增添了生机。而这份休闲与随意，只有这样的夏夜才有。

不知哪一天的早上，来到校门口，看到保安身着制服，头戴大盖帽，一字排开，随着口令迈步训练，煞是威武；尤其是那一位女士，英姿飒爽，不由得让人心生羡慕。祖国的南大门和西大门是军队把守的，而学校的南大门和西大门正是由他们守护的。

也不知哪一天，开着车进入校门，保安“啪”的一个敬礼，如此高的礼遇吓得我惊慌失措。我把车速放慢，轻轻地驶进校门，给他们一个笑容，算是回礼。后来，他们挨个地给办公室分发报纸，每当到我办公室，我都不忘说声“谢谢”。

“芳菲歇去何须恨，夏木阴阴正可人”。校园的夏，静静地等待着新的开始。

秋

秋天已经来了，但天气依然燥热。蚊子喜爱校园里的人气，纷纷聚拢，在路灯下，眉飞色舞地盘旋，不经意间从旁经过，惊起一身疙瘩。校园里的蝉声还在延续，只是底气有些不足了。教室里的电风扇呼哧呼哧地卖力，也抵不住秋老虎的威力，呼出的是一团团热气。

但不知从哪一天起，陆续吹来了几阵风，阳光顿时变得温柔了，雨水变得细腻了，校园里有了淡淡幽香，令人沉醉了。

那应该是中秋了。整个校园沐浴在一股甜甜的清香中，举目四望，会在不远处发现一棵或两棵绿叶扶疏、开着金黄的、淡黄的或者橘红小花的桂花树，把整个校园装点得温文儒雅，平淡而又高远。依稀记得，那个中午，走在去食堂的路上，迎面一阵清香随风婉转地飘进心间，随着清风寻找踪迹，在树叶的缝隙中看到了一朵朵淡黄色的小花挨挨挤挤地簇拥着，四顾无人，偷偷地摘了些许瓣儿藏在了衣服的缝隙里，一路走着，花香伴随着愉悦在心中摇曳，厌倦的午餐也顿时充满了诱惑。

曾经，在语文课上，抵挡不住满校袭人的香味，就和学生一起走出教室，来到大成楼的西环，那棵桂花开得最为热烈。我和学生在树下足足待了20分钟，细细地观察它，然后，回到教室，讨论该怎么描述树的形状、花的特点。学生和我一样喜欢校园的桂花，我记得，那堂课很快乐，有许多学生写下了很美的诗句，洋洋自得，到现在，我只记得他们的笑脸，却忘记了诗的内容。

秋天的校园，给人印象深刻的，还有落叶。运动场旁边的梧桐树被风一吹，呼啦一声，成群的叶子直冲而下，路边金黄了一片。秋天扫落叶，几乎是每一个同学心里的印记，拿起扫把，“唰唰”两下，叶子便带着几分落寞轻轻地飞舞聚拢，一小堆、一小堆的。这些叶子落在水泥地上，便成了被清扫的垃圾。扫落叶的，女同学居多，她们舍不得把树叶倒进垃圾桶，于是就轻轻地把它们放回到树的身边，叶落归根，化为春泥，这是多么浪漫而善良的举动呀。

当树叶落尽，校园又进入一个新的季节，开始另一段华美的乐章。

冬

校园的冬天来得悄然，繁花落尽，绿荫消减，冬天便来临了。此时的太阳像月亮一样苍白无力，也许是一年操劳到头，筋疲力尽，已经放不出热力来了。校园四周空旷，风显得特别的强劲，吹得落叶树的裸枝不断地颤抖。但你也能听到风吹树叶的吵吵声，校园里的广玉兰、香樟、山茶、夹竹桃、桂花等树均禁得起严寒，它们不落叶，依然保持了青春色彩，只是绿得更深沉、暗淡些。中心广场的加纳利海枣树，不知何时就长成了这么大，显得稠密了些，有时，从中心广场的东头到西头，就需要用手轻轻拨开它的枝蔓，或是低着头，从它婆娑的叶下穿过。遇上持续冰冻天气，就要在他们的根部裹上一层塑料“外衣”，使得，他们在冬天的清晨，怡然自得地装点着雨露，中午风起舞动，傍晚披着霞衣，来年尽显青春魅力。校园里所有的建筑，教学楼、行政楼、公寓楼、实训楼，红色的墙，白色的窗，蓝色的瓦，映衬点缀着寂寞的校园。红蓝白的和谐，为冬日的校园平添了一份温暖。

中心广场，一棵不知名的树，叶已经落尽，但枝丫间孤零零地嵌着一个鸟巢，我看到陈ㄉ峰老师支着相机，相机上蒙着一块黑布，焦点就对准那树上的鸟巢，静谧萧索的冬天于是多了一份艺术的色彩。

雪是冬的精灵。有雪的日子，校园特别的欢腾。坐在教室里，不知是谁第一个发现雪花，惊呼起来：“下雪啦!”于是，全班齐刷刷地把头转向窗外，那飞舞的雪花在同学们的目光中，越发显得大方而曼妙，一片片袅袅婷婷，飘然而落。下课了，又多了一份乐趣。掬一把雪在手，感受她的洁白与冰莹。或者，抓起一把雪向同学掷去，雪是没有分量的，雪球落到人的身上就如烟花一般即刻飞散，只留下一片片白色的花点，用手拍拍就了无痕迹，不会湿了衣裳。

青春是能抵得过冷风的。校园里的男女同学好像不太在乎冬天的气温，即使在零下的天气，也会有很多同学只穿一条单裤；甚至更有耐寒的同学，把整个脖子暴露在冷风中，然而，仿佛这层冷会传染一般，从他身旁经过的人，自然会缩一缩脖子。技能节、迎春诗会、迎新晚会等是在冬日举行的，热闹了整个校园。

冬天的校园正积蓄着生命中所有的力量，去孕育一个新的春天，一个新的梦想！①

心中有一朵美丽的莲

夜阑人静，时时想起的，仍是那些开在记忆里的莲。“出淤泥而不染，濯清涟而不妖”，想到莲独立于世，孤傲一生，心中不禁隐隐作痛。“当夏季死时，所有的莲都殉情”，读着余光中的诗，在那些浓烈的日子里，总能看见，“像一首小令，从一则爱情的典故，你走来”，一颗心遇到一朵莲，怦然心动。

校园里有了莲，就在这个夏季。

拍学校专题片的时候，在六月，正是莲开的季节。那时，莲刚种下去不久，莲叶两蓬，莲只两朵，一朵含苞欲放，一朵娇妍盛开。学生们在莲的身旁嬉水，一脸的笑，定格在画面中。这是与莲的初遇。

再次见到校园里的莲，是在张玉琴校长的手机上，因为校长也爱莲，就用手机拍下一连串莲的容颜，画面清晰，有怒放的特写，有一池的远景。校长爱莲，因此提议在山水园中种下一两株，点缀一池的春水，花的妩媚，枝的高洁，更显水的灵动。

从画面上看，荷叶几乎填满了整个水池，我惊叹她的生长速度，一个假期不见，尽染绿了整个小池。我甚至觉得有些遗憾，她们长得太肆意了，一个小池塘的茂盛，反倒比不上它的清雅好。其实，种下去的时候，

① 此文发表于《职业教育》2013 年第 5 期。

已经限制了生长的空间，圈养在固定的位置。只是，她们的根须使劲地蔓延，拓展了生存空间。

昨天，见到校园里的莲，又是在照片上。是中专故事 QQ 群上的一组照片，经考证，是建筑班的六名女生，实习期间回母校拍摄毕业留念照。穿着洁白的纱裙，在大气的校园门口，在碧绿的草坪上，在大成楼的台阶上，摆着不同的姿势。尤其是在山水园，取景最美，白色的纱裙倒映水中，水面上的莲叶成了最生动的点缀。学生们的创意总是无限的。

曾经有老师想给这个莲池取名为“三省池”。因为有一些男女同学手牵手懵懵懂懂的情愫，时常倒映在池水中。学校希望他们把大好时光用在勤学苦练上。可少男少女的季节里，多少都有一颗悸动的心。于是，他们把这个池取名为“情人湖”，这其实也是个美丽的名字，是大学校园里的浪漫。只是，在中专的校园里，还显稚嫩，有些不合适。但是，如此杨柳依依、绿草如茵、鲜花盛开的醉人之地，让学生在此“三省”吾身，估计学生们不乐意接受。如果取名“莲池”，他们是不是喜欢呢？

在时光飞逝的河流上，我心底留有一株美丽的莲，让自己不再心意苍茫，不再心无依傍，不再痛感人生荒芜而沧桑。让我清楚地记得，烟火世间，我终究是一个过客，而我亦已过了那些青春茫然的岁月。

但，如花般的学生，希望他们的心底都有一朵美丽的莲，沉浸在夏日的轻音里，从容乐观，积极向上。①

造就技能人才大军 服务区域经济发展

衢州中专是首批国家级重点中等职业学校，现有全日制在校生 6700 多人。作为衢州职业教育的“龙头”，历届校领导班子都深刻认识到，在任何时期、任何阶段，学校的发展必须紧紧围绕市委、市政府提出的战略目

① 此文发表于《衢州教育》2013 年第 11 期。

标和重大部署，牢牢把握“以服务为宗旨”的办学方针，以培养人才为己任，促进办学效益与经济效益、社会效益的“三赢”。多年来，我校坚持面向生产、建设、服务和管理一线培养数以万计的技能型实用人才，实现“三个100%”：即每年2000多名毕业生同时拥有学历证、技能等级证、计算机等级证，就业率达100%；每年开展社会培训3000人次，100%的学员取得职业技能等级证，100%推荐就业。学校先后获评“国家紧缺人才培养示范基地”“国务院扶贫办农村劳动力转移培训示范基地”“科技部农民科技培训星火学校”等10多项国家级荣誉。大批技能型实用人才的培养，有效提高了全社会劳动力素质，为促进区域经济跨越式发展作出了积极贡献。我们的主要做法有：

一、贴近产业办专业，推行人才精细化培养

积极适应我市经济转型升级和主导特色产业发展的需要，深入分析产业结构调整对技能人才需求的变化，进一步提高专业、课程设置的科学性、针对性，大力培养专业技能高超的应用性人才，缓解了我市工业企业的“技工荒”问题。

1. 抓专业调整。市场是职业教育专业设置最直接的“风向标”。我们坚持以产业需求为导向，结合技术领域和职业岗位群的实际，加强专业设置的动态管理，适时调整专业布局，改造旧专业，建设新专业，重点发展与高新技术产业、新兴产业相适应的对口专业。学校目前设置的机械数控、光伏技术、现代物流、宾馆旅游等专业，与我市先导发展的氟硅新材料、先进装备制造业、商贸旅游业等现代新兴产业紧密对接，推动专业发展的市场融入。

2. 抓课程改革。以提升老牌专业、巩固主要专业、发展新兴专业为基本思路，加强对专业课程设置的调研，借鉴国内外同类学校课程设置的经验，高标准、高起点地做好人才培养规划和课程的开发。以能力体系为中心设计课程和教学内容，突出传授本专业领域的新知识、新技术、新工艺、新方法，确保课程内容能反映社会发展需要和技术发展的前沿。率先开设光伏技术专业，自行开发课程，所编写的教材在全省推广。成立由企

业家、技术专家、教授等组成的专业建设和教学指导委员会，从岗位和岗位群能力分析入手，把握各类技能型人才的个性特点，积极推进“项目教学法”，提高学生的实践能力和综合素质。

3. 抓分类教学。中等职业学校的生源有其特殊性。我们力求每一位学生“进校是铁、出校是钢”，坚持实行因材施教，思想品德教育和专业素质教育并举并重，追求学生的个性化、专业化发展，促进他们成长成才。我校育德与育才相结合的办学经验在全国推广，学校也被评为“全国德育工作示范基地”。在确保全日制教育质量的同时，我校还积极发挥资源优势，多渠道、多层次、多形式地开展社会化培训，近三年来共培训农村预备劳动力、返乡民工、企业员工、高级家政员等万余人次。我校还开展区域劳动力的合作培训，承接江西省上饶市、玉山县，安徽省黄山市，四川省仪陇县以及河北等地农村贫困劳动力转移的委托培训，培训规模达到上千人次，打造了四省边际地区的职教品牌。

二、学练结合促成才，积极探索一体化教学

学校采用“教室与车间合一，作品与产品合一，教师与师傅合一，学生与学徒合一”的一体化教学模式，实现学生能力与企业岗位需求的无缝衔接。

1. 注重教室和车间的一体化建设。学校将教室和实训场地合二为一，模拟真实的工作环境，实现理论教学与技能训练相互交融，让学生体验实际工作流程。一是课堂设在车间里。在教室和实训室的建设中寻找理论与实践的结合点，改变过去教室只能教授理论，实训室只能动手训练的格局，我校电子电工、机械数控等专业90%的理论课都在实训室或实验室完成。二是教室近旁建车间。建立校内实训基地，建好企业车间，让学生熟悉企业文化、工艺流程及产品质量管理，实现理论与实践的合一，知识与技能的渗透，教与学零距离的接触。目前，校内建成了国家级实训基地和省级公共实训基地各1个，建立了机械数控、光伏技术、模具设计、服装工艺等8个车间。三是车间近旁有教室。依托企业建立校外实训基地，并在企业开设临时教室，方便学生现干现学。到目前已建立了100多个校外

实训基地，成为学生实习、就业的“双基地”。

2. 注重作品与产品的一体化应用。把企业生产线建在校内实训基地里，企业产品的生产标准作为学生技能培训的内容，生产性实训所完成的作品符合标准的即成为企业的产品。我校与浙江红五环集团共同建设营运的集教、产、研为一体的机械实训基地，既是学生的实训场所又是企业的生产车间，可以承接60种产品的加工任务。学校引进浙江盛邦模具有限公司的一条生产线，既满足模具专业学生实训的需要，又实现学生作品向产品的转化。

3. 注重教师与师傅的一体化培训。我校规定，理论课教师必须参加技能培训，实训指导教师必须接受理论培训，着力打造“双师型”教师队伍。每年寒暑假派专业教师参加省级、国家级高技能人才培训，到国外进修，到国内大型企业实地学习，开展专业理论和专业技能研讨。每月有针对性地选派带队教师，组织学生到相关企业蹲点实习，每周安排专业教师到实训室学习。目前，学校“双师型”教师已达96%以上。

4. 注重学生与学徒的一体化培养。推进校园文化与企业文化的相互交融，实现“学生—学徒、工人—员工”的一体化培养。校内实训室按企业要求推行“7S”管理，学生进入生产车间就是一名工人，严格按照技术要求操作，让其感受企业环境，接受系统管理。学校开设工作经历课，每个专业的学生都安排一到两周时间，到校内车间进行实践体验。采取工学结合的方法，每一位学生到对口专业企业顶岗实习的时间不少于一年半，有效提高了学生的实际操作能力。

三、多方合作扩需求，实现技能人才市场化就业

联合办学是职业教育实现可持续发展的必由之路。我校坚持创新合作模式，加大与企业、行业、区域的合作力度，推进人才培养和市场需求有效对接，促进学生多渠道就业。

1. 联姻企业，人才输送从“现货”向“期货”转变。以“校企合作、资源共享、联合培养”为基本方式，我校与30多家知名企业建立了合作关系，根据用人单位提出的人才标准、数量和培养期限，开展“订单式”

培养，形成学校为主体，校企共同教育、管理和训练学生的教育教学模式。目前已开设了“申洲国际班”“乐叶光伏班”“威盛电子班”“红五环班”等30多个企业冠名班。“订单培养”的模式，有效改变了用人单位过去“即缺即招、即招即用”的“现货”行为，为企业培养了“期货”式的后备资源，既增强了学校人才培养的针对性和适用性，又明显降低了企业的招聘成本，使学校成为企业取之不尽、用之不竭的人才库。

2. 携手行业，学生就业从“零售”向“团购”转变。针对行业性人才需求相对稳定的特点，我校加大与行业的合作，先后加入浙商理事会、浙商研究会、衢州市数控技术协会等10多个行业协会，作为协会的主要成员牵头组织或参与技能大赛、校企对接恳谈会、项目投资洽谈会、人才培养座谈会、企业与职业教育发展论坛等活动。我们积极利用这些平台，大力推介学校和学生资源，连续三年开展校企对接现场招聘会，几百家企业同时上门“团购”，70%以上的学生当场与企业签订用工协议，彻底改变了以往学生就业的“零售”现象，多年来一直保持100%的学生就业率。

3. 连横区域，办学方式由“个体”向“集团”转变。学校与西部学校建立紧密关系，分别与中央广播电视大学中专学校、青海省西宁世纪职业学校、宁夏回族自治区青铜峡市职教中心签订合作办学协议，就专业建设、课程设置、教师培养、联合招生等一系列问题达成合作意向。去年以来，我校先后在江西省和宁夏回族自治区成立永丰分校、青铜峡分校，学校办学走向集团化发展，拓展了办学空间，为学生开辟了新的就业渠道。

大力培养技能人才，服务区域经济发展是中等职业教育应该担负的重任。衢州中专将进一步加强内涵建设，提升办学实力，全力打造国家中等职业教育改革发展示范校，进一步打响衢州职业教育品牌，为我市创建四省边际职教培训中心、实现经济社会持续协调快速发展作出更大的贡献。①

---

① 此文发表于《职业教育》2011年第11期。

推进中职学校校园文化建设的几点思考

文化是土壤，教育只有扎根于文化，才能蓬勃发展。一所好的学校就应该是一个好的文化“场”，具有极强的吸引力，让人时刻感受到一种亲和力，一种凝聚力，激发旺盛的生命力。衢州中专把校园文化建设视为学校可持续发展的不竭动力，把提高文化竞争力作为学校办学的最高境界。近年来，学校在校园文化建设中把握一个中心、打造三大特色，即以坚持“全纳教育”的办学理念为中心，打造活动育人、经典育人和创新育人三大特色，促进校园文化建设迈上新的台阶。

理念：品牌文化的向心力

办学理念是学校对办学实践的理性思考和理想追求，是办学信念的集中体现，衢州中专针对职业教育现状，把全纳教育理念作为学校的办学理念。全纳教育理念的核心是尊重和包容。尊重学生的差异，承认每个学生都是独一无二的，具有个性特点的，因此，学校提倡用欣赏的眼光看待学生，用灿烂的笑脸面对学生，用宽广的胸怀包容学生。

在全纳教育理念的引领下，确立了新型学生观，把学生作为学校的服务对象，作为教师的关爱对象，作为社会的宝贵财富。学校办好食堂，让学生饮食好；管理好公物，让学生生活好；提供充分条件，让学生学习好；支持和指导社团活动，让学生活动开展好。改变老师的“冷面孔”和居高临下的姿态，降低工作中心，以学生的呼声为第一信号，以学生的需要为第一选择，以学生的利益为第一追求，以学生的满意为第一标准，让学生在学校感受到了从未有过的关爱和快乐。

在全纳教育理念的引领下，每位教师“蹲下来”看学生，从感情上温暖，从人格上尊重，从目标上开导，从专业上激励，“不让一名学生因贫困而失学，因品行而掉队”。

在全纳教育理念的引领下，采取各种措施鼓励学生，“不求事事优秀，但有一点出色”，把学生的缺点看成是“特点”，每位老师“宽容学生过错放大学生亮点”。开展和举办班级、学部、全校以及省市各级各类文体活动、专业比赛、评优评先等，为每一个学生的发展提供平台，让每个学生都能找到自己的位置，体验到自信，体会到“更多机会，更多成功，更多快乐”。

全纳教育，把每位学生都当成有发展潜能的人，给予更多的关爱和赞美，重塑信心，激发动力，展示自我，这是一个强大的思想武器，是学校文化的核心。在全纳教育理念的引领下，一批批高素质、高技能的实用人才走出了衢州中专的大门，他们成为社会经济发展的宝贵财富。

活动：特色文化的盎然生机

文化的生机在于提升人的精神品质。衢州中专通过特色群体活动，营造文化氛围，提升学生的精神状态。

一是抓校风营造氛围。校风建设从优美的人文环境做起，苏霍姆林斯基指出，教育要让每一面墙壁说话。学校的一砖一瓦、一草一木，都是教育的载体，都有育人的功能，让“校园处处会说话”。学校偌大的校园，规划12处宣传橱窗，从办学理念、教育教学、专业建设、学部特色、教师风采、学生风貌等全方位反映学校和师生面貌。丰富的内容，精美的设计，让人耳目一新，成为校园一道美丽的风景。校园正面，学校办学目标和培养目标牌迎门矗立，东西办公楼前绿地巨石上学校“核心精神”——“勤而立信”“忠以成器”鲜艳夺目；教学楼道内，“文化长廊”定期专题展示，陈列室里师生书画、摄影、服饰、机械等作品展长期开放；教室里，规范简洁的布置整肃学习行为；公寓中，“星级评比”创建温馨文明的寝室文化；轻柔的草坪音乐调节人的情绪，内容丰富的校园网站是师生们交流和开展活动的平台和家园。

二是抓“四早”提升精神。“一天之际在于晨。”学校充分重视早起、早跑、早读、早餐等“四早”对提振学生精神面貌的作用，长年坚持，从不间断（雨天停跑）。六千多名学生，从几百米外的各公寓汇集中心广场，自起床铃响到集合完毕，仅用12分钟。六个学部的学生，近百个方阵，沿着三条不同线路跑步锻炼，统一的着装，齐刷刷的步伐，响亮的班号，凝聚心气，振奋人心，成为学校一道亮丽的风景线。早读，倡导领读齐读，并结合传统文化教育，《论语》《三字经》《弟子规》《道德经》等成为早读的内容，学校一改职业学校常见的昏昏欲睡、萎靡不振的现象，琅琅书声营造了学习氛围，促进良好学风的形成。早餐，从教室到食堂无一冲刺现象，排队购餐秩序井然，膳后自觉整理用具，饭菜从不乱倒乱丢，文明举止让人称赞。

三是抓活动展示风采。学校坚持“以制度促规范，以活动创氛围，以激励树正气，以人本谋发展”的方针，总结出一套好经验。举办各类有益的群体活动，动员广大学生参与，在活动中接受熏陶和教育。学校各种形式的活动蓬勃开展，“修身大讲坛”活动，提升自身修养；暑期社会实践活动，增长见识；军训活动和声势浩大的运动会，磨炼意志；学生会干部竞聘上岗和自我管理，提升能力；“阳光男孩女孩”的评比，树立典型；安全、法制、心理健康“三位一体”的教育，促进身心健康发展；39个社团的活动，丰富课余生活，提升个人特长。学校把每一项群体活动延伸拉长，注重过程，让学生在活动中学习与成长。通过内容丰富、形式多样、特色鲜明的教育教学活动，提升学校的办学内涵，全力打造平安、文明、活力、阳光、人文五大校园。

经典：传统文化的魅力焕发

近千年来，衢州人民深受南孔文化的熏陶，世代继承着“崇道德、尚礼教、讲诚信、勤学习”的优良传统，“南孔文化”成为衢州的文化精髓。学校立足衢州南孔圣地的地域优势，开展以南孔文化为特色的校园文化建设，并将其列入示范校建设的特色项目，具体做法：

一是把南孔文化建设与学校推行的“全纳教育”相结合，构建和谐校园。学校大力实施的全纳教育理念与孔子“有教无类”的教育思想相互融通，以儒学文化建设推动教育教学观念的转变，尊重学生的人格，尊重学生的个性，尊重学生的差异，接纳所有学生，爱心育人，使学校成为学生的乐园。

二是把南孔文化建设与校园环境建设相结合，精心打造人文校园。美化体现儒家教育特点的校园环境，设立孔子铜像，雕刻儒家贤士的头像，用儒学中的警句命名校舍和通道，教室、寝室、食堂等学习、生活的公共场所张贴孔子有关“做人、为学”的语录条幅，设计出体现儒家教育特色的校园标志性图案。创设一个无处不“孔”、无“孔”不入的南孔文化校园大环境，师生浸润在浓郁的儒学精髓氛围中，逐步内化为自觉的人文素养。

三是把南孔文化建设与学校的德育活动相结合，实现“儒学育德”。首先是编写校本教材。制定了以“南孔文化”为特色的校园文化建设实施方案，出台“南孔文化”的德育纲要，编写体现孔子教育思想、适合中职学生教育的校本教材。几年来，全体教师群策群力，编写出《日常行为规范指南》《始业教育读本》《三字经解读》《论语解读》《儒学课外读本》等以南孔文化为特色的德育教材，并推广使用。其次是开设衢州中专修身大讲坛。聘请衢州孔氏家庙管委会主任、孔子第 75 代嫡长孙孔祥楷先生为学校教育顾问，指导校园文化建设。开设“修身大讲坛”，聘请国内研究儒学的知名学者来校讲学，如邀请中科院院士何祚庥作的“做人、做事、做学问”专题讲座；浙江大学何仁富教授作的“儒学的生命观”专题讲座；南孔文化研究所孔祥楷所长作的“儒学文化与职业教育”专题讲座；原衢州市教育局局长姚宏昌作的“教育坚持以人为本”专题讲座等。成立学校“儒学研究会”，以“师表”为主题，广泛开展“师德”教育研究活动。最后是开展丰富多彩的学生社团活动。建立以学生为主体的“剧社、诗社、书画社”等文艺和文学团体，创作弘扬儒学的作品；举办发扬“南孔文化”为主题的征文竞赛、诗歌朗诵、演讲比赛、书画大赛、校园剧演出、《论语》学习辩论赛等活动。2011 年，学校代表队在全市中学生《论语》学习辩论赛中分别获得提问奖、应答奖、辩风奖、立论奖；学生自编、自导、自演儒学校园剧《妈妈，我错了》，参加全市第三届“儒学校园剧”展演，分别获得编剧奖、导演奖、舞台设计奖和女演员奖。

创业：创新文化的无限张力

创新是一个民族进步的灵魂，是一个国家兴旺发达的不竭动力。衢州中专紧紧围绕“大学校培养小老板、小老板成就大事业”的设想，深入开展“两创”文化进校园活动，全力推进创新创业教育。

一是“点”上做出样板，建立“大器创业服务中心”。2011 年 5 月 6 日，衢州中专“大器创业服务中心”开张。这是一个经民政部门审批注册的非营利性法人机构，由衢州中专师生共同运作，业务归口市科技局指导，注册资金 10 万元。一期开设朗朗艺术与设计工作室、财务会计服务工作室、电子商务工作室、工业设计工作室、光伏技术创新工作室、新农村信息服务工作室和起点电脑工作室、蓝调服装设计工作室、数码影像工作室等 8 个创业实践项目，后期又增加了电子装配工作室和 PLC 自动化设计工作室两个项目。通过小项目的实践，在校园播撒“创业”的种子。这些项目虽小，却承载着学生创新、创业、创造的梦想。学校希望通过创业实践活动，使衢州中专的毕业生不仅能成为现代制造业和现代服务业的技术蓝领，而且还要做有梦想、成大器的创业者。

二是“面”上遍地开花，为每个学生搭建创业平台。首先是营造氛围。开辟橱窗、新增广播节目、建立校友事例展览厅，广泛宣传“人人可以成才，人人可以创业”的理念。邀请企业家来校做创业报告，获得成功的优秀校友回校讲创业故事。在楼道、墙壁建设“文化长廊”，用创业者的形象和语录启迪学生，激发学生潜能。开设网上交流平台，分享创业创新经验。其次是开设课程。在全省率先开设创新课程和创业课程，让全校同学接受优质的创新教育。派出教师参加全省“双创”课程教学的专题培训，提高授课质量。通过传授创业知识和模拟情境训练，帮助学生掌握商机分析、方案设计、财务管理、风险防范等创业基本要素，增强创业意识，提高职场创业和自主创业能力，努力为学生今后就业创业奠定良好基础。最后是开展活动。举行小发明、小制作、小创造等系列比赛，激发学生的科技创新热情，引领学生参与企业的技术革新。定期举行专业技能大比武、技能月赛，搭建培养创新技能的平台。筹建产学研联合体，尝试

“企业出题、教师析题、学生破题”的创新教育活动模式，将校内外实训基地、衢州市中小企业在生产经营中出现的实际困难与具体问题交给学生和老师共同解决，以培养学生的创新技能和综合素质。

校园文化建设是一项博大精深、内涵极其丰富的工程，是一个由低到高不断完善的过程，衢州中专将继续坚持全面学习、理性思考，在实践中不断探索、积极创新，使这项建设活动真正成为提升学校办学水平和品位、实现学校可持续发展的动力，使学校的文化建设百花争艳，结出累累硕果。①

推进三大工程 大力提升德育实效

衢州中等专业学校是衢州市政府举办的综合性普通中专，校园占地430亩，建筑面积13.4万平方米，全日制教学班122个，在校生5500多人。多年来，学校坚持推进“三大工程”，大力提升德育实效。

全纳教育工程：从最后一名学生抓起

理念是德育工作的核心。衢州中专针对职业教育现状，提出并大力实施全纳教育理念。全纳教育理念的核心是尊重和包容。尊重学生的差异，承认每个学生都是独一无二的，具有个性特点的，因此，学校提倡用欣赏的眼光看待学生，用灿烂的笑脸面对学生，用宽广的胸怀包容学生。

在全纳教育理念的引领下，确立了新型学生观，把学生作为学校的服务对象，作为教师的教育对象，作为社会的宝贵财富。改变老师的“冷面孔”和居高临下的姿态，降低工作中心，以学生的呼声为第一信号，以学生的需要为第一选择，以学生的利益为第一追求，以学生的满意为第一标准。要求每位教师“蹲下来”看学生，“从最后一名学生抓起”，从感情上温暖，从人格上尊重，从目标上开导，从专业上激励，“不让一名学生因贫困而失学，因品行而掉队”。在全纳教育理念的引领下，把学生的缺点

① 此文发表于《职业》2012年第7期。

看成是“特点”，每位老师“宽容学生过错，放大学生亮点”，采取各种措施鼓励学生，“不求事事优秀，但有一点出色”，开展和举办班级、学部、全校以及省市各级各类文体活动、专业比赛、评优评先等，为每一个学生的发展提供平台，让每个学生都能找到自己的位置，体验到自信，体会到“更多机会，更多成功，更多快乐”。

在“全纳教育”光辉的照耀下，学生们发生着巨大的变化，他们的头颅抬起来了，胸膛挺起来了，脸庞灿烂起来了，眼眸透出了自信的光芒。一对在“阳光男孩女孩”评选中获奖的双胞胎姐妹在感言中说：“在衢州中专，比阳光更温暖的是老师的爱。”

队伍建设工程：打造能抓善管团队

建设一支能抓善管的德育团队，是做好德育工作的关键。衢州中专持之以恒地开展一系列活动，培养了一支德育队伍。

一是“修身讲坛”提素质。为了使教师成为学生心目中的“师表”，长抓师德师风建设。2007 年学校开设了“修身大讲坛”，陆续邀请学者、专家来校做专题讲座。如中科院院士何祚庥先生作了“做人、做事、做学问”的讲座，浙江大学教授何仁富作了“儒学的生命观”的讲座，通过一系列的讲座，广大教师既认识到德育工作的重要性，又体会到育人使命的艰巨性，更提升了德育教育的能力和水平。

二是管理研讨明思路。为了收到“互相学习、共同提高”的德育工作成效，学校把教育管理作为一项重要的研究课题，开展行之有效的研讨活动。每学期初，学校集中时间、精力举办全方位的“德育工作研讨会”，总结工作、交流经验、布置任务；定期开展班主任工作交流会，共享经验；开设网上德育园地，借助网络平台分享德育智慧；汇编《德育案例》供全校老师参阅。通过持久性的德育工作管理研讨，教师们越来越明确职业学校德育工作的目标、任务和措施，在管理中取得了有的放矢、得心应手的效果。

三是“青蓝工程”同进步。随着学校的跨越式发展，学校规模扩大到 120 多个班级，一大批青年教师加入班主任队伍。青年教师工作热情高，但管理经验不足，为了使他们少走弯路、尽快成熟，我们实施了“以老带新、以新促老、拜师结对”的“青蓝工程”，由于老教师悉心传授，新教师虚心学习，做到“思想上相勉、情感上相通、心理上相容、业务上相长、工作上相帮”，“青蓝工程”如期实现了三大目标：(1) 在班主任导师的指导下能制定计划、管理班级、写出总结并主持德育活动课；(2) 能协助班主任导师管理好班级，独立开展相应的班级活动，对班级管理有自己的观点，能妥善处理班级事务；(3) 能基本胜任班主任工作，为下轮自己带班做好心理上和技能上的准备，逐步成为学生教育管理的骨干。

四是互学互比促成效。为了形成“互学互比”的德育管理风气，学校在举办“德育活动课展示”“主题班会课比赛”“德育案例比赛”“德育论文比赛”等活动的基础上，评出各类优秀和先进。如德育类的就有“青蓝工程”积极分子、师德标兵、德育科研标兵、青年优秀班主任、“百优”班主任、优秀保安、先进寝室管理员等七个项目，评比率达到了30%。通过一系列的评比，评出了“管理”的经验，比出了“奉献”的精神，全校形成了“比、学、帮、赶、超”的德育管理之风。

环境营造工程：构建阳光快乐校园

德育工作不在于规矩学生的一言一行，更高在于提升人的精神气质。衢州中专实施环境营造工程，构建阳光快乐校园，走进学校，校园、花园、乐园、学园融为一体，校风、教风、学风、班风和谐发展。

一是自然设计以人为本，校园布局划分五个特色主题文化区，分别为：儒学文化区、技术文化区、艺术文化区、健身文化区和优雅生活区。绿化植物多种多样，校园“春有樱花，夏有荷，秋有枫桂，冬有梅”，四季有花，四季常青，四季有景，全方位创造温馨和谐的校园环境，校园内绿草如茵，鸟语花香，园林景色步移景异，风景宜人。讲究人与自然的和谐，通过培养学生良好的生活行为习惯，开展校园十景评比，让绿化美化，纯洁学生的心灵，让他们拥有融入大自然的那种心境。

二是人文建设体现多样，特色文化的盎然生机，传统文化的魅力焕发，创新文化的无限张力，生态文化的和谐发展。抓四早提精神，抓规范提正气，抓活动展风采，抓创新促发展，抓生态扛责任。“学校搭台-老师引导-学生唱戏”的学生全过程活动参与形式逐步形成。这里有学生喜爱的10大品牌德育特色活动，如：寒假50件任务卡注重亲情教育、暑期千元行动计划注重职业体验规划、志愿者服务注重责任培养、两次运动会注重团体与荣誉、儒学系列活动开展注重传统文化弘扬、阳光男孩女孩评比彰显中专学子的正能量。

三是显性设计突出重点，积极培育和践行社会主义核心价值观融入教书育人全过程。将核心价值观的24字及地方核心精神展示在中心广场，在新生始业教育期间要求人人熟背，字字理解入脑入心；以“做最美中专人，创全国文明城”为主题，加强衢州创建文明城市活动的宣传教育，营造“人人以良好形象，展示中专生文明风采 ”的良好校风。图书“走出来”，进走廊，进教室，班班建立图书角，走廊过道即书吧，充满书香。装扮空间富有情趣，师生用自己辛勤的劳作，用自己的学习成果、教学成果以及生活情趣来打扮、装点教室、宿舍、走廊、实验室、食堂以及整个校园。让校园有情趣，学生有快乐。10光伏1班蔡金腾在阳光男孩女孩评选活动的获奖感言中说，“在衢州中专的日子感觉是天堂。”

“四大工程”铸就德育立交桥

衢州中专是首批国家中职改革发展示范学校，校园占地430亩，全日制在校生5900多人。多年来，学校坚持立德树人，以“四大工程”铸就德育立交桥，大力提升育人实效，学校被授予“全国中等职业学校德育基地学校”称号，学校学生会被评为“浙江省中小学优秀学生会”，毕家盛同学获评“2016年全国最美中职生标兵”和“全国向上向善好青年”。

一、全纳教育理念工程——奠定育人底色

中职生大多都带着中考失败的阴影，灰心丧气地走进中职学校，针对这样的现状，我们提出并大力实施“全纳教育”理念。

1. 从最后一名学生抓起。教育不能“嫌贫爱富”，要努力给弱者更多的关心和关怀。全纳教育理念要求老师改变“冷面孔”和居高临下的姿态，降低工作中心，“蹲下来”看学生，“从最后一名学生抓起”，建立党员“1+2”联系寝室制度，在感情上温暖，在人格上尊重，在目标上开导，在专业上激励，不让一名学生因贫困而失学、因品行而掉队。

2. 用放大镜看学生的优点。每一个学生都是独一无二的，都是“花的种子”，“全纳教育”要求老师转变观念，善于发现学生的闪光点，放大学生的亮点，帮助学生寻找长处，树立自信。通过开展和举办班级、学部、全校以及省市各类文体活动、专业比赛、评优评先等，让每位学生都有奖状带回家，让每位学生认识到自己的特长、优势和价值。

3. 用望远镜看学生的缺点。提倡教师用欣赏的眼光看待学生，用望远镜去看学生的不足，淡化学生的缺点甚至忽略眼前的缺点，相信学生未来的发展。学生获得更多的尊重和鼓励，从而振奋精神，重塑信心，转变形象。

在“全纳”之光的照耀下，学生们进校后，发生了巨大的变化，他们的头颅抬起来了，胸膛挺起来了，笑容灿烂起来了，眼眸透出自信的光芒。学生说：在衢州中专，比阳光更温暖的是老师的爱。

二、团队建设工程——形成育人合力

建设一支“能抓善管”的德育团队，是提高育人工作的关键，我们持之以恒地开展一系列活动，培养了一支德育队伍，形成了育人合力。

1. 班主任队伍建设。修订《班主任考核办法》，提高班主任待遇，激发班主任工作的积极性。加强班主任梯队培养，实施“以老带新、以新促老、拜师结对”的“青蓝工程”，新老班主任做到“思想上相勉、情感上相通、心理上相容、业务上相长、工作上相帮”。定期开展德育讲坛、班主任沙龙、座谈会等学习交流活动，开展主题班会课、德育案例、德育论文等比赛，举行德育名师、师德标兵、优秀班主任、优秀保安、先进寝室管理员等评比活动，评出“管理”经验，比出“奉献”精神，全校形成了“比、学、帮、赶、超”的德育管理之风。

2. 学生干部队伍培养。建立校、部两级学生干部、青年志愿者服务组织、团总（支）部、学生公寓、社团等学生互助管理组织体系，充分提升学生自我教育、自我管理、自我服务的能力。成立学生活动筹办专门机构——阳光文化传播有限公司（校园模拟），承办各种校园文化活动，这种“学校搭台、教师引导、学生唱戏”的活动方式，学生从舞台上的“过客”，成为活动的设计者、开拓者、运行者和参与者，真正锻炼了综合能力，提升核心素养。

3. 社会团队资源协调。组织“百名教师进千家”家访活动，与家长面对面进行沟通，引导家长共同做好孩子的教育工作。举行“家长开放日”活动，让家长看到孩子的成长，增强教育孩子的信心。充分发挥家长委员会的作用，引导家长参与学校的建设与管理。与省青少年发展基金会、市福利院、街道办事处、禁毒办、综合行政执法局、校企合作协会等建立良好的合作关系，定期组织开展关爱弱势群体、文明劝导、法制宣传教育、文明城市创建等活动，充分利用社会资源，努力形成全员育人格局。

4. 新媒体团队沟通。近年来，我们注重发挥新媒体沟通学校和社会、服务师生和校友的桥梁纽带作用，先后开通衢州中专和校团委 2 个官方微信平台，社会关注度达到上万人次。2015 年校园电视台开播，被评为“浙江省中小学优秀校园电视台”。校园新媒体已逐步成为学校新闻宣传的新渠道、服务师生的新平台、情感联系的新纽带、教书育人的新载体。目前，已形成了“两微一台两刊一报”的学校全媒体宣传平台，育人工作赢得社会更多关注、关心和支持。

三、课程改革工程——凸显个性化育人。

我校的课程改革一直走在全省前列，是浙江省的课程改革优秀基地学校，2014 年又成为浙江省首批选择性课改试点学校。我们通过德育工作与课程改革的融合，促进专业技能和职业精神的融合。

1. 职业体验感悟“工匠精神”。建立了“四层次”职业体验机制，即两天职业体验、两周专业体验、两月技能体验和两学期的岗位体验，在体验中，让学生明白：不要小瞧自己所做的工作，只有扎扎实实学技能，才能成为高素质的技术性人才，成为“大国工匠”。

2. 丰富课程凸显个性化发展。建立了“五模块”选修课程，即体现创业创新的“两创”课程，体现特长特色的“两特”课程，体现兴趣趣味的“两趣”课程，体现本土特色的“两子”课程，体现素养素质的“两素”课程。分期分批开发217门选修课程，为学生提供了丰富的“加餐”，学生的兴趣和爱好得到充分的发展。

3. 更多选择满足多样化需求。实行大类招生，入学后围绕直接就业和继续升学可以进行不少于两次的选择，包括选择专业方向或专业；实行“走班制”“学分制”和“弹性学制”等现代教学组织形式，符合条件的学生可以选择提前毕业或延期毕业。如机械数控专业的占炬峰，入校一年半，在工学交替过程中，被企业相中，企业给出月工资4500元的待遇。他向学校提出了延长半年（3.5年学制）毕业的申请，先利用半年的时间上班缓解家庭经济困境，再返回学校继续学习。学生说：“我们喜欢这种选择的过程，选择之后的精细化学习，不仅专业技能提高很快，自己也有动力，对未来的方向也十分明晰。”

四、美丽校园建设工程——培育“最美”学生

我们始终围绕时代特征、职教特点和地方特色等三个方面，建设美丽校园，培育美丽学生。

1. 整洁优美的环境建设。第一，整洁有序，培养学生良好的生活行为习惯。第二，绿化美化，纯洁学生的心灵，让他们拥有融入大自然的心境。第三，充满书香。学校本身就应该是一个书香飘溢的地方，我们让图书“走出来”，进走廊，进教室，班班建立图书角，走廊过道即书吧。第四，富有情趣。老师、同学通过丰富的想象，用自己辛勤的劳作，用自己的学习成果、教学成果以及生活情趣来打扮、装点教室、宿舍、走廊、实验室、食堂以及整个校园。让校园有情趣，学生有快乐。

2. 丰富多彩的校园活动。丰富多彩的校园活动一直是学校对学生进行思想教育、培养能力的重要途径。利用纪念抗战胜利70周年活动、教师节庆祝活动、开学典礼、升旗仪式等时机，开展爱国主义、民族传统和礼节

礼仪等教育；以暑期社会实践、青年志愿者活动等形式，强化实践育人，让学生在服务他人、奉献社会中升华对社会主义核心价值观的体验感受和认知理解。全校几十个社团，从年初的元旦迎新晚会开始，艺术节、技能节、逃生训练、阳光男孩女孩评选、高雅艺术进校园等十大主流活动，打造出平安、文明、活力、阳光、人文五大校园，学生说："在衢州中专的日子感觉是天堂。"

3. 富有成效的创客教育。"点"上建立"大器创业服务中心"，"面"上为每个学生搭建创新平台，创业创新形成了教育课程化、项目层次化、活动常态化和大赛制度化模式，培养学生"凡事都要设法做得更好、更快、更有新意"的创新精神。近年来，全校师生共获得专利授权32项，国家发明专利1项。这些小发明作品已为10余家小微企业创造高达500万元的利润，我校师生已成为本地小微企业技术创新的一支生力军。

美丽校园建设，培育出一批"最美"学生。2014年，徐婷同学荣获"最美衢州身边好人"荣誉称号；2015年，学校4位同学参评衢州市首届"最美中职生"，2位同学获得"最美"荣誉称号，2位同学获提名奖，在衢州市中小学中比例最高。其中毕家盛同学被推荐评为"全国最美中职生标兵"（浙江唯一，全国十名）。在共青团中央主办的2016年"全国向上向善好青年"评选中，来自各行业各领域100名模范践行社会主义核心价值观的优秀青年获此殊荣，浙江省共有两人榜上有名，我校毕家盛同学名列其中。

德育之花香满园

——全国中职学校德育论坛暨浙江省中职学校德育工作会议侧记

2009年11月5日至6日，全国中职学校德育论坛暨全国中职学校德育基地学校协作会年会、浙江省中职学校德育工作会议在衢州中专隆重开幕。时任教育部职成教司副司长王继平、德育处处长刘宝民，浙江省委宣传部、省教育厅、省文明办、省人力资源和社会保障厅、团省委和省妇联等6个部门领导出席会议，来自全国各地中职学校代表，浙江省各地市教育局分管领导、职成教教研室主任、劳动保障局培训处处长和部分中职学校代表共400余人参加会议。王继平副司长在会上作专题报告，时任浙江省教育厅副厅长鲍学军作重要讲话。

筹备：未雨绸缪占先机

6月底，新中国成立以来的第一次全国中等职业学校德育工作会议在天津召开，会议动员各有关方面共同做好中职学生思想道德教育工作，并出台了《关于加强和改进中等职业学校学生思想道德教育工作的意见》。之后，各地纷纷召开会议，研讨中职德育工作，贯彻会议精神。衢州中专敏锐捕捉信息，抓住契机，把握机遇，把申办“德育两会”列入了学校年度工作计划，并把它作为一项重大活动，未雨绸缪，广泛动员，主动对接，积极筹备，申办取得了成功。

全国中职学校德育论坛暨全国中职学校德育基地学校协作会年会是教育部高度重视的一次会议，浙江省中职德育工作会议是浙江省21世纪以来第一次由6个部门联合召开的一次会议，同时承办这样两个会议，在中职教育史上有着重要意义。衢州中专把承办这次会议作为在新的起点上推动学校科学发展、和谐发展的重要抓手，努力办成充分展示学校近几年办学成果和德育特色亮点的重要窗口，办成进一步争取教育部、省教育厅等部门更多支持的重要载体，办成进一步凝聚全校师生创新创业积极性和创造性、营造更加浓厚发展氛围的重要平台，办成学校展示形象、打响衢州职业教育品牌的一次重要机遇。正因如此，学校高度重视，校长专程前往教育部职成教司和省教育厅汇报筹备情况，商议会议议程，听取教育部和省教育厅领导的意见和建议。多次召开校长办公会议讨论研究，成立筹备领导小组，根据工作要求设立了秘书资料组、联络接待组、德育活动展示组、教学及氛围营造组、后勤保障组、安全保卫组等6个工作机构，校级领导分头挂帅负责，精心准备，周密安排，制订详细方案。学校召开全体教职工会议、中层干部会议，统一思想；召开动员大会，在全校师生中进行广泛深入宣传动员，要求广大师生当好东道主，以主人翁的积极姿态、饱满的热情、务实的作风投入“德育两会”的筹备和日常工作中去，以一流的质量、一流的服务、一流的精神面貌迎接德育盛会的召开，把这次德育盛会办成团结的大会、胜利的大会、收获的大会，让衢州中专的美誉、让衢州的文化在活动与交流中走向全国。

报告：德育之花香满园

在德育两会上，专家们的报告视角不一，精彩纷呈。教育部职成教司副司长王继平传达了全国中等职业学校德育工作会议精神，解读了教育部等六部门《关于加强和改进中等职业学校学生思想道德教育的意见》，对贯彻会议精神、开创德育工作新局面提出了要求。浙江省教育厅副厅长鲍学军就加强和改进浙江省中等职业学校学生德育工作提出意见，要求全省德育工作以科学发展观为指导，进一步统一思想，提高认识，开拓创新，扎实工作，努力开创富有浙江特色的中职学生德育工作新局面，把中职学生培养成“就业有优势、升学有希望、创业有本领、终身发展有基础”的“四有”人才，为和谐社会建设，为浙江经济转型升级作出更大的贡献。

会议邀请了孔子第七十五代嫡长孙孔祥楷先生作专题报告，作为海峡两岸三地（曲阜、衢州、台湾）孔庙最后的奉祀官，孔子思想和儒家文化的传播者，孔祥楷先生从儒家文化入手，畅谈中等职业学校的德育工作，把儒家思想和学校德育工作相结合，为中职学校的德育工作寻求新的视角。浙江红五环集团董事长苏勇强，浙江亚龙科技集团董事长陈继权分别从校企合作共育人才及企业眼中的中职学生德育工作的角度作了精彩发言，对学校如何与用人单位对接，切实提高德育的实效性，增强学生的就业竞争力有很强的指导意义。来自全国各地10多所中职学校交流了德育工作经验，相互借鉴，共同提升。努力拓展中职德育工作的新途径，不断提高德育工作成效，把每一位中职学生培养成德技双馨的高素质劳动者和技能型人才，让德育之花香满园是会议形成的共识。

大赛：创意之花别样红

11月4日，衢州中专校园彩旗猎猎，气球贺带，条幅彩门，喜庆热烈。浙江省第二届中等职业学校学生创新创业大赛在德育会议期间闪亮登场，为大会增添了绚丽的色彩。大赛设小发明小创造、平面广告、动漫短片、创业计划等四个竞赛项目，汇聚了全省108所学校的367件作品。学校的忠信广场正前方，参赛作品一字排开，吸引了参加德育两会代表以及媒体记者的目光。参赛作品里，衢州中专在校企合作为企业开发新产品过程中，发现目前市场及企业所用的钻床稳定性存在问题，从而开展攻关，成功研发了具有高稳定性的“内臂钻孔专用机床”，得到专家的充分肯定，获得大赛一等奖；其他还有巧妙利用机械手，1人可以管理5台机器，使企业生产效率提高5倍的“自动滚丝机送料机”；有为困难群体带来希望的“盲人导航服”“多功能护理床”“生态老年休养院创业计划书”；有展示生态环保的“定时控制节水装置”；有体现生活智慧的“蚊香分离器”，等等。大赛充分展示了浙江省中职学生的创新精神与创造活力，在德育两会开幕式上举行了隆重的颁奖仪式。“在这次比赛作品中，学生们理论联系实际，专业联系职场，创意新颖独特，作品颇具水准。他们还专门设计了许多作品为社会困难群体服务，彰显了‘90后’的人文情怀。通过创造才能的施展，许多中职学生真切地明白了自己将来的职业发展方向，找到了专业学习的兴趣和自我发展的信心。”浙江教育科学研究院院长方展画在开幕式大赛点评时说。

活动：精彩纷呈竞风流

走在衢州中专的校园，路灯下一帧帧以学生为主题的大幅照片灿烂夺目，照片里的学生们青春飞扬的笑容中充满了阳光、自信和快乐。

这是学校创设阳光校园文化的一个缩影。

学生公寓，干净整洁的床铺，摆放整齐的生活用品，斜挂在天花板上的清新绿竹，平铺在柜门上闪耀的星星，阳台上同学们亲手绘制的海豚……打造温馨的生活家园，无不显示出同学们灵动的巧手和独特的创意，这是学校寝室文化建设的成果展示。

艺术楼报告厅，不时传来热烈的掌声，“儒家校园剧”展演活动正如火如荼地开展。《弟子规在我身边》以快板的形式阐述“做人”应恪守的规范；话剧《过年》讲述了一家人在过年时忘记仇怨，体现了孔子文化的“仁义”；《校园礼仪风》演绎了儒家文化的“礼”；“诵读儒家经典节选”，让人感受到儒家经典的魅力，体味传统文化的博大精深；《妈妈我错了》《诚信摆渡人》《我的青春我做主》反映当代中专生积极、阳光的生活状态……发挥儒学文化传统在教育上的价值与功能，推动校园文化建设和学校特色创建，开辟德育新途径，是衢州中专开展“儒家文化进校园”活动的宗旨。

在忠信广场，“阳光男孩女孩”评选活动复赛正火热进行。台上，动感十足的街舞、轻快曼妙的扬琴弹奏、热情奔放的拉丁舞、典雅清幽的古筝表演、清脆嘹亮的歌声、幽默诙谐的小品……选手们拿出自己的绝活，尽情展示自己的才艺。台下，兴趣盎然，笑脸盈盈，精彩处掌声迭起，阳光自信洋溢在每一个人脸上。学生成为德育盛会上最动人的办学成果。

反馈：齐抓共管谱新篇

全国德育盛会在衢州中专召开，这既是对学校德育工作的一次大检查，也是对学校办学成果的一次大检阅，更是对学校跻身全国中职名校行列的一次大促进，衢州中专全校师生高度重视，全员参与，积极行动，以一流的业绩、一流的精神、一流的风貌展示衢州中专的良好形象，会议取得圆满成功，在全省和全国引起很好的反响。

浙江省职成教处处长徐伟标评价说：思想上高度重视，领导班子团结协作，中层干部积极肯干，全校师生精神振作，组织活动内容丰富，衢州中专成功承办了德育两会，很好地展示了学校的风采，提高了学校和衢州的知名度。

衢州市委常委、宣传部部长高启华来电，对我校成功承办德育两会给予了充分肯定和高度评价，勉励衢州中专再接再厉，开拓创新，促进学校发展再上新台阶。

湖北宜都市职教中心的参会老师给衢州中专校长发来短信：参观了衢州中专校园，观看了学校的德育展示，聆听了您的精彩演讲，领略了您的超人智慧，感悟了您的亲和魅力，见证了您的果敢和决断力，衢州中专因此而精彩。

德育盛会凝聚了衢州中专全体师生的人心，锻炼了学校的管理水平、组织能力和服务能力，积累了一笔宝贵的财富，为学校的健康可持续发展打下良好的基础。德育盛会明确了工作要求和政策措施，总结了德育经验，交流了德育特色，提高了认识，形成了齐抓共管的共识，它必将推动职业教育由单纯扩大规模向全面提高质量的转变，必将成为开创新时期、新阶段中等职业学校德育工作新局面的强劲动力。①

智慧校园“3+”模式构建教育教学管理新模式

人工智能、大数据、区块链等技术迅猛发展，已深刻改变了人才需求和教育形态，信息技术广泛应用于教育、教学、管理、评价等各个方面，“人人皆能为师，处处皆能为课，时时皆可为学”成为新时代职业教育的新业态，也催生着中职学校教育教学管理模式的变革，催生“课堂变革”。

一、问题的提出

（一）治理能力现代化问题

我市作为全省“最多跑一次”改革的先行试点市，在纵深推进行政审批制度改革上，一路前行。学校紧跟步伐，开拓前行，围绕行政工作和标准化管理，从“最多跑一次”升级到“零跑腿”，通过大数据分析和应用，做到综合服务一体化，为教育教学管理科学决策提供依据。

（二）学习方式转变问题

打造一个基于移动互联网的全新的、开放式的教学环境，是转变学习方式的精髓。我们推行手机、电脑、云桌面、云一体机、电子班牌等多终端综合运用，畅通教师与学生、学生与学生、教师与教师之间的信息渠

① 此文发表于《中等职业教育》2019 年第 12 期。

道，也构建了随时随地均可学习的环境。我们推行的“共同课堂”，能利用信息技术实现不同的老师、在不同的地点进行实时互动教学，让多个大师、名师同时“走进”课堂，“靠近”学生，实现学习方式的转变。

（三）校企合作瓶颈问题

一是打破资源困境。学校有优质的理论教师资源，企业有优质的实践导师、技能大师、先进的设施设备等资源，“共同课堂”将企业的设施设备搬进课堂，将行业企业要素渗透于教学过程，实现资源的有效流动。二是突破人才供给的滞后。“共同课堂”能够加快教学内容与企业配套资源的更新，建立更加及时有效的产教互动机制，强化专业适应性，培养学生对企业文化的认同，实现人才供给的持续性、有效性、精准性。

（四）资源互通互融问题

解决数据孤立、资源整合不力的问题。不断完善学习资源，丰富知识碎片化二维码、微课、抖音小视频等学习资源。实现所有的教案、资料、试题等资源的共享；利用云空间进行共同备课、相互合作，从而形成新的优质资源，如此循环，促进教学资源的品质化。

二、实践方法

（一）顶层设计——数据大脑整体架构

坚持“数据联动、部门协同、试点先行、分级建设、整体贯通”的原则，以数据汇聚共享和应用系统整合为重点，通过服务创新、技术创新和管理创新，逐步形成“基础数据整体布局、大数据技术支撑、教育全过程监测评价”的发展格局。以教育大数据为基础，纵向建设“数据中心+能力开放平台+多个应用”的互联互通体系，横向建设助力学生发展、教师发展、学校发展的区域教育大数据监测与评价中心，为学生个性自主学习、教师发展管理、现代化学校治理等提供数据支撑，从而建成示范引领的、具有工程特色的教育大数据深度应用综合试验区。

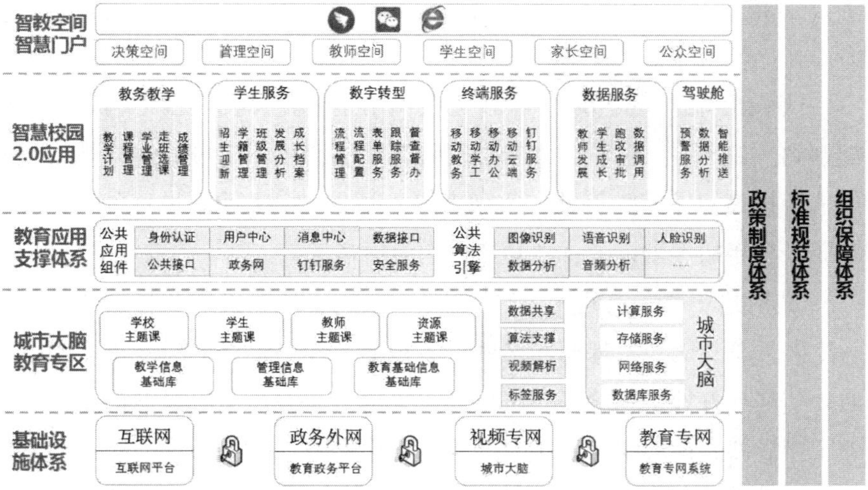

图 1　教育治理数字化转型综合试验区架构图

（二）“数据+治理”实现“零跑腿”

1. 协同办公“一流程”。开启工作流程模式，画出各项审批工作流程图，通过一项工作、一张图表、一站式服务，迅速带老师走进审批环节，各部门工作更规范化、标准化，提升学校各部门协同办公能力。“流程化办事”成为学校行政工作的一段主旋律，“规范化审批”成为学校治理能力现代化的一道风景，“标准化管理”成为现代学校制度建设的一项新成果。

2. 综合服务“一站通”。将学校许可申请事项优化纳入多部门跨层级“一件事”，实现申请“一表单”、评审“一系统”、填表“一入口”、查询“一窗口”、手续“一键办”等 5 个高频事项作为第一批事项，达到填表“分分钟”，办理“日日清”的标准，实现了“流程可见、时限可控、结果可期、闭环可查、责任可溯”一网通办一站式服务，有效提高办事效率和学校的执行力。

3. 工作交办“一督办”。建立工作任务过程督办制，通过公文收发功能，下发班子会确定的某项工作信息在限定时间内完成进行在线督办，通过文本回复、附件上传等流程实行过程督办跟踪，对未按时完成的部门及时予以通报，并将结果作为评优评先的依据，以提高处室、学部的执行力。

4. 考勤出差“一键办”。学校无线网络全覆盖，实现多终端早晚考勤一键签到。如出差、请假、工作时间临时外出，教职工可通过终端在线事项申请，相关领导一键审核，实现考勤、请假“零跑腿”。后台可记录每个教职工全年的考勤记录，考勤数据作为年终考核依据。

5. 文档共享“一空间”。全校教师一空间，通过部门文档、个人文档云盘空间共享功能，实现调取材料“零跑腿”和材料提交汇总“零跑腿”。打通办公室与各处室和学部的信息传送渠道，方便传达上级部门及学校领导的工作意图，推动学校工作的正常、高效运转。

6. 入学报名“一网通”。创新审核机制，实现“阳光入学”，整合打通各级数据源，通过入学报名系统健全的定时、定点、定人，多人审、分级审、交叉审相结合等审核机制，切实保障新生入学的机会公平、程序公开、结果公正，实现入学报名一网通办。

7. 家校互动“一档案”。推进“互联网+德育”评价模式建设，实行“一人一档案”记录学生成长轨迹。家长通过终端就可完成学生在校的文化学习、考试成绩、走班选课、社团活动、体能测试、奖罚情况、日常考勤、请假销假、充值消费、班主任评语、综合评价等学习生活轨迹查询服务。

8. 线上教学“一认证”。通过建设云桌面、云一体机、云盘，创造了“云+互联网”共享共用模式，让教师云端开展备课授课、学习指导、资源建设。教师在任何办公室及教室云终端机扫描二维码，即可完成统一身份认证，进入个人专属云电脑进行上课，同时云桌面与工程云盘相结合，可进行云上资源共享，云上协调办公。解决了教师教学过程中教学设施需要随身携带、数字资源共享不畅、教学场地局限性等问题。

9. 校园生活“一张卡”。大力推广了校园“一卡通”应用服务，内含门禁系统、通道系统、访客系统、电控系统、消费系统、借阅系统。实现学生进出轨迹、走班选课、成绩查询、食堂用餐、水电消费、图书借阅等信息化服务。方便学生在校学习生活，促进教育教学管理服务精细化、精准化。

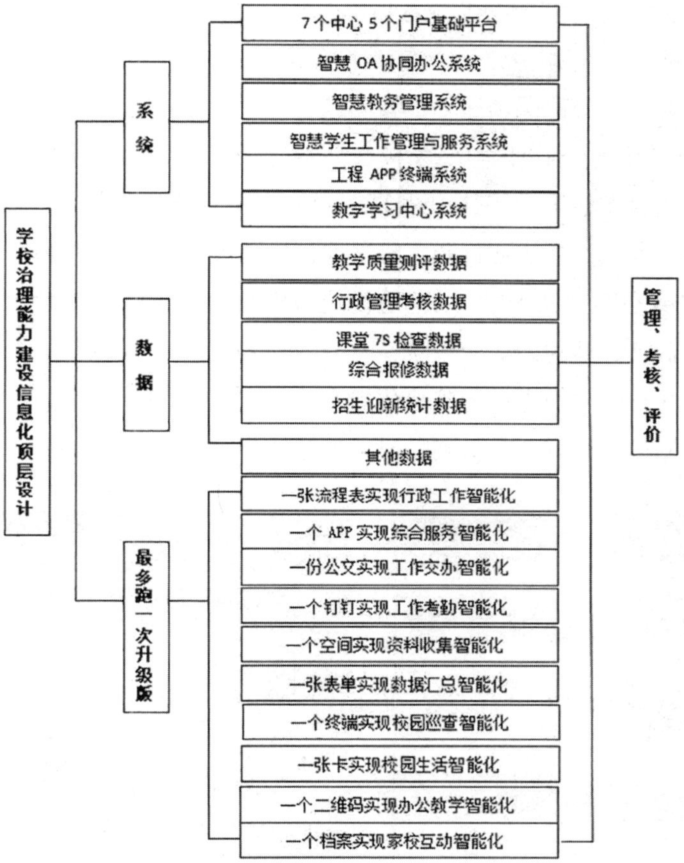

图 2 学校治理能力建设信息化顶层设计架构图

10. 安防巡查“一终端”。学校多维度确保校园安全、完善学生管理。安保人员利用数字监控网络、校园监控大屏幕、手持终端、AI 摄像机对校园安全实现巡查立体化、零跑腿，实现随时随地全方位、全高清视频立体化管理和监控。

（三）“智慧+课堂”实现“四学”创新

推行工学结合、校企合作的人才培养模式，拓展教学地域空间，通过高清视频授课终端、智能眼镜与互联网技术打破时空限制，实现“无边界”教学，实现学习无处不在。在“无边界”课堂的基础上，打造“立体化”师资，构建“共同课堂”，完成“四学”创新。

1. 名师课堂“互动学”。名师资源通过已建成的校园无线网络系统、多媒体直播系统等服务平台，实现网络互动直播教学，促进名师资源共享，同时解决走班选课场地不足等问题。

2. 网络环境“随时学”。学校在公共门厅区域设60余套公共云桌面系统，将普通教室建设为一体机多媒体教室，满足学生课前课后查阅资源、在线学习、考试、在线评价和走班选课，构建无处不在的网络学习环境。

3. 平台空间“精准学”。打通传统教学界限，教师通过微信认证即可以登录进自己专属的云桌面系统，在云端进行备课、授课、资源共享等操作，将教学技能知识点进行碎片化后存入工程云空间，学生扫二维码即可获得技能操作视频资源，做到随时随地精准学习。

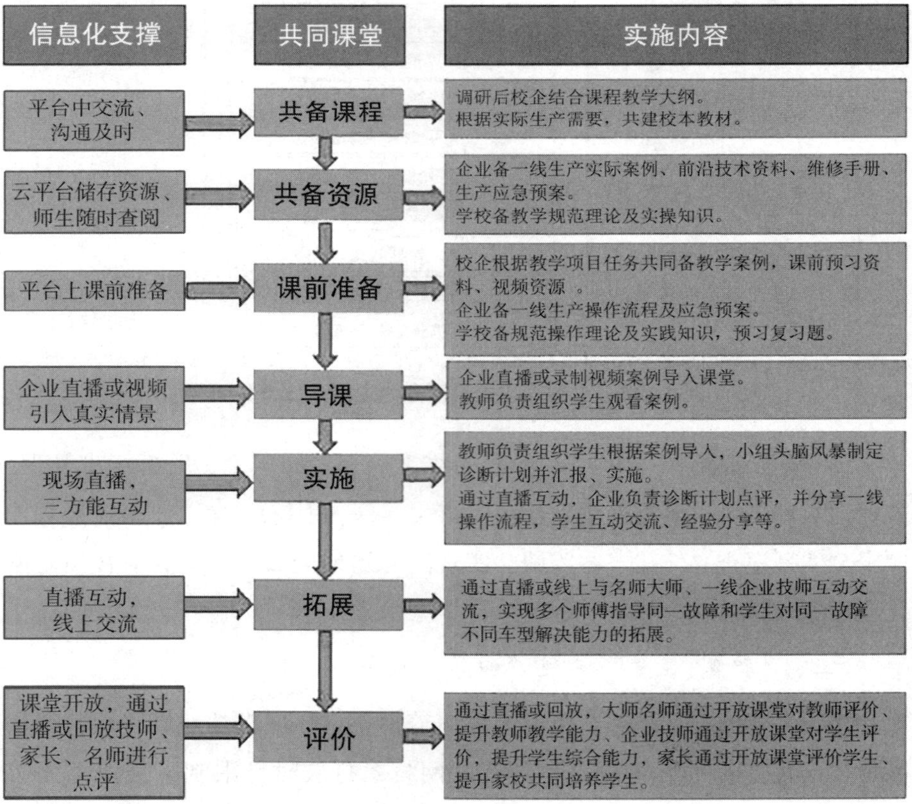

图3　校企双师共同课堂架构图

4. 校企课堂“共同学”。2018 年 10 月汽修专业进行“校企双师共进课堂”的第一次实践。随后开始一系列尝试，与企业技师共同备课，将企业前沿技术和维修资料通过信息平台引进学校，同时通过信息技术支持，进行课中、课后对学生进行评价。彻底突破传统教育时间、空间、学科、课堂的局限，重构误堂、课中、课后学习时间，开发班级、小组、家庭、社区、网络等空间资源，也启动了校园录播系统，真正实现学生自主学习，自我管理，自主发展，从而将课堂学习极大地拓展为学生终身学习习惯的养成与学习能力的培养。

（四）“平台+资源”实现互融互通

1. 云桌面终端：实现统一“管理”。通过学校建立的云盘、云桌面，整合推进基于公共云计算的泛在学习云空间，让师生人人有专属桌面系统个人空间，解决多平台数据无缝对接，提升多终端应用水平。建设开放式共享云空间资源库，通过自主开发、征集、购买等方式汇聚优质网络教学资源，结合基于公共云桌面、手机的多终端应用，引导学生在云空间开展碎片化资源在线学习和交流协作，积极推进“网络学习空间人人通”，形成“一师一空间”。

2. 云一体机：教学栖息“云端”。通过班级云一体机系统，创造了“云+互联网”教学模式，让教师云端开展备课授课、学习指导、资源建设，教师在教室一体机扫二维码进入，使一体机直接转变为教师专属电脑，教师只需打开云端即可进行云端上课、云端资源共享、云端协调办公。解决了教师教学过程中教学设施需要随身携带、数字资源共享不畅、教学场地局限性等问题。

3. 多元参与：校企评价“精准”。如何能通过校方、企业、名师、家长等多元化对学生进行评价，在具体的实施过程中，信息技术给了我们充分的便利，解决了学生评价难的问题。课程实施前评价，课前让学生借助预发的案例、视频、题目等，介入预习并线上反馈问题，教师可通过后台数据掌握学生预习情况。既可以对学生预习进行评价，又可以知晓学生学情，从而确定课堂重点难点等。课堂实施中评价，教师和企业师傅可以在线上或后台时时监控学生学习状态，比如问题回答程度、课堂作业练习程度等都可在后台进行汇总分析，同时企业师傅可以在课上对学生进行评价。课堂实施后评价，我们同样可以通过学生对线上问题的解决得到评价。并且可以通过回放等功能，实现名师大师、学生家长等第三方对学生的评价。这样就有效地建立学校、企业和学生家长对学生的多元化精准评价机制。

三、实践成效

（一）倡导“互联网+教育”理念，建立良好的信息化学习应用环境

在传统校园的基础上构建一个数字空间，拓展校园网络的空间维度。开发微小程序平台，学生只要扫描二维码即可点播教师授课微视频，开创数码扫描课程及资源分享。所有师生只要关注学校微信公众号，或者扫描相应的二维码即可选择自己要学习的知识或需要的资源在校园网内享用。通过对云终端、手机终端操作行为轨迹数据分析，可时时掌握学生上下行数据流量、应用软件操作率、教学资源点击率排行等信息。即时查看网络活动概要、搜索关键字排行、用户流量排名、全校师生数据流量趋势等。

（二）“10个一”一体化流程，领跑“最多跑一次”改革

推行校园内部“最多跑一次”改革，完善“10个一”事项任务清单，实现事项任务清单化管理和各种综合服务一体化流程，涵盖学校各处室和学部的重点工作事项，解决事项中的烦琐程序，为学生、教职工、学校等提供便捷化服务，全面提升教育管理信息化支撑综合服务、教学管理等工作能力。提高学校教育水平、提升学校行政管理为目的的数据互通、数据互融的数据中心，通过数据和应用，建立以目标为核心的工作执行体系，让数据主动找人而不是人找数据，自动生成真实数据为校领导提供决策参考，打破信息孤岛实现数据共享，让信息数据“多跑腿”，师生“少跑腿”“零跑腿”，实现高效的跨部门协助沟通办公，提升学校的智慧化教育教学管理水平。

（三）“共同课堂”让“课堂革命”迈出新步伐

教师+技师+学生“三位一体”实时互动教学模式，打破学科限制、师资紧缺和时空限制。利用课后网络教学平台，线上线下同时学习，学生不仅可以在直播室直接观看学习，还可以登录学习平台在电脑端、手机端同时观看学习，互动提问。同时，学校可通过这种模式，直接线上获取企业前沿技术和维修资料，学校缺乏实习实训设施等也可让学生在线上直观感受，解决了由认识到模拟实习的问题。同时探索出了“白+黑”教学模式，“白”即白天学生根据实习计划，正常于修理厂实习，空余时间利用碎片化视频，进行相关项目动手要点的观看。“黑”即晚上学生下班后回学校晚自习，利用手机，将白天实习相关内容进行回播观看，并学习白天的相关教学任务。解决了工学交替课程同步难的问题。

（四）构建一个可开放、可扩充、可共享的校园信息资源库

利用信息科技的前沿技术，整合教育、教学、管理、服务、信息、工具等各类资源，为学生的学习服务，为教师的教学活动服务。学校现已建成了微课录播教室（校园电视台），一些优质课、公开课和企业专家讲座都在这里实现了全程直播互动，直播时能够同时采集课程的数字化资源。同时，学校建有16个专业大师工作室，骨干教师在大师工作室内也可实现互动直播教学，并成功尝试了理实一体化视频直播教学，同样直播后也能形成教学资源充实校本资源库，便于课前、课后学生获取教学资源。近一学年来校园电视台录制各类视频达160余个，容量达1.4T以上，参与师生达1500余人。最主要的是，所有的视频都是实时全校共享的，如：浙江红五环集团苏永强董事长的“名企讲座”，采用在线直播，3500余名师生共享讲座现场。

四、成果推广应用

1. 互联网新思维构建学校现代化管理模式成典型案例，在全国推广。以智慧校园2.0整体架构为顶层设计，利用三个终端实现教学资源综合应

用，通过“共同课堂”实现“多学”创新，民族团结教育课堂“互动学”，网络环境“随时学”，平台空间“精准学”。《“互联网+”新思维构建新疆内职班民族教育教学管理新模式》成功入选教育部《全国民族教育信息化应用与实践优秀案例》（浙江省职教唯一），并在全国推广。

2. 参与起草教育部关于加强新时期德育工作文件中“建好用好网络德育阵地”部分。2018 年 11 月，学校教师被邀请参与全国中等职业教育德育工作研讨会，参与文件的起草制定，并提出建好用好网络德育阵地，拓展网络德育阵地，强化网络育人载体，提升学校应用新媒体开展德育工作的能力。2019 年 11 月 21 日《教育部办公厅关于加强和改进新时代中等职业学校德育工作的意见》已正式发布。

3. 智慧校园建设辐射示范作用突出。学校被评为全国“职业院校数字校园建设实验校”和“浙江省职业教育数字化资源建设示范学校”。学校老师 2019 年全年开展关于大数据背景下智慧校园建设讲座 10 余次，介绍我校“智慧校园”建设经验。近三年学校被《中国教育报》《浙江日报》等媒体宣传报道 200 余次，接待外校参观学习 100 多次，最远来自新疆和西藏。

“互联网+”新思维构建新疆内职班民族教育教学管理新模式

一、项目背景

民族教育信息化是民族教育质量提升的有力保障，是教育现代化的有力支撑。其建设对于提升边疆地区的教育质量起到了重要作用。重点是将互联网作为优化民族教育资源配置的平台，以民族教育信息资源的转化应用为目标，最终实现民族教育信息化的融合和创新。

衢州市工程技术学校从 2012 年 8 月开始承办新疆内职班，为了办好新疆内职班，学校专门成立了新疆教育学部，负责新疆班学生的日常教育与管理，实施“三全教育”，即“全方位”关心、“全天候”关注、“全覆盖”关怀三位一体的管理体系，运用信息化手段，构建责任到人、服务全享、全员覆盖的网络化管理机制。借助学校信息化特色，“互联网+”思维理念先行，行动跟进，完善了学校新疆班教育教学管理信息化的顶层设计，全面提高利用大数据支撑学校新疆班管理、考核、评价的能力。全面提升教育管理信息化支撑新疆班综合服务、教学管理等工作的能力。充分利用云计算、大数据、人工智能等新技术，构建全方位、全过程、全天候的支撑体系，驱动新疆班管理能力大幅度提升。

二、实践内容与成效

（一）顶层设计——智慧校园 2.0 整体架构

以高速网络校园应用服务平台为基础，新疆教师团队建设为依托，通过整合、打通、打造全校应用中心，建设以提高新疆学部教育水平、提升行政管理效能为目的的数据互通、数据互融的数据中心。通过数据统计和应用，建立以目标为核心的工作执行体系，让数据主动找人而不是人找数据，自动生成真实数据为领导提供决策依据，打破信息孤岛，实现数据共享，让信息数据多跑腿，新疆师生少跑腿“零跑腿”，实现高效的跨部门协作沟通办公，提升新疆班的智慧化教育教学管理水平。

（二）终端联通——教学资源综合应用

1. 云桌面终端：打通界限统一管理。通过建立的工程云盘，整合推进基于公共云计算的泛在学习环境，让新疆学部教师人人有专属桌面、专属系统，实现多平台数据无缝对接，提升多终端应用水平。建设开放式共享教学资源库基础平台，通过自主开发、征集、购买等方式汇聚优质网络教学资源。

2. 云一体机：教学栖息在“云端”。新疆学部通过建设班级的云一体机，创造了“云+互联网”模式，让教师云端开展备课授课、学习指导、资源建设，教师在教室一体机扫二维码进入，使一体机直接转变为教师专

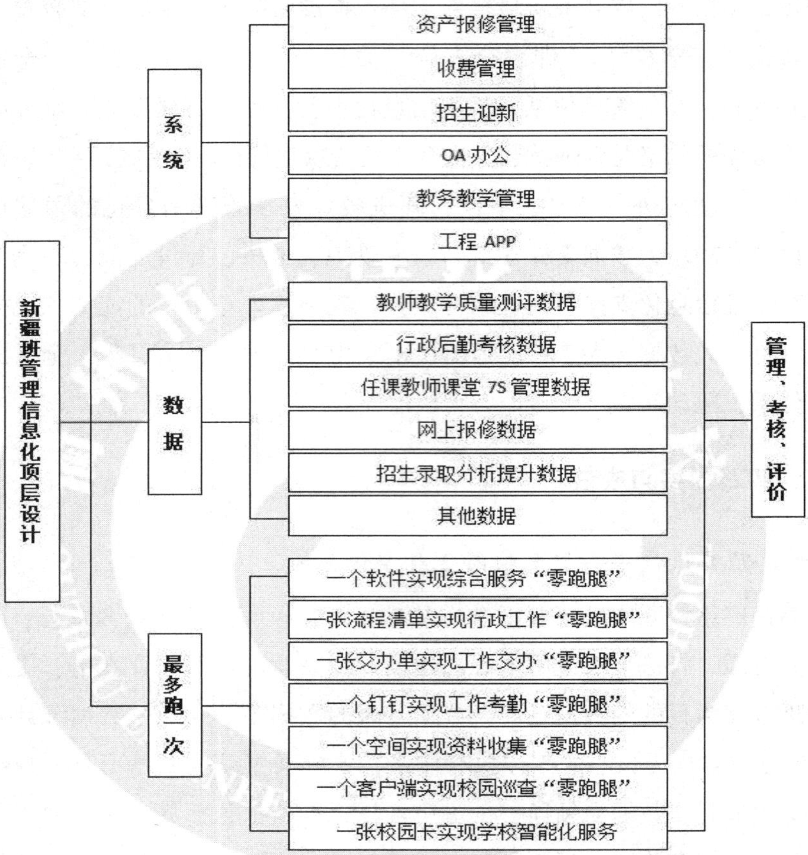

属电脑，教师只需打开云端即可进行上课，同时云一体机同工程云盘结合，可进行云上资源共享，云上协同办公。解决教师教学过程中教学设施需要随身携带、数字资源共享不畅、教学场地局限性等问题。

3. 电子班牌：转型升级成数据库。新疆学部通过建设班级电子班牌，将学生请假、成绩查询、班级课程等内容进行终端应用，学生使用一卡通即可完成以上操作。班级可进行班级宣传、文章发布、班级考核、学生考核数据公布，新疆学部可进行考试安排、校园新闻推送等操作，使电子班牌形成学生到班级到学校的三级应用，提高了教师管理班级的便捷性。后期学校将让电子班牌成为学校数据处理及应用的数据中心。

（三）“共同课堂”——实现“三学”创新

1. 民族团结教育课堂“互动学”。新疆教育学部除开展防“三股势力”的专题教育之外，还开设了《民族团结》《书法》等课程进行爱国主义教育，观看《建军大业》《建国大业》《长征颂》等革命传统教育影视剧。通过已建成的校园无线网络系统、多媒体直播系统等服务平台，实现网络互动直播教学，促进网上资源共享，以丰富的信息化教育教学资源，解决新疆学部学生走班选课、场地不足等问题，增强新疆班学生“三史”“五观”教育，加强行为规范、革命传统、勤俭节约、自力更生、艰苦奋斗和无神论的教育，以及纪律教育、法制教育等。

2. 网络环境“随时学”。新疆学部需自行组织教材内容，了解新疆历史。要求学生主动了解维吾尔民族的历史，并结合新疆卫视《让历史告诉未来》系列考古发现讲解新疆历史，用客观事实粉碎分裂分子的谣言。依托学校万兆进校、千兆到桌的高速网络基础环境，学校在公共门厅区域设立60余套公共云桌面系统，将普通教室建设为一体机多媒体教室，满足内职班学生课前课后查阅资源、在线学习、考试、在线评价和走班选课，构建了无处不在的网络学习环境。

3. 平台空间“精准学”。新疆学生普通话基础比较薄弱，80%的学生不能用普通话交流，造成了沟通交流上的障碍，严重影响了正常的教学计划。信息化打破了传统教学界限，教师通过微信认证即可以登录自己专属的云桌面系统，在云端进行备课、授课、资源共享等操作，将汉语知识点进行碎片化后存入工程云空间，新疆内职班学生扫描二维码即可获得汉语教学视频资源，做到随时随地精准学习。

（四）最多跑一次——学部管理“零跑腿”

1. 一张流程表实现行政工作“零跑腿”。新疆学部组织学生外出社会实践，方案在先，层层审批。每次组织新疆学生外出进行社会实践，必须要有翔实的方案，具体到学生的行走路线、学生分组情况、每小组负责人。遇有各种紧急情况的预案也必须具体到责任人。社会实践方案由学部报学校，再上报市教育局、市国保支队，最后确定。通过开启工作流程表模式，画出各项审批工作流程图，通过一项工作、一张图表、一站式服务，迅速带老师走进审批环节，各部门工作更规范化、标准化，提升协同办公能力。

2. 一个 App 实现综合服务“零跑腿”。运用“工程办公”App，为提高执行力提供保障。随时随地可实现办公、教务、学工等事项的信息查询、网络服务。实现新疆学部会议审批、出差请假、校园报修、零星采购、班级考核、招生迎新等方面的“零跑腿”，提高了办事效率和学校的执行力。

3. 一份公文实现工作交办“零跑腿”。建立工作过程督办机制，通过公文收发功能，下发校领导班子会议确定的某项工作信息，新疆学部在限定时间内完成在线督办，通过文本回复、附件回复等流程实行过程督办跟踪，对未按时完成的事项及时予以通报，并将结果作为评优评先的依据，以提高新疆学部的执行能力。

4. 一个“钉钉”实现工作考勤“零跑腿”。新疆学部全面推行“钉钉”App 考勤。早晚签到、出差、请假、工作时间临时外出等都有相应的栏目申请，有事在对应栏目上按流程请假，相关领导审核。实现考勤、请假零跑腿。后台可记录学部每个教职工一年的考勤情况，考勤数据作为年终考核依据。

5. 一个空间实现资料收集“零跑腿”。全学部共同享用“工程云盘”空间，空间内储存新疆学部教育教学材料，通过数据共享实现申请材料“零跑腿”和材料收集“零跑腿”。既方便了新疆班办学特色、调研材料、年度总结计划等材料汇总，又打通了新疆学部与各处室和学部的信息传送渠道，方便传达上级部门及学校领导的工作部署，推动学校工作的正常、高效运转。

6. 一个表单实现数据汇总“零跑腿”。通过 OA 系统协同消息发送功能，下发校长办公室所需动态数据表单，新疆学部教师收到消息以后，通过手机在线提交表单信息即可自动生成 Excel 数据信息汇总表，例如新疆学部学生民族信息、专业信息、高考成绩等。解决了以往分部门通知、收集、汇总、统计的过程，有效提高了工作效率。

7. 一个终端实现校园巡查“零跑腿”。安全重在预防，警、校合作实现了常态化。衢州市公安部门高度重视和大力支持新疆班办学任务，专门在学校设立了校园警务室，安排专人负责学校的安全保卫工作。通过校园大屏幕监控实现校园巡查立体化，手机监控客户端实现校园巡查“零跑腿”。通过设置权限，各部门领导可利用手机监控客户端实时巡查新疆学部各个教室、实训场地等多个场所，随时随地对学校场所进行全方位、全高清视频立体化管理和监控。

8. 一张卡实现校园学习生活“零跑腿”。大力推广校园“一卡通”应用，内含公共实训室门禁系统、校门通道系统、访客系统、电控系统等，实现了新疆内职班学生上学放学、文化学习、成绩查询、食堂用餐、校园消费等平台式智能化服务。方便新疆学生在校学习生活，促进教育教学管理服务精细化、精准化。

9. 一个二维码实现办公教学“零跑腿”。通过建设云桌面、云一体机，创建了“云+互联网”共享共用模式，让新疆学部教师云端开展备课授课、汉语学习指导、专业建设资源，教师可在任何办公室及教室云终端机扫描二维码，即可进入教师个人专属云电脑进行上课，同时云桌面与工程云盘结合，可进行云上资源共享、云上协调办公。解决了教师教学过程中教学设施需要随身携带、数字资源共享不畅、教学场地局限性等问题。

10. 一个档案实现家校互动“零跑腿”。完善新疆学生电子成长档案综合数据，进行分级管理，对个别同学的思想动态予以特别关注。推进“互联网+德育”评价模式建设，家长或学生通过手机终端就可完成学生成绩、综合素质评价、体能测试、日常考勤、奖励信息、处罚信息、社团活跃、班主任评语等信息化查询服务。

成长档案手机终端

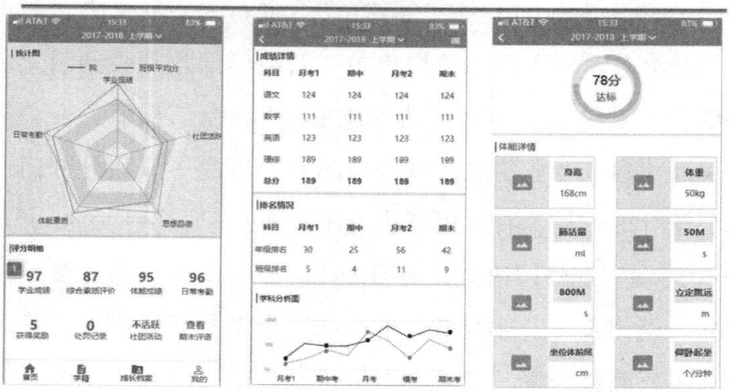

三、体会与思考

1. 民族教育无小事。民族团结教育是重中之重，素质能力提升是办学核心，常规管理工作需毫不懈怠。新疆班实施“三全”教育，即“全方位”关心、“全天候”关注、“全覆盖”关怀三位一体的管理体系，需不断夯实“三史”“五观”教育。德育以常态化为抓手，借助信息化手段，完善责任到人、服务全享、全员覆盖的网络化管理机制，通过手机、一体机、云桌面、云一体机、电子班牌，形成无处不在的学习环境，让新疆班教师和学生学习更方便。

2. 信息化引领教育现代化。民族教育信息化是民族教育质量提升的有力保障，是教育现代化的有力支撑，需不断完善、全面提高利用大数据支撑学校新疆班管理、考核、评价的能力。全面提升教育管理信息化支撑新疆班综合服务、教学管理等工作的能力。充分利用云计算、大数据、人工智能等新技术，构建全方位、全过程、全天候的支撑体系，驱动新疆班管理能力改革发展。

3. 好用实用是基础。新疆班智慧化校园的应用应做到有计划、有目的，不能停留于理论层面，要不断在实践中应用，在应用中不断完善，要面向一线师生不定期进行调研，掌握各应用平台的使用体验数据，要做到经常性、规范性、专题性的落实。①

构建立体型合作网络　实现职教的功能升级

——衢州中专校企合作“三部曲”

案例导读：

衢州中专的校企合作走过了“三部曲”，一是点对点线型合作——学

① 此文获教育部信息化优秀典型案例（2020年9月）。

校与企业的连接，形成利益共同体，满足企业用工需求，建立稳定的毕业生就业渠道。二是点对面块状合作——学校与行业的对接。学校加入行业协会，充分发挥行业在教学、实习、教材、评价、规划、师资、人才需求、专业布局等方面的指导作用，以行业为依托，整合资源，增强学校的办学活力。三是构建立体网络——学校与区域的融合。学校与多个部门、行业组成的区域发展对接，促进校企合作立体化的跨越，学校在专业设置、人才培养模式、师资培养、实训场所、教材建设、就业空间、产学研、服务社会等方面有了更大的创新空间。

一、点对点线型合作——学校与企业的连接

背景：我国职业教育发展之初带有浓厚的计划经济特点，教育与企业各自发展互不关联，即使偶有企业办学，其主要功能也只是为本企业服务，校企合作寥若晨星。随着社会主义市场经济的建立，企业根据市场需求谋划发展，而职业学校的专业设置、人才培养模式没有与市场对接，就业难和专业不对口困扰着职业学校，办学遇到困难，于是职业教育开始探索校企合作。

形式：最初学校向企业抛“绣球”，着重解决毕业生的就业，学校与企业的合作多表现为单一指向。但随着市场经济的快速发展，工商业的日益繁荣，企业对人才的需求急剧增加，技术蓝领紧缺，中职学生变成了“抢手货”，企业开始关注职业教育，学校与企业的合作由单一指向开始呈现双向互动，企业从校企合作中得到益处，开始主动走进学校，寻找与学校合作的结合点，形成利益共同体。

问题：企业在发展中竞争激烈、风险增加，对人才需求的专业及数量也呈现不确定性；学校需要稳定的校企合作关系，以真正提高效率与质量，为社会和企业培养适用、实用、通用之才，提高职业教育的吸引力、竞争力。这种线型的校企合作形式，显然不能解决学校发展问题和满足企业发展需求。

二、点对面块状合作——学校与行业的对接

背景：一个企业或许会倒闭，某个行业的生存则依托整个经济社会，无论是传统行业还是现代行业都持续存在且不断发展，对人才需求相对稳定。职业教育是就业教育，应该与行业联系十分紧密，学校机械专业对应了机械行业，旅游专业对应旅游业，如此等等。但在相当长的时期内，学校与行业两者之间实际是隔离的，各自平行发展，即使有交叉，也较多表现为学校行为，处于被动和弱势。要填平鸿沟，顺畅交流，还须机制创新。

形式：学校要提升自身办学“硬实力”，就必须整合各种资源，对接行业，扩大可调配因素，由单一线性的校企合作发展到与行业内企业集群的合作，构建块状校企合作新形式。其有效的手段是学校加入行业协会，参与行业的各项活动，并在各种协会中发挥重要作用，了解行业发展趋势和人才需求状况，根据行业发展灵活调整专业设置和人才培养模式，学校采取多种手段、形式提高学生培养质量以满足行业对人才的要求，利用自身设施设备和人才优势为行业内企业解决技术问题。衢州中专从2005年开始，加入了衢州市企业家协会、衢州市青年企业家协会、衢州市汽摩配协会、衢州市数控技术协会、衢州市校企合作协会，作为协会的主要成员牵头组织或参与技能大赛、校企对接恳谈会、项目投资洽谈会、人才培养座谈会、企业与职业教育发展论坛等；同时还加入浙江省数模协会，加入浙商理事会和浙商研究会。就这样，衢州中专与企业的合作由单一、直线性、“点对点”合作发展到“点对面”放射状校企结盟。

成效：块状合作的做法为衢州中专毕业生提供了更广泛的就业机会、提升了就业质量和品位。衢州中专每年有2000多名学生要面对市场，仅靠学校就业处的推荐输送，很难完成任务，学校靠的是背后的企业群。衢州中专连续多年以现场招聘会的形式搭建平台，知名企业与学生直接对话，形成人才“超市”，为企业用工、毕业生就业架设“立交桥”。校企合作新模式也在悄悄改变着衢州中专的办学方向。一方面，各行业、协会、社会团体的主题会议、高层论坛等，形成了迅捷广泛的信息沟通渠道，为学

校专业调整和课程改革提供依据。学校根据行业现状、岗位需求、工资涨落等市场信息，适时调整专业结构，新开设贴近市场需求的专业，比如机电、数控、光伏技术、营销物流等。另一方面，信息的便捷与沟通的紧密改变了学校原来单一的办学方式，催生了“订单”培养、联合办班、工学交替、顶岗实习等灵活的形式，“威盛电子班”“乐业光伏班”“申洲国际班”等企业冠名定向委培班纷纷设立，给办学注入了新的活力。学校与企业的合作从单纯的解决毕业生就业转向合作办班、开展企业员工素质提高培训、进行校内实训场所新产品的研发与加工、专业教师参与产品的研发等全方位的合作。

三、立体网络——学校与区域的融合

背景：职业教育与经济的联系最直接最紧密，因此职业教育要具有政治和经济的敏感性，积极关注经济发展的趋势以及国家出台的一系列区域发展的政策举措，积极应对，主动对接，提供服务，开拓发展的新领域。学校参与了区域经济的建设发展，它便登上自身发展的更广阔平台，就能获得多股合成的推力，在专业设置、人才培养模式、师资培养、实训场所、教材建设、就业空间、产学研等方面有了更大的创新空间。衢州地处浙江西部，工业经济相对欠发达，但由于衢州地处长三角与珠三角的过渡地带，属于新兴的海西经济区域范畴，这给衢州的职业教育带来了机遇，衢州中专充分挖掘区域经济发展的良机，不断深化校企合作。

形式一：对接政府中心工作，服务招商引资。衢州市政府把“招商引资”定为“一号工程”，衢州中专积极参与，提前介入，在招商引资企业开工前即为其准备技术工人，促使企业早动工、早投资、早开产。同时还直接引资，学校引进的浙江乐业光伏科技有限公司于 2008 年 5 月落户投产，累计投资 2.8 亿元，衢州中专的学生成为该公司的第一批员工，学校与企业共建专业、共同开发课程、共建实训基地、共享校企人才资源、共育人才、共同开展应用研究与技术服务。2010 年，学校“引厂入校”，成立了衢州中专（盛邦）模具实训基地，温州盛邦模具有限公司投资 200 万元的生产设备和 20 多位模具师傅与学校共用，学校实现了把课堂设在企

业、把企业引进校园的有效尝试。

形式二：对接“山海协作”工程，融入区域经济建设。2004 年 10 月 10 日，时任浙江省委书记习近平视察衢州中专，勉励学校结合“山海协作”工程，发挥资源优势，为区域经济发展作出贡献。学校把职业人员的培训、实训基地的建设以及为中小企业提供技术服务作为对接“山海协作”工程的主要抓手。学校与宁波外商投资协会、宁波保税区等建立了紧密合作关系，依托“山海协作”项目，按企业所需，有针对性地开展社会培训，同时，与“山海协作”企业签订校企合作协议，定向培养员工。学校还充分发挥资源优势，承担企业新产品研发任务，为中小企业解决技术研发难题，缩短企业新产品研发的周期。学校的实训基地建立“产学研联合体工作室”，对接衢州特色优势产业——空气动力机械，推行产学研结合的“三三计划”，即基地的生产与风动机器生产过程、产品、产业相结合；实践教学与风动机器产品的制作、装配和维护相结合；产品研发与零部件的生产工艺、整体造型和产品的更新换代相结合，以进一步提升实训基地服务企业发展的能力。

形式三：合作走向中西部，发挥示范带动作用。学校在对接“山海协作”工程、促进区域合作的同时，走出浙江，走向全国，大力加强与中西部地区的办学合作，扶持中西部职业教育的发展。中西部每年有大批的农民来东部沿海地区打工，但由于文化和技能的原因，从事的往往只是一些技术含量低、福利待遇相对较差的行业。为拓宽西部农民工的就业渠道，从 2007 年开始，先后开办多期免费的西部农民技能培训班。学校分别与中央广播电视大学中专学校、青海省西宁世纪职业学校、宁夏回族自治区青铜峡市职教中心签订合作办学协议，就专业建设、课程设置、教师培养、联合招生等一系列问题达成合作意向。2009 年 4 月，衢州中专和江西省永丰县政府签订合作办学协议，建立了衢州中专永丰分校；2009 年 6 月，衢州中专第二所分校——衢州中专宁夏青铜峡职教中心分校揭牌成立。

成效一：学校被誉为“招商引资的金名片”。学校引资的浙江乐业光伏科技有限公司的成功投产，使衢州形成了国内相对完整的光伏产业链，衢州被省政府确定为浙江省首个光伏产业基地。衢州中专光伏技术专业成为省级示范专业，创办的光伏实训基地被评为国家级实训基地，编写出了全国第一套完整的中职学校光伏教材，填补国内行业空白，参与工信部国家光伏装配工的职业技术鉴定标准制定，引领产业发展。学校引进模具企业，完善了本地机械产业的产业链，提升了本地机械产业的竞争力，同时，学校通过校企合作，能培养更多的模具专业人才，为本地模具企业发展提前储备基础技术人才。学校的人力资源优势吸引了如娃哈哈集团、梦家园集团、申洲国际集团、威盛电子等一批省内外知名企业来本地投资兴业。一年中有 200 多位企业家前来考察，学校被开发区领导誉为“招商引资的金名片”。

成效二：学校成为中小企业的“技术保姆”。目前有近十家企业和衢州中专建立了紧密的生产和技术联系，学校为中小企业解决了 100 多项技术难题，成为本地中小型企业产品研究、开发、生产及技术推广中心。“技术有困难，就去找中专”，逐渐成为当地企业界的一个公开的秘密。学校也被省政府授予“山海协作”技能人才培养基地。2009 年 9 月 3 日，浙江省“山海协作”工程现场会在衢州中专隆重举行。时任浙江省委书记、省人大常委会主任赵洪祝在会上作重要讲话。全省各市主要负责人，“山海协作”工程对口县（市、区）主要负责人，省有关部门负责人和省内外浙商代表等 260 余人参加会议。学校服务“山海协作”工程所取得的成效得到省委、省政府的充分肯定，受到了与会代表的广泛赞誉，学校获得“山海协作”工程系列活动先进集体一等奖，受到市委市政府的隆重表彰。时任浙江省省长吕祖善在主持会议时说：教育方面要培养出比西部学校更好更强的毕业生，职业学校要像衢州中专一样，为山海协作输送更多技能型高级人才。

成效三：学校被称为“现代农民讲习所。”从 2007 年开始，学校先后开办多期免费的西部农民技能培训班，为四川仪陇、江西上饶、安徽黄山等地农民提供技能培训，使他们有一技之长，改善就业环境和工作条件，提高劳动报酬，促进当地经济社会的和谐发展和新农村建设。学校推行的“两单、一卡、一打造”，即政府买单、订单培训、发放创业绿卡、打造劳动力品牌的培训“衢州模式”，积累了丰富的经验，学校被誉为“现代农民讲习所”。全球扶贫大会中国东部案例考察团及商务部“反贫困高级研修团”等高级行政官员两次来校考察，全国百名县长考察团实地观摩，学校作为改革发展示范校的辐射引领作用得到进一步的发挥。

思考一：建立长效机制，能促进校企深度合作。我校牵头成立了国内首个校企合作协会，主要功能是搭建校企合作平台，探索解决校企合作过程中的问题，制定校企合作各种规范和制度。学校先后与150多家企业建立了六项校企合作长效机制：一是建立校企合作双方定期对话机制，共商人才培养方案；二是建立专业建设指导委员会定期会议机制，适时调整专业建设规划，制定课程建设体系，开发特色教材；三是建立校企双方人力资源共享机制，实现人力资源互补双赢；四是建立生产型实训基地运行及管理机制，共享设施设备，共同开发新产品、新技术、新工艺；五是建立学生顶岗实习管理机制，加强学生实习的过程管理；六是建立多元化评价机制，组建由学校、行业协会、企业等多方人员组成的考核评价队伍。六项校企合作长效机制，密切了校企双方的联系，提升了校企合作效益。

思考二：区域经济与职业教育结合，能发挥更大的效益。职业教育要具有政治和经济的敏感性，积极关注国家经济发展的趋势，国内外经济发展的形势，以及国家出台的一系列区域发展的举措，吸收有利于职业教育发展的营养，积极应对，主动对接，提供服务，开拓发展新领域。而区域发展要从制度层面给职业教育的发展提供机遇，吸纳职业教育参与区域经济建设与发展。构建学校与区域合作的立体型校企合作网络，能在更大程度上提高职业教育对区域经济社会发展贡献率。

思考三：构建立体型网络是职业教育校企合作的未来。职业教育是系统工程、民生工程、全民工程，需要从政治、经济、社会、制度、法律等层面给予关注和支持，构建企业合作、行业合作、区域合作的校企合作新网络，从线、面到立体的架构，是职业教育校企合作的理想和未来，也是推动职业教育发展的有效之路。[①]

---

① 此文获浙江省中职校企合作优秀典型案例（2011年12月）。

奏响中职学校创新创业教育的最强音
——浙江衢州中等专业学校的探索与实践

在“大众创业、万众创新”的大背景下，人们关注更多的是大学生创业，其实，中职毕业生也是创业的重要主体之一。据相关调查显示，学历并没有成为中国百姓创业的门槛，不同学历的人都有着创业的愿望。尤其值得注意的是，学历越高创业意愿反而越低，本科及以上学历的受访者有创业意愿的只占 18.3%，中学及中专学历的受访者是创业愿望最强的群体，有创业意愿的达到 41%。因此，中职生的创业教育不应该成为被遗忘的角落，中职学校必须有所作为。作为首批国家中职教育改革发展示范学校的衢州中专，把推进创新创业教育作为内涵建设的重要项目，经过几年的打磨和锤炼，创新创业教育已成为学校的新名片。

一、创新之路

早在 2002 年，学校制定发展规划时，就明确把培养目标确定为：培养具有创新精神、专业技能、创业能力和社会适应能力的实用人才。但在教师的来源“从学校到学校”、专业课教学停留在“从书本到课堂”的阶段，追求这个目标的过程很艰难。

2008 年，为落实省委省政府提出的“创业富民、创新强省”战略，浙江在全国率先实施全省范围内的创新创业教育。学校借助这个东风，努力探索培养创新型技能人才的方式方法，创新创业教育迈出了坚实的步伐。

搭新平台：自 2009 年起，学校对接浙江省创新创业大赛，每年举办面向全体学生的创新创业大赛，之后，又面向全体教师举行创新大赛。两项赛事极大地激发了广大师生的创新创业热情，在全校营造了浓厚的创新创业氛围。

筑新体系：2011 年，学校成为浙江省首批创新创业教育试点学校。为确保教学工作的顺利推进，根据省里的要求，学校初步构建了相对完整的课程体系，开设了创新和创业课程，创新创业教育从“外延活动”变为“正式教学”。

建新组织：2011 年，学校专门成立了实训与创业指导中心，下设若干个创新创业工作室和项目管理办公室，配备一名专职的中层管理人员负责学生创新创业教育。专设机构，专人管理，提升教育质量和水平。

设新基地：2011 年，学校成立“大器创业服务中心”，有机器人开发、风动机械、工业产品设计、数码影像、梦想格、电子商务等 16 个与专业相关的创新创业实体，打造学校创新创业教育的高端平台。

创新模式：2012 年，为使创新创业教育更具针对性和实用性，学校实施“企业出题、教师析题、学生破题”的创新教育操作模式，征集企业的技术或工艺难题，学校根据专业特点和师生能力、兴趣确定选题，学生在教师的指导和帮助下，破解难题。

取新成果：2014 年，学校分别被省教育厅授予浙江省中等职业教育创新实验室和浙江省中等职业教育创业实验室，全省仅 5 所中职学校获此殊荣。

二、渊源之所在

国家需要。习近平总书记指出，职业教育是广大青年打开通往成功成才大门的重要途径，肩负着培养多样化人才、促进就业创业的重要职能；李克强总理指出，要把“大众创业、万众创新”打造成推动中国经济继续前行的“双引擎”之一；教育部《关于全面推进素质教育、深化中等职业教育教学改革的意见》中也指出：“职业学校要实行产教结合……开展技术推广和技术革新等创新和实践活动，把教学活动与技术开发、推广、应用和社会服务紧密结合起来”。由此可见，创新创业是国家对教育发展提出的使命，是职业教育内涵提升的应有之义。

浙江土壤。浙江是中小企业大省，以民营经济为主体的浙江省中小企业得到快速发展。但近几年，在工业发展进程中，也出现了资源紧缺、成本增加、环境承载能力差等问题，亟须实现从劳动力密集型经济向技术创新型经济的转变。为此，浙江经济对职业教育提出了新的要求：职业教育不仅要实现培养技术人才的目标，还要在技术创新和技术转化上承担责任，为企业提供高素质的一线操作型人才。

职教特点。从中职学生的特点来看，中职学生动手能力好，发散性思维强，最大限度地开发中职学生的学习潜能，可以使中职毕业生在就业市场具有不可替代性。同时职业教育内容和企业生产内容的紧密联系使得职业学校必须关注市场和企业需求，成为企业技术的有力支持将是中等职业教育发展新的增长点，这也是我校开展中职生创新创业教育的直接原因和价值所在。

三、主要举措

氛围营造常态化。建立创新创业宣传橱窗和校友创新创业事例展览厅，邀请企业家和校友讲授创业故事，建设创新创业文化长廊，开设网上交流平台，营造“人人可以成才，人人可以创业”的良好氛围。

教育内容课程化。作为首批浙江省中职学校创新创业课程教学的试点学校，在全省率先开设创新课程和创业课程，创新课在一年级开设，每周一课时；创业课在一、二两个年级中全面开设。为了上好创新创业课，加大教师的培养，派出教师参加全省“双创”课程教学专题培训，开展集体备课，提高授课质量。

教育实践层次化。既有面向全体学生，旨在培养学生创新创业意识、激发学生创新创业动力、提高其基本知识、技巧、技能的课堂教学，又有旨在培养学生创新创业实际运用能力的各类创新实践活动；既面向全体学生开展普及性的创新教育活动，也在部分创新创业基础好的专业设立以企业生产需要为导向、以“发明专利”为内容的“创新实验室”和以自主创业为导向、以“实体操作”为内容的“创业工作室”，引领学校的创新创业教育。

活动大赛制度化。定期举行小发明、小制作、小创造等系列比赛；定期开展专业技能大比武、技能月赛等活动；固化师生创新创业大赛；建设“大器创业服务中心”，积极开展创新创业项目开发、创业项目咨询、模拟创业、实体创业等活动，培养创新型人才。

四、取得的成效

提升学生的综合素质。无论是创新创业项目的选择、创新创业方案的制定以及创新创业项目的实施，都需要主动查阅资料，经过反复尝试，克服很多困难，付出很多努力，这是一种综合性实践。在这个过程中，学生找到学习的乐趣，体会创新的价值，重新认识了自己，找回成长的自信，实现主动学习，促进成长成才。

深化教育教学改革。创新创业活动不仅需要创新创业意识、动手操作技能，还需要一定的专业知识、竞争意识、合作探究等多方面知识和能力，这对中职学校现有的课程体系、教育教学方式提出新要求，推动教学过程与生产过程的对接，促进学校育人模式改革，提升教育教学质量。

助推小微企业技术革新。截至 2015 年 9 月，共征集到小发明、小创意作品 600 多项，创业计划书 5000 余份，共有小发明作品 12 项参加省级展览。在校师生共获得专利授权 32 项，其中有 3 项已转让给企业，占总数的 10%，转让金额达 23 万元。据不完全统计，这些小发明作品已为 10 余家小微企业创造高达 500 万元的利润，学校师生成为本地小微企业技术创新的一支生力军。

创造校企合作新模式。过去，校企合作多停留在用工实习、订单培养等浅层次的合作形式，这种合作形式关系松散，主体不明，很容易流于形式；而且，在合作关系上，往往是学校“一头热”，企业出于自身经济利益考虑，对校企合作并不“热衷”。但是，创新创业活动为企业提供智力支持，学校与企业形成了新型的利益共享关系，从而形成了一种层次更高、机制更新的校企合作模式。企业以更加积极、主动的态度参与到中职学校的教学工作中。

综合来说，风生水起的创新创业教育带来了四个“意外”：一是意外地培养了一批会动脑、善思考的高素质学生；二是意外地“衍生”了一批发明专利授权；三是意外地受到小微企业的追捧；四是意外地对一些小微企业的生存与发展产生了助推作用。可以说，衢州中专的创新创业教育枝繁叶茂，花艳果硕。

五、几点启示

创新创业教育重在育人。创业创新教育要以提升中职生的综合素质为目标，特别是专注、诚信、创新、坚持等方面的素质。专注，是做事要投入，耐得住寂寞，能够尽全力去完成一件事，不是三心二意、蜻蜓点水；诚信，是在创业中要诚信地对待顾客、员工、社会；创新，是凡事都要设法做得更好、更快、更有新意；坚持，是在创业过程中，遇到挫折时能一往无前，找到克服困难的办法，而不是半途而废。

创新创业教育应与专业学习结合。专业教育是创新创业教育的基础，过硬的专业技术不仅是选择创业项目的重要参考条件，也是创业成功的重要保证。在专业上创新创业，如同找到一个可靠的支点，有落地生根之处，相对于其他人来说，已经赢在起跑线上。创新创业会经常遭遇问题，因此创新创业教育也是衡量学生专业知识学得好与不好的试金石，有些问题，课本中没有学到的，还能拓展学生的专业知识面。

案例教学让创新创业教育接地气。案例教学对中职生来说，具有很强的吸引力，能够提高他们的学习兴趣。案例的真实性又能使创新创业教育接地气，让学生身临其境，带着责任感去学习。马云说："如果你要去创业，多花点时间思考别人为什么失败，不要去思考别人为什么成功。"因此，要经常用一些失败案例，让学生知道创业有很大的风险，"没有随随便便的成功"，多吸取一些教训，尽量规避自己的创业风险。要经常用一些校友案例。因为校友案例具有很强的真实性，看得见、摸得着，更具有说服力，同时校友的成功具有很强的可模仿性、鼓动性，"今天的他们就是明天的我们"，可以清晰地给学生勾画出创业之路，也能激发学生无穷的动力。

张玉琴："磨刀石"的务实与执着

2011年，对于浙江衢州中专而言，是不平凡的一年。这一年，学校被教育部确定为首批“国家中等职业教育改革发展示范学校建设计划”项目建设单位，在中国教育报刊社组织的推选活动中被评为首批“中国当代特色学校”，获得了32项市级以上荣誉，可谓硕果累累。

这些喜人的成绩，极大地坚定了当地政府继续加大力度办职业教育的决心。而面对接踵而至的各种荣誉，校长张玉琴却显得无比的平静，身为一所占地423亩、建筑面积13.85万平方米、总投资2.4亿多元人民币、拥有近6000多名在校生的中专学校的校长，她直言责任重大，“成绩的取得只能说明过去，现在学校的硬件建设暂时告一段落，接下来是苦练内功的时候了，可能在我任期内只做好了课改这一件事，但从长远来看也是值得的”。

或许，正是抱着这种甘做“磨刀石”的务实和执着，她所带领的这所地方普通中专学校，才能在短短的数年时间里一跃成为首批国家中等职业教育改革发展示范学校。

思想是学校的灵魂支撑

张玉琴认为，先进的教育思想是办好学校的灵魂支撑。校长必须站在时代的高度，秉承以人为本的思想，引导全校教师践行先进的教育理念，把握学校的办学方向。

进入21世纪以来，受高校扩招的冲击，中职生源质量严重下滑，大部分中考落榜生流向了职业学校，他们不仅文化基础差，而且行为习惯也不好，有的甚至是问题学生，给学校管理、教学工作带来了极大挑战。

现实无疑是残酷的，但唯有全力面对。张玉琴向笔者坦言：这些孩子虽然是应试教育的失败者，但是如果用欣赏的眼光看他们，他们每个人都有自己的特点和长处，要通过职业教育让他们重塑信心。

因此，当大多数学校面对众多的“问题生”一筹莫展的时候，衢州中专开始寻找并尝试一种新的教育理念——全纳教育，并从2002年开始在校内大力推行。

“全纳教育理念的核心是尊重和包容。尊重学生的差异，承认每个学生都是独一无二的，具有个性特点的，要用欣赏的眼光来看待学生。因此，我们要求所有老师要把这些在别人看来是难以教育的后进生，都看成是一个个充满个性特点的潜力学生，一个个有着无限可能的技术人才。”张玉琴如是说。

从学生培养的角度看，该种理念无可厚非，但在当时还是引起了不小的震动。按全纳教育理念，要把尊重学生放在第一位，要“蹲下来”看学生，全面接纳学生，全面包容学生，把学生的缺点当特点看，这对崇尚师道尊严的传统观念是一个很大的挑战，老师们一开始还真有些难以接受。

对此，张玉琴和领导班子反复疏导，老师们的思想观念才一点点地得以改变。后来的事实也证明，用全纳教育理念武装起来的教师在教育教学中起到了意想不到的作用。班主任王亚琴老师班里有几位“小霸王”，新生报到的第一天就打架。“正是全纳教育理念改变了我对学生的态度，当我用充满爱的眼光去看这些孩子时，我看到了他们满不在乎背后的内疚，看到了他们的阳光与朝气。”王亚琴对笔者说。仅仅过了一个月，这几位学生就得到了全面的改变，一个个成了班干部，成了领头雁，无论学习还是活动，样样走在前面。这批学生的变化出乎家长们的预料。用学生的话来说，“王老师很尊重、欣赏我们，我们不能给老师惹事”。

“教育，首先是要学会尊重，而学生只有受到了尊重，才能学会自尊和尊重他人，一个能自尊和尊重他人的人肯定是有希望的人。”提及学校日常教育中的一幕幕，张玉琴不胜感慨。

而今，结合衢州市是“南孔圣地”这一特色背景，张玉琴又开始琢磨着把孔子所倡导的儒学文化与全纳教育理念相结合，推动教育教学观念的转变，构建以儒学文化精粹为核心的德育体系，开发校本课程，编写校本教材，渗透德育内容，实现“文化育德”的教育目标，打造真正的“快乐、阳光、和谐”校园。

身体力行职教核心价值观

在张玉琴看来，教育思想仅仅是一个基础，学校的战略发展思路决定学校的出路，尤其是对于一所有着6000多名学生、200多位教师的大规模学校而言，仅有教育思想是远远不够的，必须从实际出发，找准发展的突破口。

她告诉笔者，其实说起来，衢州中专的战略思路也非常简单，就是服务社会、服务经济、服务企业、服务学生，从服务中找到自己的发展目标和发展机会，只有让社会越来越感觉到衢州中专的重要、越来越需要衢州中专的时候，衢州中专才会迎来发展的春天。

服务仅仅是一个简单的词，但要真正理解它却要花上不少的时间。对于张玉琴这位老职教人而言，职业教育发展一路跌宕起伏，学校的发展思路也一直摇摆不定。直到2002年，国务院召开第四次全国职业教育工作会议，提出大力发展职业教育，特别是伴随着衢州市城市发展和经济建设的提速，需要一大批懂技术的一线工人，一下子让她看到了中职教育的光明前途。

但是，受传统因素的影响，社会对职业教育并不看好，家长们不太愿意把孩子送到中职学校。在张玉琴看来，不被看好是因为没有吸引力，而要增强职业教育的吸引力，就必须了解社会、企业、学生的需求，进而满足这种需求。

正是带着这样一份份的问卷，张玉琴带领全校教职员工一路苦苦探索。每一年，学校都要组织教师去企业走访，了解企业的用工需求。了解需求，用心服务，这是一条漫长的道路。刚开始的时候，他们几乎是一家一家企业地走访，获取企业的用工信息，然后把毕业生推荐给他们。但是，这种方式虽能得到一时的效果，却容易让学校陷入盲目的境地。

看准了问题所在，张玉琴和校领导班子认识到，必须与企业实现密切合作，通过第一手材料来调整学校的发展步伐。于是，从2006年开始，学校与几家企业开始尝试合作办班，提前为企业培养新员工。可是，这种方式也有很大的限制。办几个班，仅能解决部分学生的就业，还有一大批怎么办呢？况且，单个企业的就业容量非常有限，不少企业发展尚不稳定，时好时差，学生就业也不稳定。面对这样的困境，从2007年开始，他们又开始尝试与行业协会合作，实现了从与单家企业的点式合作转向与全行业的线型合作。

由单一企业到整个行业，再辐射至区域经济，衢州中专的校企合作完成了“三部曲”，即从最初的点对点——学校与企业的连接，到后来的点对面——学校与行业的对接，到现在的立体网络——学校与区域的融合。

这是一个从单一到复杂再到成熟的过程，这一过程实现了职业教育功能的升级，为“中国制造”向“中国创造”的转变提供了人才支撑。

亲力打造“幸福”团队

一所学校要想实现突破性发展，跟校长的发展观念和改革意识不无关系。在张玉琴看来，只有好的理念还远远不够，必须要有一支过硬的师资队伍，梦想才能变成现实。因此，对于学校能够取得如此的成绩，她的心里充满了感激和骄傲，“没有衢州中专 200 多名教职员工的无私奉献，就不会有衢州中专的发展，更没有衢州中专的今天。”

能够拥有这样一个令人羡慕的教师团队，张玉琴笑言自己是“幸福派”掌门人。然而，人们都知道，幸福的背后是艰辛的付出。为了加强师资队伍建设，张玉琴和她的领导团队可谓殚精竭虑，除了适当引进优秀青年教师外，还采取了一系列有力措施，如重点加强现有教师的素质提升，实施教师教学能力、实践能力、教育能力、职业素养“四项提升计划”，建成满足“教学—实践”双能的“双师型”教师团队；围绕重点建设专业，高标准、高要求、高投入地培养具有国际职教视野、掌握专业前沿技术、管理能力强、在行业内具有较高影响力的领军人物；建立专业课教师到企业顶岗实践的常态机制，组织教师参加国内外培训、进修，建成一支综合素质好、教学业务能力强的“双师型”专职教师队伍，等等。

与此同时，她坚持认为，应该在教学改革中不断磨砺教师的个人成长，在教学发展中不断壮大学校的教师队伍。为此，她提出改革传统的课程体系和教学模式，进行以工作过程为导向的课程开发，以真实的工作任务或产品为载体来实施课程整体设计，充分体现中职学校工学结合的特点，培养学生职业能力。

在这种思路的引导下，每一位衢州中专人的身上都烙下了深深的改革印记。王亚琴在担任班主任的同时，还是电子电工专业教研组组长，当她发现电子电工专业学生做实验要消耗大量器材且材料重复利用率极低的情况后，首开先河地将原来的两节连上的专业课改为四节连上，同时将实验材料的利用率纳入学生的考核范围。这样一来，原来每个班每节课需要用掉一盘导线，现在却只需四分之一，材料的利用率提高了七成。

改革初见成效，教师队伍也得到了极大的锻炼。考虑到建筑专业学习的特殊性，陈国庆老师和建筑专业的教师团队一起，在学生课外实训方面动起了脑筋。“如果把学生拉到工地上去实训，不安全因素太多，如果把实训场地搬到校内，一切问题就迎刃而解了。”于是，在学校老师的共同努力下，学校在2010年4月1日建成了衢州市第一个校内砌筑实训基地。

改革的道路无止境。随着社会的发展，张玉琴又萌发了在校内开展创业教育的想法，通过组建一支富有创业理论知识和实践经验的指导教师队伍，建立“师导生创”的教育模式，培养学生的创业意识，“我的目标是在学校的每个专业都培养5~6名创业学生，短期内实现创业梦想可能不太现实，但是至少在他们心中播下了一颗创业的种子，待时机成熟就会发芽、开花、结果。”

为此，她又开始了新一轮的忙碌——组织教师们结合中职学生专业技能特点，编写创业指导教材，开展创业观教育、创业素质教育和创业实践教育；联合政府有关部门举办创业创新大赛，开设创业创新系列讲座，引进先进企业文化，营造创业创新氛围。张玉琴说，学校将努力做到以创新创业为突破口，加强职业能力培养，力争使毕业生做到专业有特长、就业有优势、创业有基础、发展有空间。

如今，该校“大器创业服务中心”运行实体已增至11个，完成学生技能鉴定培训达1100人次，其中电气自动化（PLC）工作室已模拟成功5个现代企业生产技术应用项目，即可投产使用，为“大器创业服务中心”赢得了经济效益，真正成为师生创新创业的孵化器。

毋庸置疑，在张玉琴的字典里，职业教育的代言人不应该只是技术工人，在创业者的队伍里，也应该有职校生的身影。为此，她甘愿做一块“磨刀石”，通过自身的磨砺付出，给学生们创造全方位的成长、成才环境，让每一位走出学校大门的学生，都能在自己的事业空间里体验到成功的乐趣。①

① 此文发表于《中华职业教育》2011年第1期。

张玉琴：职教“幸福派”的掌门人

2012年学期结束，新年临近，衢州中专举行了全体教职工联欢会，老师们把自编自导的节目搬上了舞台，大大地乐了一把，掌声、笑声、欢呼声交织成一片。当主持人在台上问道，老师们，你们累吗？你们幸福吗？“我们很幸福！”面对职业学校工作的压力，衢州中专的老师们能大声地喊出“很幸福”，这让校长张玉琴很欣慰。这位拥有6000多名在校生的首批国家中职教育改革发展示范学校的女校长，有着巾帼不让须眉的气概，但她却谦虚地自称为衢州中专“001”号勤杂工，只是为全体师生做好服务，为老师们加油鼓劲。也正是这样一种大气、低调、务实的风格，让她成为职教“幸福派”的掌门人。

幸福来自不一样的理念——衢州中专的毕业生不仅能成为现代制造业和现代服务业的技术蓝领，而且还要做有梦想、成大器的创业者。

“衢州中专的学生很阳光、很有朝气。”几乎每一批来校参观的客人都会这样评价该校的学生。校长张玉琴说，这得益于学校推行的“全纳教育”理念。全纳教育是校长张玉琴秉承的办学理念，它更是衢州中专的思想武器，它的内涵是尊重学生的差异，承认每个学生都是独一无二的，具有个性特点的，要用欣赏的眼光来看待学生。开展各种特色的群体活动，营造浓郁的文化氛围，给每个学生的成长搭建平台，张玉琴可谓费尽苦心。她把高雅艺术与儒学经典教育相融合，陶冶情操，提高修养；办好文化艺术节、技能节、军事训练、运动会等品牌活动，磨炼意志，展示风采；“百花齐放、百舸争流”的38个学生社团，满足全方位发展需求；多姿多彩的志愿者实践活动，感悟成长；“阳光男孩女孩”的评比，展现青春的光彩与活力；安全、法制、心理健康教育三位一体，促进身心和谐发展。学生们在学校感受到了更多的机会，更多的成功，更多的快乐。10光伏1班蔡金腾同学在“阳光男孩女孩”评比的获奖感言中说：“我一直在思考一个问题：为什么以前在初中，周末两天假期总觉得很短暂，不想回学校，而现在总觉得很漫长，很想回学校？可能我在衢州中专找到了真正的乐趣，对我而言，在学校的日子感觉是天堂！”

在打造“快乐、阳光”校园的同时，2011 年，张玉琴又在琢磨创业创新教育，她提出了“大学校培养小老板，小老板成就大事业”的创新人才培养目标，因为在她的字典里，职业教育的代言人不应该只是技术工人，在创业者的队伍里，也应该有职校生的身影。她说：“职业学校的学生就是做一个技术蓝领，也要做一个有想法、能创新的技术工人。”她在改变教师的教育理念、投入大量资金建设实训基地、营造浓厚的创新创业氛围、全面开设创业创新课程的同时，开始筹建“衢州市青年创业创新基地”。5 月，衢州“大器创业服务中心”开张，学生们在基地内的朗朗艺术设计、电子商务、工业产品设计、光伏技术、蓝调服装设计、数码影像等 11 个工作室中尽情展示才能，体会到了不一样的学习乐趣。学生设计的多功能拖把架、临时手机屏蔽柜等产品不但在校内推广，而且吸引了其他学校前来预订，师生的 5 项小发明获得国家专利。在 2012 年浙江省“企业出题、学校选题、教师析题、学生破题”创业创新活动大赛中，学校 2 个项目获得一等奖。在第七届全国 CATICS（模拟设计）网络大赛中，创新工作室 25 名学生组成的代表队力挫全国 27 所院校的 124 支大学生和教师代表队，荣获大赛团体总分第一名，他们今年还将到清华大学参加全国 CATICS 现场赛。

“其实，职校生也可以很出色，关键是学校有没有给他们提供展示才能的机会和发挥潜能的平台。”张玉琴表示，学校要搭建各种各样的平台，激发学生的内在动力，学生有了学习、创新、创业的热情，在以后的工作中，才会有更多的想法，也会更具竞争力。

学校创业创新小项目的实践，尽管只是“小荷才露尖尖角”，却在校园里播撒下“创业”的种子，等到时机成熟了，就会发芽、开花、结果。衢州中专的毕业生不仅能成为现代制造业和现代服务业的技术蓝领，而且还要做有梦想、成大器的创业者，这是一位校长执着而幸福的追求。

“战略发展思路决定学校的出路”，张玉琴提出的战略思路，就是服务社会、服务经济、服务学生，从服务中找到学校的发展目标和发展机会，只有让社会越来越感觉到衢州中专的重要，越来越需要衢州中专的时候，衢州中专才会迎来发展的春天。

她认为，增强职业教育的吸引力，就必须了解社会、了解企业，了解家长，了解学生的需求，进而满足这种需求。了解需求，用心服务，这是一条漫长的道路。在激烈的就业竞争中，衢州中专以前和其他职业学校一样到全国各地跑企业，搜集企业人才需求信息。但是这样非常累，非常被动，这种方式能得到一时的效果，却容易让学校陷入盲目的境地。

“职业学校不是被动地去为学生寻找岗位，而要主动地为学生创造岗位。”看准了问题所在，张玉琴和校领导班子决定必须与企业实现亲密合作，通过获得第一手材料来调整学校的发展步伐。从2006年开始，学校与几家企业尝试了合作办班，提前为企业培养新员工。但办几个班，仅能解决部分学生的就业，况且，单个企业的就业容量非常有限，不少企业发展尚不稳定，时好时差，学生就业也不稳定。面对这样的困境，从2007年开始，学校实现了从与企业的点式合作转身为与全行业的线形合作。由单一企业到整个行业再辐射至区域经济，衢州中专的校企合作走过了“三部曲”，即从最初的点对点——学校与企业的连接，到后来的点对面——学校与行业对接，到现在的立体网络——学校与区域的融合，这是一个从单一到复杂到成熟的过程。在这一过程中，衢州中专的毕业生就业也实现了三大转变，即从“现货”向“期货”转变，从“零售”向“团购”转变，从“应急性”向“系统性”转变，学生就业的满意度提高了，职业教育的吸引力提升了。这一过程也实现了职业教育功能的升级，为“中国制造”至“中国创造”的转变提供了人才支撑。

“能为企业、社会提供服务是幸福的，能够在服务中拓展空间，提升自我，谋求发展，那是一种更大的幸福。”张玉琴说。

从首批国家级重点到首批改革发展示范校，是怎样的动力让这所年轻的学校迸发出如此强大的生命力？张玉琴认为是：中专人精神。

衢州日报的记者曾经来校采访，问了几个学生：这里的老师给你留下的最深刻印象是什么？学生的回答让记者有些意外：“这里的老师很亲切。”学生解释说，现在的学校里，能够一心扑在学生身上的老师已经不多了。

为了加强师资建设，张玉琴煞费苦心，她实施教师教学能力、实践能力、教育能力、职业素养“四项提升计划”，建成满足“教学—实践”“双能”的“双师型”教师团队；围绕重点建设专业，高标准、高要求、高投入地培养具有国际职教视野、掌握专业前沿技术、管理能力强、在行业内具有较高影响力的领军人物；建立专业课教师下企业顶岗实践的常态机制等等。与此同时，在教学改革中不断磨砺教师个人成长，以团队的“磨”功反促教学改革。

分层教学便是学校在改革方面的一大创举，数控技术专业成为“第一个吃螃蟹”的专业。该专业从二年级开始，就全面实行分层教学，将学生分为 A、B、C、D 四个等级，不同层次的学生在培养模式与方法上进行区分，这样无论是学生还是家长都对专业今后就业方向更为清晰。通过分层教学的尝试，专业的就业对口率已从原来的 50%增加到目前的 90% 左右，因材施教效果明显。

在张玉琴的眼中，衢州中专的教师都很甘于寂寞。“我们学校起步比别人迟，起点比别人低，唯一比别人多的就是那份热情与投入。”学校在师资力量不足的情况下，每年承担了好几千人的素质培训，获得了国务院农村劳动力转移培训示范基地、科技部农民培训薪火学校等多项国家级荣誉。很多教师都是放弃休息时间，不计报酬地为农民工培训服务。很多教师还和农民工朋友结下了深厚的友谊，农民工“毕业”后碰到技术难题，打一个电话给衢州中专老师，就能解决问题。这样一份“待遇”让很多农民工朋友引以为豪，一时传为美谈。教师们的热情和奉献，时时让人感动，可以说，他们不是在干一份工作，而是在做一份事业。

对于学校能够取得今天的成绩，张玉琴心里充满了感激和骄傲：“没有衢州中专 200 多名教职工的无私奉献，就不会有衢州中专的发展，更没有衢州中专的今天。”如今，张玉琴在新一年的工作计划中，把师资队伍建设再次摆在突出的位置，在学校办学经费还很困难的情况下，每年拨出不少于 100 万元用于师资培训，同时要更好地改善教职工工作和生活条件，让教职工更多分享学校发展成果，要创造更好的环境和氛围，丰富教职工精神世界，提升工作的成就感和幸福感。“幸福的老师，才能教出幸福的学生，才能有校长的幸福。衢州中专的教职工是学校发展最为重要的力量，是学校真正的核心竞争力。”张玉琴自豪地说。

追求卓越　梦想成真

——在建校28周年校庆暨我与中专故事分享会上的发言

尽管我们学校只有20多年的办学历史，却汇集了众多的精彩华章，刚才大家也分享了很多的故事，可以说，她的每一个音符都激荡着动人的历史回响。

28年前，校长严德佩，从汪村进修学校来到这片租用的土地，白手起家，开创学校的基业。第二年，学校有了属于自己的4.99亩地盘。郑军老师在《那年》中写道：第二年鲁副脱鞋，有力的双脚踩进冰冷的稻田，用皮尺界定4.99亩属于自己的地盘。这些发黄的旧照片，记录了当年创业的艰难以及开拓者的热血和梦想。

20年前，据九五装潢班郑撼回忆，他在课间偶遇“超级营销员”周熙平校长，仅仅课间几分钟，校长也饶有兴致地与学生拉家常，介绍学校发展。站在阳台上，他挥手远指，“从聋哑学校到这里，这块将来都是我们的啦（大意）!”现在回想，简直就是土豪式的占地为王的得意神情，围地，围大块的地，没错，后来的操场、餐厅等都是在此拔地而起!

“今天工作不努力，明天努力找工作”，这是现在社会的真实写照，但是20年前，周校长就这么说了，这句话激励了一代人。

周校长《一群献身职教的人》的文章里，有这么一段话：“今天，来自四面八方的人们常常用欣赏的目光注视着美丽的校园，校园里的人们也正在满怀信心地谋划着实现自己的中国梦。当我们在享受着这一切的时候，我们尤其要记住的就是这样一个群体，就是这样一群默默无闻、默默奉献的人。他们才是衢州中专的灵魂。”

这样一群人，就是我们衢州中专的前辈，他们奉献了自己最美好的青春年华，奉献了自己最激情燃烧的岁月，他们用勤奋与忠诚，为学校的做大做强奠定了坚实的基础。我们作为后来者，理应在他们的感召下，砥砺前行。

陈晓峰老师回忆，1992 年，他报到的第一天，刘尧老师对他说："不要看我们现在条件不怎么样，将来学校会有很好的发展。"

今天，刘老师的预言已经变成了现实，我们可以自豪地对前辈们说一句：中专无愧，梦已成真！

人无精神不立，校无精神不强。

11 年前，我们搬入新校园，第一次升旗仪式上，翁孝川校长慷慨激昂地说："人是要有点精神的！"它激发了新一代中专人的昂扬斗志。

6 年前，张玉琴校长对宁波党政考察团说，"我们学校起步迟，起点不高，经济基础薄弱，你们是穿着钉鞋在塑胶道上跑，而我们是赤脚在煤渣路上奔，我们靠的就是精神。"中专人的精神就是学校的核心竞争力。

28 年来，有许多许多值得我们感恩的人，有许许多多值得我们细细品读的故事，这些都内涵于中专"勤而立信，忠以成器"的精神之中。中专精神，就是艰苦创业、奋斗不止的"自强"精神；就是团结协作、务实高效的"拼搏"精神；就是锐意进取、追求卓越的"开拓"精神。它内化于一代代中专人的心灵里，流淌于中专人的血脉中，弘扬于中专人的行动上，历经风雨而生生不息。

如今，站在新的起点，我们回顾光荣历程的同时，更需要放眼未来，憧憬梦想。

我们梦想的中专，是一个水平一流的中专。她的综合实力和核心竞争力跻身强校之林，她将在服务国家战略、促进经济发展、提高国民素质的历史进程中，具有更大的担当、做出更大的贡献、产生更深远的影响。

我们梦想的中专，是一个环境优美的中专。她绿树与红墙交相辉映，生态与人文完美融合，她将是中国最美校园之一，美得就像一个度假村，又温馨得像自己的家。

我们梦想的中专，是一个精神卓越的中专。她始终坚守教育本质，持之以恒地追求教育理想，并与时俱进、顶天立地、不断超越！

第四章

我与学生的对话

等待一船星辉

雨什么时候下？风什么时候起？只一个“等”字。

等待即是整个生命，有时是盲目的，有时是清醒的。

当希望未到来之前是等待，当它到来以后还是等待，因为那时又有一个新的希望了。但是有些希望不会到来，于是生命在不断等待中还有失望。

不过不会彻底失望的，因为人的一生当中不止一个希望。

在等待中不停问自己，那希望的是否真会到来呢？或许这疑问太多太重，会失去一些勇气、一些志趣，有时反而会因此勤奋起来。

等待得太久，也不免令人灰心，一切真的昏灰了吗？那为什么有阳光、蓝天和白云？风景的美丽，心情的沮丧？自然的心境，不自然的矫情？前路的迷茫，目标的清晰？轻松，沉重……有着许多解释不清，又挥之不去的烦恼？道不明，不如不说，只等默默走过，走过岁月，走过时空，走过许许多多，不说，用心地等。

等待的时候可以什么事都不做，也可以什么事都做；可以做每天在做的事，也可以做些从来没有做过的事。等待其实是很随意的。

等待既然是人生之路不可回避的事情，那么，作为老师的我们究竟应该选择怎样的等待呢？

龙应台给我们描写了这样一个动人的画面：“淡水的街头，阳光斜照着窄巷里这间零乱的花铺。……我，坐在斜阳浅照的石阶上，望着这个眼睛清亮的小孩专心地做一件事；是的，我愿意等上一辈子的时间，让他从从容容地把那个蝴蝶结扎好，用他五岁的手指。孩子你慢慢来，慢慢来。”

每一个孩子的花期不同，用耐心、爱心和微笑，等待一船星辉，在星辉斑斓里放歌………

语文课：我为什么要讲“山川异域，风月同天”

亲爱的孩子们：

请允许我一直这样称呼你们，因为对于老师来说，学生就像是自己的孩子，而你们的年龄正和我的儿子一般大。

因为疫情，开学时间一再延期，为了不耽误大家的学习，老师们给你们推荐了丰富的学习资料和网络资源，便于你们居家自主学习。同时，老师们也瞬间转型成为网络“主播”，有些还是临近退休的老师，他们利用各种契机和资源学习新技术，老师们也挺不容易的，你们要多支持，也要珍惜老师们付出的努力。开学第一课，我成了你们的第一个“十八线女主播”。

为了工作方便，90后护士毅然剃光了头发；摘下口罩，医护人员的脸上被勒出一道道青紫的勒痕；与病毒厮杀了一天，医务人员躺在地上休整；“妈妈，我不能回家过年了”……课上，我用了约五分钟时间，与你们分享这些感人至深的照片，与你们分享抗击疫情中的动人故事。

是的，疫情，冲散了年味，本该团聚的人们，无法跨越山海，只能见

“屏”如面，隔空问候；好不容易有了欢乐的假期，却只能足不出户，背靠沙发生活。但是，我们能安心宅家，也是因为前方的抗疫战场有“不计报酬，无论生死”的负重前行，也是有人用血肉之躯挡在了我们的前面，筑起了安全屏障。我们每天都关注疫情的数字，因为每一个数字的背后，都有一个个故事，有的温暖如春，有的撕心裂肺……每一个数字背后，更饱含着一个个期盼呀！

当我跟你们讲这些的时候，有同学诧异了，这是语文课吗？其实生活处处皆语文。孩子们，眼前正在发生的一切，就是一本生动而深刻的教科书。生活才是教育的灵魂呀。我们的生活正在经受狂风巨浪般的冲刷，每一波巨浪的冲击，都会震动我们的心灵，这也将让我们获得生命的洗礼和精神的成长，我，希望如此。

为什么要给你们讲“山川异域，风月同天”，而且足足用了 40 分钟；第二课，我还用了 40 分钟，讲“岂曰无衣，与子同裳”。因为，我实在太喜欢这样温情的、典雅的文字表达，尤其是在这样惨烈的“战场”中，它充满经典，穿越时代，漂洋过海来到了我们面前，它就像一股清流，至柔却充满力量。

当我跟你们讲完这两课时，日本又捐赠了物资，还送来了一句唐诗“青山一道同云雨，明月何曾是两乡”。《光明日报》就此刊发了评论文章，题目是《疫情当前，怎么火了一句唐诗？》。这篇评论文章也触动了我的心灵，引起我的共鸣，因为它更明确地表达出，我为什么要把“山川异域，风月同天”，当作开学第一课，为什么还要接着讲“岂曰无衣，与子同裳”。

因为，这些诗句，让我们在铺天盖地的“硬核”口号中，看到了一种文明感。是的，就是这种“文明感”或者说是“美好感”，让我这位语文老师迫不及待地想与你们分享。

美好的事物自有它的韧性和穿透力吧。

这种文明感，来自语言的体面，情感的深刻，行为的得体；

这种文明感，来自同理心，来自对个体的尊重，来自文化的浸润；

这种文明感，是精致的，是体面的，它是一种境界，是一种风范……

我给你们留的作业是：

面对武汉的疫情，我们说得最多的是“武汉加油”“武汉挺住”，而日本人在捐给我们的物资上，用我们的母语写着：“山川异域，风月同天”“岂曰无衣，与子同裳”，对此，你有什么感受？

面对疫情，在我们感受“武汉加油”“武汉挺住”这样一些铮铮有力、凝聚人心的直白鼓励的同时，也去体悟“山川异域，风月同天”“岂曰无衣，与子同裳”这些优美隽永、共情贴心的经典诗句。

也许，我们也能用“千江有水千江月，万里无云万里天”“但愿人长久，千年共婵娟”等中国经典的诗句去回复他们吧。

我亲爱的孩子们，文明是有号召力的，文字是有力量的，它可以传递世间的温暖，它可以让梦想发光，它可以让心贴得更近，它也可以让脚步走得更坚定，所以，孩子们，去努力学习，去认知生命，去体悟生活，去提升自我吧。在疫情过后，春暖花开的时节里，期待一个升级版的你！

爱你们的语文老师

2020 年 2 月 13 日

因为有了诗，美开始了漂流
——记一次班级诗歌朗诵会

“老师，晚上诗歌朗诵比赛可以请几位老师当评委吗？”看到李倩同学的短信，我立刻联系了三位评委老师。学生有什么需求，我都会尽力去办。

评委老师都请好了，我们班诗歌朗诵会的层次提高了，我才想起，我只是布置了这项任务，只是限定了比赛的时间，只是在课前催促了几次。一场诗歌朗诵会需要准备的事很多，同学们能够自己成功地筹划这样一个活动吗？尽管我相信我的学生，但要做一件事，就要全力做到完美，这是我的风格。于是，我匆匆赶到教室，空无一人，同学们都放学了，教室的桌椅已经围成了一圈，中间地带便是今晚的舞台，地面的瓷砖经过刷洗，泛出了它洁白的本色，黑板上赫然写着“诗歌朗诵会”几个字，尽管笔力有些单薄，但依然营造出了活动氛围，我心里闪过一丝感动。

当我再一次走进教室，同学们都已齐整地坐到了自己的位置，我抬眼，看到黑板上“诗歌朗诵会”几个字经过了修饰，光彩夺目，旁边还有两行字“读万首诗，行万里路”，“古来圣贤皆寂寞，唯有‘吟’者留其名”，一字之差，用在这里万分贴切，我不知是谁的创举，心里暗暗佩服。

好多同学还是第一次在大庭广众之下表演，我真希望这个诗歌朗诵会能让每一位同学体验到快乐，能够给每一位同学带来自信。同学们真的准备好了吗？他们有信心吗？我找来了语文课代表，向她了解排练的情况，她告诉我说：都挺好的，我看过了。自信来源于肯定，坚定的眼神也给了我信心。

评委们都到了，我的心情也有些许紧张，万一准备不充分，让同学们感到丢“面子”，让同学们感到沮丧，那该是多大的一个损失呀。

正在我忐忑的时候，毛诗雯和李倩的声音响起来了，她们是今晚的主持人。没想到她们有那么多优美的语句，说得那么富有诗意，把我带到了诗歌的意境之中。

朗诵会正式开始，在组长的带领下，一组接着一组出场，镇定而有序。不同的队形，不同的组合，不同的形式，有的用上了音乐，有的配上了道具，有的加上了表演；有的落落大方；有的还有些羞涩；有的胸有成竹，有的还有些怯场。但是，组合在一起，都成了最美的自己。

我静静地听着，每一个字符在我的心中跳跃，今晚的舞台属于每一个人，全班同学都站在了这个舞台，汇成了一首最感人的诗。

我完全沉浸于同学们的朗诵中，我的专注是给每一位同学最大的尊重，我的微笑也会给每一个同学带去鼓励。“这是一个多么美好的夜晚”，我突然想起这样一句平庸的诗句，但是它却最能表达我的心情，它让我明白了，我的学生都是优秀的，都是潜力无限的，只要给予一个舞台，就能绽放光彩。而我，一位语文老师，只希望能够成为衬托学生光亮的一颗星星，只希望在学生成长的历程中留下一点光亮。

因为有了诗，美开始了漂流……

我请学生代课

前些天，我到浙江师范大学学习，因教师课务多，语文课很难对调，原打算回来补课，但老师不在的课堂总归是让人有些不放心。

困顿之中，突然灵机一动，何不试着让学生当一回老师呢？于是，我在班里发动，学生的积极性挺高，班里有七八个同学主动报名，我提议由课代表最终确定4位同学，然后到我办公室接受备课指导。我临时选用了一篇文言文《游褒禅山记》，一是学生对文言文不太感兴趣，教师如果没有更好的教学方式，不如交给学生，自己的同学担任“老师”，心理距离近了，新鲜感有了，学生离文言文也会近一些。二是四个同学合讲一篇文章，文言文最合适，他们一人一段，相对独立，而且字词句的理解需花大量的时间，一篇课文安排四课时不为过。

人员确定后，接下来就是指导备课，先让同学们自己去预习课文，然后我给他们讲解，解答他们的疑问，引导他们查找资料，指导他们写教案，两天后检查他们的备课情况。看了余金丹同学的教案，我眼睛一亮，她写得有板有眼，我与她一起进行修改充实后，要求其他同学以她为榜样，写详细的教案，临走前交代，如有什么问题还可以请教班主任。

一周后，我学习回来，去听了最后一课，正好是余金丹同学的。40分钟的时间让她演绎得淋漓尽致，课堂有合理的结构，有突出的重点，有师生互动，还讲究教学方法，运用小组比赛的方式激发同学们的学习积极性，枯燥的文言文竟然生动起来，课堂其乐融融，取得良好的教学效果。她优秀的表现赢得了同学的肯定，不光她个人有成就感，也给了每一个学生信心，“我们职业学校的学生也是优秀的”。

学生的优秀，需要我们成就。有时，埋怨学生的“无知”，是否想到我们的教学行为贴近他们的实际吗？有时，我们是不是低估了他们的潜能和能力，“给我一个舞台，也能秀出我的风采”——这应该也是学生的渴求和心声。①

风雨过后，期待一个升级版的你
——写给学生的一封信

我亲爱的孩子们：

此时的你们，正在做什么呢？

今天是元宵节，本来过了这个节日，我们就能见面了。校园有你们，才有活力和精彩；而我有你们，才有最美好的时光——我不是在最好的时光遇见了你们，而是遇见了你们，我才有了这段最好的时光。但是，一场突如其来的“新冠感染疫情”，让全国沦陷，无一净土。人们用各种方式，隔断疫情传播，却也阻断了你们回校的路。

你们，在各自的家里（有的在乡下，有的在城里），不管在何处，信息时代，外面发生的一切都可以知道，你们对“疫情”应该也了解得很清楚吧？尽量宅家不外出，出门戴好口罩，这些你们都做到了吧？

新闻、微信朋友圈被“疫情”刷屏，这是一场“攻坚战”。在“疫情”面前，人的生命是如此的脆弱；在“疫情”面前，又有多少人为守护生命挺身而出；在“疫情”面前，科学、科技、科研、专业，这些词突然就显现在我的脑海中。

看到中国地图的疫情显示，浙江的那“一片红”，作为生活在浙江的我们，内心又多了一份痛。

前两天，看到一位在北京工作的河南人，写了一篇关于浙江抗击疫情的评论，内心澎湃，深有感触。之前，也曾跟你们谈论过浙江的“厉害”，

① 此文发表于《中学语文报》2009 年第 10 期。

我们作为浙江人，是很幸运的。

浙江是全国第一个公开通报疑似病例的省份，是全国第一个启动突发公共卫生事件一级响应的省份。而在一级响应后的第二天，就成功分离出新型冠状病毒毒株，整个过程仅仅用了 48 小时。

武汉有难，浙江倾全省之力相助，最急需的医疗物资，最顶尖的医疗团队。把自己掏空，让世界各地的浙商支援自己的家乡，实现了自救。

新加坡遣返的 116 名武汉旅客无处降落时，还是浙江敞开怀抱，让他们落地杭州萧山机场。

国家有难，浙江全力救援；

浙江有难，努力自己解决。

这就是浙江人的牺牲与大爱。

浙江的“父母官”们，防控疫情胸有成竹，在新闻发布会上，每个人专问专答，逻辑清楚，语言干练，每一个词语和每一条数据，都有理有据。因为，他们“专业”强悍，而且躬体力行。

河南人写的那篇文章叫《抗击肺炎疫情，我打心底佩服中国这个省》，建议你们去看一看，也许你们已经看了。我相信，看了以后，每一个浙江人的内心都是暖暖的，都充满着力量。

在抗击疫情的时候，还有一位丰碑式的专家人物——钟南山院士。他在赶往武汉的高铁餐车上的闭目小憩，他谈论武汉疫情时，眼里含着的泪光……他是 14 亿中国人心中的“守护神”。当他再次临危受命，“出征”到武汉时，又勾起我们对这位当年敢讲真话、敢涉险滩、敢啃硬骨的抗击“非典”英雄的集体回忆（“非典”那年你们刚好出生，没什么印象）。他的亮相，都是历史性的、标志性的，他的发声都让人信服，他的建议都让人受用，他的判断都让人心安，那是因为，他，有院士的专业，有战士的勇猛，更有国士的担当。还有他那硬朗健硕的身体，84 岁如年轻人一样的精气神，他还是个体育爱好者，是个运动健将。

鲁迅说：“我们自古以来，就有埋头苦干的人，有拼命硬干的人，有为民请命的人，有舍身求法的人，他们是中国的脊梁。”

我亲爱的孩子们，跟你们谈论这些，只是想说，社会的发展，科学、科技、科研、专业；人民的正直、善良、勇敢、热血，就是这些给我们的民族带来了希望。

你们的语文老师——我，仅仅是一个老师，在疫情面前没有资格冲锋陷阵，也没有能力研制疫苗，也不是新闻记者，能告诉人们抗“疫”战争的最新进展。我只能守护好自己的职业，不断学习进步，努力当好一名老师，努力成为你们成长的引路人。

你们是我的学生，我爱你们每一个人，我希望你们认真学习，希望你们积极锻炼身体，希望你们在困难面前勇往直前，希望你们保持正直、善良、积极向上的品格，希望你们不熬夜玩游戏、不熬夜看网络小说，就是希望你们将来成为一个健康的、对社会有用的人，活出生命的意义，能够为社会作出贡献，能够给别人带来温暖。我逼你们背书，逼你们写作文，逼你们按时交作业，逼你们考大学（尽管你们是“3+4”中本一体化培养，但也许还有淘汰考试），也是希望你们将来有“专业”的强悍，有“人文”的扎实，让自己更加优秀，能有更多的“资本”，服务社会，成就自我，成为一个“有大爱、有大义、有专业、有贡献”的人。

去年元夜时，花市灯如昼；今年元夜时，月与灯依旧。但不管怎样，春已萌动，带来了生机与活力，也将带来希望与美好。我突然想起孔子的理想：“暮春者，春服既成，冠者五六人，童子六七人，浴乎沂，风乎舞雩，咏而归。”春风中载歌载舞，多么喜乐无已呀！

你们的人生正处于春天，它充满了生机与活力，愿你们喜欢它，珍爱它。

爱你们的语文老师：廖建霞

2020 年 2 月 8 日

让青春在奋斗中闪光

——在新学期第一次升旗仪式上的讲话

今天是新学期的第一次升旗仪式，在这样一个隆重而庄严的时刻，我该讲些什么呢？当我在极力思考的时候，微信上流传的马云的一段话，在我的脑海中回荡：当你不去拼一份奖学金，不过没试过的生活，整天挂着QQ，刷着微信，逛着淘宝，玩着网游，干着我80岁都能做的事，你要青春干嘛？

是的，不吃苦，不努力，你要青春干嘛？

我曾经问过班旦的学生，你们选择衢州中专后悔吗？有的同学说后悔，因为她们原先认为在职校可以不学习，可以不努力，可以无忧无虑地“混”三年。而事实上，她们来到中专后，觉得自己要学的课程很多，学习比想象中的要苦要累，压力也很大。有的同学甚至难以理解，在中专还有必要这么拼，这么苦，这么累吗？

2015年央视新闻推出八集系列纪录片《大国工匠》，不知同学们有没有看过，没有看过的同学，建议去看一下。纪录片讲述了奋斗在生产一线的8位技术工人，他们专注地坚守自己的岗位，传承和钻研职业的技能，最终成就了出彩人生。他们的成功之路不是上重点高中、进名牌大学，而是在追求职业技能的道路上，吃苦耐劳，不懈努力，达到技术技能的完美和极致，能成为大国的基石，“工匠”的楷模，为社会作出巨大贡献。

孙俪出道10余年，身价暴涨三百余倍。我们羡慕她功成名就的同时，更要看到她背后的付出。孙俪对记者说：“除了拍摄《玉观音》后歇了三个月，十年来，我几乎再没休息过一天，这比小时候练舞，比在部队里种地、赶猪要累得多。”

十年来，几乎没休息过一天，才能实现身价的暴涨。

所以，我觉得人生可以有两种选择：要么向孙俪那样吃苦努力十年，精彩五十年；要么安逸享受十年，吃苦五十年。

著名作家龙应台对儿子说：我要求你努力学习，不是因为我要你跟别人比成就，而是因为，我希望你将来拥有更多选择的权利，而不是被迫谋生。

是啊，如果你优秀，你便拥有了更多的选择机会，否则你只能被迫谋生。可能有的同学会问，我现在努力，还来得及吗？

40 岁的柳传志不问“来不来得及”，最终缔造了联想集团；高考三次落榜的俞敏洪不问“来不来得及”，最终考上北大并打造了“教育航母”——新东方；经过两次创业失败的马云不问“来不来得及”，最终书写了电商传奇。齐白石 40 岁学画，60 岁成名，90 岁丹青妙笔，终成一代宗师；塞万提斯出生于一个贫困家庭，仅受过中学教育，一生颠沛流离，多次入狱，50 多岁开始创作《堂吉诃德》，并成为世界上最伟大的作家之一。

所以，同学们，无论你现在是高一、高二，还是高三，都不要问时间够不够，基础行不行。这些都是次要的，最重要的你要从现在开始努力。只要你认准目标，静下心来干，总会有收获。

所以，请不要在最该吃苦、最需努力的时候选择安逸，没有谁的青春是在红地毯上走过。既然梦想成为那个别人无法企及的自我，就应该选择一条属于自己的道路，付出别人无法企及的努力！

当你想要放弃时，一定要想想那些睡得比你晚、起得比你早、跑得比你卖力、天赋还比你高的牛人，他们早已在晨光中跑向那个你永远只能眺望的远方。

同学们：青春不是用来挥霍和消遣的，而是用来奋斗拼搏的。我坚信，将来的你，一定会感谢现在拼命的自己！

谢谢大家！

2016 年 2 月 25 日

青春，为五星红旗添光彩
——在2019年下学期第一次升旗仪式上的讲话

老师们、同学们：

大家好！

今天是新学期的第一次升旗仪式，在这样一个隆重而庄严的时刻，我该讲些什么呢？当我在极力思考的时候，突然想起，今年，是我们伟大祖国的70华诞，前天组织同学们收看《开学第一课》，这节课讲述了与五星红旗紧紧相连的动人故事。今天，我就以五星红旗为话题，说说我们的青春吧。

同学们都知道，1949年10月1日，第一面五星红旗在天安门广场冉冉升起，它庄严宣告了新中国的成立。我们在幼儿时代就知道，“五星红旗是用烈士的献血染红的”，很多和同学们一般年纪的革命先辈们，他们的青春面临血与火的考验，面临枪林弹雨的威迫，他们出生入死，前赴后继，缔造了这面鲜艳的五星红旗。《开学第一课》中，第一代中国登山队员，用身体搭建人梯，最终问鼎珠穆朗玛峰，让五星红旗在世界之巅迎风飘扬；2019年，“嫦娥四号”探测器成功着陆月球背面，“嫦娥”胸前的五星红旗，迄今成为唯一在月球背面闪耀的国旗；新中国成立的那天，澳门濠江中学杜岚校长带领全校师生升起了五星红旗，当时澳门还没有回归祖国的怀抱，但杜岚校长理直气壮地说：“我是中国人，新中国成立，我们的国旗，我们要升起！”之后，濠江中学的上空和共和国一同升了70年的五星红旗……

近期，香港发生了暴力和非法集会事件，一些香港暴徒以示威之名，三天之内两度将五星红旗强行取下抛入海中。爱国爱港人士们自发高唱国歌，把被暴徒拆下的国旗重新升起，之后香港数万人参加“五星红旗护旗”行动。有关国旗的这些动人故事，告诉了我们，五星红旗是一种力量，它守护着祖国的壮美山河；五星红旗是一种情怀，它凝聚着中华儿女的万众一心；五星红旗更是一种希望，它鼓舞着中华民族奔腾不息的脚步，照耀着我们无限美好的未来……

同学们正值青春年华，青春是什么？

青春是爱国，是勇敢，是才华，是梦想，是奋斗，青春是与祖国同呼吸共命运，青春要为五星红旗添光彩。

青春不是用来挥霍和消遣的，而是用来奋斗拼搏的。也许，很多同学会认为，自己没有赶上好运，没能考上重点高中，今后，也考不进名牌大学，因此丧失了奋斗的勇气，暗淡了整个青春，甚至是人生理想。这里我想说，真正的强者不会祈求好运从天而降，而是努力让自己配得上好运。

今年暑假，有一部很火的国产动漫电影《哪吒》。哪吒，上天安排他是灵珠转世，结果阴差阳错，变成了魔丸，生而为魔，被人称为妖怪，遭人厌恶，被人辱骂，但他用“逆天而行斗到底”的精神，找到了自我，实现了自身的价值。“不信命就是哪吒的命”，我们也要用“青春，奋斗到底”的豪情，喊出“我命由我不由天”的青春誓言。

马云说：当你不去拼一份奖学金，不过没试过的生活，整天挂着 QQ，刷着微信，逛着淘宝，玩着网游，干着我 80 岁都能做的事，你要青春干嘛？

也许很多同学会说，我在初中没有好好学习，现在努力还来得及吗？40 岁的柳传志不问“来不来得及”，最终缔造了联想集团；高考三次落榜的俞敏洪不问“来不来得及”，最终考上北大并打造了“教育航母”——新东方；经过两次创业失败的马云不问“来不来得及”，最终他书写了电商传奇。齐白石 40 岁学画，60 岁成名，90 岁丹青妙笔，终成一代宗师；塞万提斯出生于一个贫困家庭，仅受过中学教育，一生颠沛流离，多次入狱，50 多岁开始创作《堂吉诃德》，并成为世界上最伟大的作家之一。

所以，同学们，无论你现在是高一、高二，还是高三，都不要问时间够不够，基础行不行。这些都是次要的，最重要的你要从现在开始努力。只要你认准目标，静下心来干，奋力前行，总会有收获。

少年智则国智，少年强则国强。所以，请不要在最该吃苦、最需努力的时候选择安逸，没有谁的青春是在红地毯上走过。既然梦想成为那个别人无法企及的自我，就应该选择一条属于自己的道路，付出别人无法企及的努力！

当你想要放弃了，一定要想想那些睡得比你晚、起得比你早、跑得比你卖力、天赋还比你高的牛人，他们早已在晨光中跑向那个你永远只能眺望的远方。

同学们：青春是要在奋斗中才能闪光的。如果，你现在就努力，向着目标，努力前行，我坚信，将来的你，一定会感谢现在拼命的自己；将来的你，也一定会为飘扬在我们学校上空的五星红旗增添光彩！

谢谢大家！

2019 年 9 月 8 日

记住学生的名字

那天中午，上了四节课后的我正走在回办公室的路上，两位女同学匆匆忙忙地跑到我身边：“老师，您看到我班主任了吗？我刚才到办公室没找到她。”我笑笑说：“可能到食堂吃饭去了，你去那儿找找吧。”说完，我分明地看到学生眼里闪过一丝失望，我猛一想，食堂离教学区有一段路，去找得费点工夫，而且也不确定在那里。于是我询问她们找班主任何事。原来，其中一位同学身体不适，连续几天中午都请假回家吃中药，她家离学校咫尺之遥，就在学校对面的小区，但按照规定，她必须得到班主任的同意和签名才能出校门。我便帮着打电话给班主任，那头传出的是“请稍后再拨”的回话。寻找，茫茫无头绪；等待，又是失眠般的煎熬。不如我越权一回，为她写个“出门证”吧。

我回到办公室，拿起笔，却有如千斤——我忘了她的名字！

我教她们语文已一个多月了，学生的名字却还是如夜晚的星星，在我的脑海中时隐时现。课堂上，倒没怎么遇到尴尬，提问时，扫一眼贴在讲台桌上的座位表，或装作无意地走到他们身旁，窥一眼其作业本，总之，凭着这些小窍门，我“忽悠”过了学生。可是现在，学生在楼下等我，难道我要单刀直入，直接去问她的名字，一时想不起学生的名字也是正常的。可刚走到门口，却不由自主地收住了匆匆的脚步，我想起了一件让我感动的事。

那还是五年前开学初的一个周末，在公交车上遇到一位女同学，我叫出了她的名字，在那一瞬间，我清楚地看到她眼里闪现出的光芒。过了几天，我又在她的小作文中看到这样一行字：“廖老师，一直以来，我都认为自己是个非常不起眼的学生，我从来都没被老师重视过。可没想到，你才给我们上了一次课，竟然能叫得出我的名字，这让我兴奋了好几天。以后我一定好好学习语文，回报你对我的关爱。”我没想到，叫出学生的名字，竟然会有如此大的魔力。

那么叫不出学生的名字，是不是意味对她们的淡漠呢？学生的名字在教师的心中是模糊的，那教师对学生又会有多少清晰的爱的脉络呢？

想到这儿，突然有了主意，我走到学生面前，亲亲热热地揽住她的肩，陪她到了校门口，我差点忘了，自己就是她最好的“出门证”。在低头和她说话的瞬间，我清晰地看到了她学生卡上的名字——章心洁，我终于叫出了她的名字。

在回办公室的路上，我长长地吁了口气，又“忽悠”过了一位学生，可这回我却没有丝毫的得意。我的思维闪闪烁烁地跳跃开去：我是什么时候开始不再擅长或者不愿意去快速记学生名字的呢？是在讲台上时间久了，慢慢地倦怠了热情？还是当我张冠李戴，学生却说“没关系，没关系，允许老师慢慢记住我们的名字”这样暖人心怀的话……

在千回百转之间，我想起了自己儿子的故事。

第一天送儿子上学，老师在门口迎接，见到儿子，脱口喊出他的名字，我愕然，看着儿子略带腼腆地笑着，跟着老师欢快地进了教室。我想起半个月前，老师来家访，那是师生的第一次见面，可就这一次，老师却记住了儿子的名字，我心中满溢着的，是对这位年轻老师的无限感激。自从儿子背上小小的书包，我便和所有的父母一样，祈盼着在每一个阴晴风雨的日子里，老师都会温柔地注视着他，像对待自己的孩子一样深情；会给他如花的笑颜，像暖春的阳光一般动人；会轻柔地抚过他的头发，像风一样带给他爱的惊喜；会轻巧地喊出他的名字，像自家人一般亲昵。祈求一切的同时，我怎么竟然忘却了，自己的肩头也负荷着许多份同样的期盼呀。①

慎重你的夸奖

读毕淑敏的最新文字，里面有这样一则小故事：一位朋友到北欧做访问学者，周末到当地教授家做客，看到教授五岁的小女儿满头金发，眼珠如同纯蓝的蝌蚪顾盼生辉，异常可爱，极其美丽，禁不住抚摸小女孩的头发夸奖道：你长得这么漂亮，真是可爱极了。

教授等女儿退走之后，很严肃地要求朋友为刚才的夸奖道歉，教授说，漂亮这件事，不是她的功劳，与她个人基本没有关系，你夸奖了她，孩子小，不会分辨，就会认为这是她的本领，而她一旦认为天生的美丽是值得骄傲的资本，她就会看不起长相平平甚至丑陋的孩子，这就成了误区。而且，你未经她的允许，就抚摸她的头，这使她以为一个陌生人可以随意抚摸她的身体而可以不经她的同意，这也是不良引导。教授接着说，不过你还有机会弥补，有一点，你是可以夸奖她的，你把礼物送给她，她的微笑和有礼貌，这是她自己努力的结果。

当着孩子，夸奖他的长相，在我们周围随处可见，我们认为这是一种礼貌，被夸奖的孩子和家长也都会很高兴地接受；看到可爱的孩子，我们会很自然地亲近他，认为这是表达喜爱之情的最直接方式。毕淑敏说：

① 此文发表于《中等职业教育》2015年第1期。

“孩子不是一件可供欣赏的瓷器或是可供抚摸的羽毛，他们的心灵像很软的透明皂，每一次夸奖都会留下划痕。”泛滥我们的夸奖，对孩子其实是一种“伤害”。

看来，对孩子的夸奖，我们也要慎重！①

勤理羽翼待时飞

——记衢州中专幼儿教育专业学生张翼

五月的一天，衢州中专传出喜讯：该校幼儿教育专业学生张翼经层层筛选，被市教育局确定为中日“亚洲之桥”项目公派赴日留学生人选。一时间，张翼的名字成了学生中最为流行的话题。不了解张翼的人说：这是幸运之神对她的垂青；而熟悉她的人却说：机遇从来只属于有准备的人。

城里出生的张翼，并没有令人艳羡的童年。两周岁时父亲病故，母亲为了挣钱养家，只得把小张翼交给外公外婆抚养。不幸的童年使得小张翼与同龄孩子相比，显得有些早熟——当他们还在父母怀里撒娇时，小张翼已习惯在寂寞时，独自一人静静地细数心事；在幼儿园里受了委屈，回到家却从不向外公外婆哭诉。在她幼小的心灵里，她始终认为自己已经长大，能够处理自己的事。

漫漫的童年时光匆匆而过，小张翼在老师和同学的印象中，似乎除了那双清亮而略带忧郁的大眼睛之外，并没有什么特别之处。然而进入初中后，她的艺术天赋终于渐渐地显露出来。当她第一次站上讲台，用略带颤抖的声音给同学们唱起《童年》时，她赢得了生命中第一次喝彩的掌声！正是这第一次掌声，为她此后的生活抹上了一道亮丽的色彩。

如果说，三年的初中时光使她发现了自己身上的“闪光点”，那么，进入衢州中专对张翼来说，则是成功地确立了人生的坐标。苦涩的童年，

① 此文发表于《衢州日报》2015年第9期。

使她想起了许许多多和她处境相似的孩子，他们需要一份来自老师心灵深处的呵护；拮据的家庭经济，使她想到应该尽早参加工作为亲人减轻一份负担。带着这些想法，她报考并如愿以偿地成为衢州中专幼儿教育专业的一名学生。

饱满的种子，一旦落入肥厚而滋润的土壤，其成长无疑是茁壮而迅速的。在衢州中专，张翼的才艺得到了充分的发掘与展现。刚进中专，在校园歌手大赛上，她就以一曲《橄榄树》摘取了大赛桂冠。从此，提起张翼如果有人还不熟悉的话，只需补充一句“就是那棵橄榄树嘛”，人们就会立马反应过来：“哦，是她呀!”凭着一口标准而流利的普通话，她成为校广播室的播音员，因工作出色，半年后就成为广播室负责人；为锻炼自己的社会实践能力，她参加了校记者团，因为反应快，表达能力强，团里常常把重要的采访任务交给她；在平时的各项演出活动中，她是节目主持人，落落大方，有条不紊；看似文弱的她还是校篮球队的主力队员，教练对她的评价是“球感好，意志力强，在球场上有一股拼劲”……

张翼在衢州中专的校园里俨然成了一颗最耀眼的“星星”，处处闪耀着光芒，许多同学都由衷赞叹她的天赋，羡慕她的成绩，却很少有人了解那光芒背后的艰辛。

2003年的元旦文艺晚会，作为主持人，张翼为使自己的开场白、串联词新颖而精练，不断地写，不断地改，直到凌晨四点。当稿子终于写好时，她才发现自己冻得通红的手已难伸开。刚进中专，张翼的舞蹈基础并不好，有些动作尽管老师一遍又一遍地教，可还是难以掌握，她甚至也偷偷抹过泪。要强的她决定狠下功夫，回家苦练。拥挤的家腾不出地方，她就在门前的水泥地上反复练习，膝盖擦出了血，脚底磨起了泡，她不吭一声，咬咬牙继续练，直到自己满意为止。

她的好学是出了名的。在每个月不多的生活费中，她总是先挤出一部分用来买书，剩下的再来安排伙食。有一次在书店，她因“贪心”多买了几本，付完钱时却发现口袋里只剩下七元钱了，于是整个礼拜的伙食便只能靠榨菜就饭打发。

翻开张翼在中专的履历表，你会诧异，一个花季女孩，在短短一年半的时间里，竟能获得如此多的荣誉——校园手抄报比赛年级一等奖、校花卉展览比赛第一名、校园歌手大赛一等奖、校演讲比赛二等奖、校讲故事比赛二等奖、2002年市舞蹈比赛一等奖、柯城区创建学习型家庭“我说我家”演讲比赛优胜奖、2004年浙江省首届中等专业学校幼儿教师专业学生三项技能口语竞赛三等奖……

面对荣誉，有人会把它当作一种炫耀的资本，以至成为前进中的绊脚石；而有人会把它当作一种鼓励，并转化为前进中的动力，张翼无疑属于后者。在获知自己在众多竞争对手中脱颖而出终获留日资格消息时，这位十六岁少女的脸上写满了灿烂，但她了然这个人生机遇中蕴涵着的分量。“老师，您放心！”这是她在班主任“絮絮叨叨”的叮嘱后挤出来的一句话，就一句。

张翼，多好的名字，你就张开丰满的羽翼，在广阔的蓝天尽情地翱翔吧！[①]

勤理羽翼待时飞
——给张翼同学的回信

张翼同学：

你好！

你最近的来信我们已经收到，信写得好极了。记得你的第一封信，学校找了一位学生，在升旗仪式上朗读，你信中流露出来的真切之情，让她深受感染，她动情地读着里边每一个跳动的音符，让每一位师生沉浸在异国他乡的美丽与生动中，那一次，她收获了最热烈的掌声，当然，极大一部分是献给你的，这是学校老师与同学以此来表达对你的赞赏与鼓励。你是学校千挑万选才送到日本去的，这不仅代表学校也代表一个

① 此文发表于《衢州日报》2014年12月。

国家，能不慎重吗！在日本的表现，让每一位老师与同学都为你感到骄傲，尤其是你信中写到的两件事，一是在马拉松越野跑中，24 千米，上坡下坡，天阴冷，又下着雨，开车路过的人向你招手，而你竟然选择跑完全程，这需要多大的勇气。你战胜了中途不断放弃的同学对你的诱惑，咬紧牙关，冲向远方的目标，那情景感动了自己，同样也感动他人，能让自己感动的东西，是最熠熠闪光的部分，我想，所有的中国学生都会为你冲向终点喝彩。一个异国女孩怀着用自己的实际行动为本国学生赢得尊重的信念，接受了超体力负荷的挑战，并且赢得了胜利，这能不让人感叹吗！

另一件事，在所有留学生都不敢上台谈来日感受的时候，我们不知道他们有没有把期待的目光投向你，我们只知道，你自信地走向舞台，开始了你最紧张也最具意义的一次演讲，你又一次赢得了赞誉。我们相信，你当时一定笑得很灿烂，如樱花一般的美丽，是吗？你自豪，我们更为你的自豪感到骄傲！

你为我们描述了日本的异国风情，我们从你的字里行间看到了任何一个国家都有它可爱之处，也看到了一个中国留学生一颗弱小却时刻跳动的爱国赤心，我们也从中知道了你的自尊好学，上进与可爱，你是一个多么受人欢迎的人。我们想对你说：我们一直都相信，你是最棒的。

学校准备为你办一个个人展，让每一个同学都知道，我们学校有你这样优秀的学生，你是他们学习的榜样。

你离开学校将近一年了，在这一年里，你取得了很大的成绩，我们学校也一样，办学取得了很大成效，在社会上赢得广泛赞誉。去年 4 月份，学校被命名为首批国家级重点中等职业学校，当时你还在学校，一定也记得，那是我们学校发展的一块里程碑。8 月份，你迈出国门之际，我们正进行校园搬迁，9 月 1 日，职教中心开园庆典活动隆重举行，在喜庆、热烈的氛围中，在庄严肃穆的队列里，在隆隆的礼炮声中，我们的心和学校的脉搏一起跳动，我们仿佛看到了学校腾飞的步伐。在这一年里，我们迎来了许多国内外的专家来校考察，迎来了全国各地的领导来校视察，时任浙江省委书记的习近平同志 10 月份来我校视察，中国教育电视台《走进浙江》栏目全面介绍我校的办学经验，我们的学校正不断地走向全国，迈向国际。学校也涌现出很多优秀的学生，在今年年初结束的全国中等职业学校“文明风采”竞赛活动中，我们学校的学生共获得2个国家一等奖，4个二等奖，9个三等奖；在刚刚结束的浙江省美术专业高校联合招生专业术科考试中，余建慧同学从17000多名考生中脱颖而出，以96分（总分100）的专业术科成绩位列全省第一，成为浙江省美术专业高考状元，我校报名参加此次考试的10位同学，分数全部在80分以上，大大超过合格分数线（合格分数线为60分）。看到学校越办越好，越来越兴旺，作为母校的一员，相信你会由衷地感到高兴，中专因你而骄傲，你也会因母校而自豪，因为只有好学校才能培养出优秀的学生，而优秀的学生也成就了学校的发展，你说，对吗？

一个月前，我们给你寄了学校的专题片与《衢州中专报》，不知是否收到。

翁校长提议给你写这封信，他一直关心着你，我们所有的老师和同学都惦念着你（尽管很多新同学没有见过你，但他们都知道你）我想，这封信一定能在你回国之前收到，它带去我们真诚的问候与美好的祝福。

祝你

快乐！

二〇〇五年四月二十五日

岁月如灯

我知道你山中的柳丝哪一枝先绿，我知道你嫩绿的小苗哪一支先露角，可我已离开你很久了，青春的足迹却深深地印在那一片土地上。

——题记

我走进你时，是在那个炎热的夏天。那是我 18 岁，师范刚毕业，背起简单的行囊，走了 5 里山路，坐上了一艘客船，又中转到另一艘船，在柴油机震耳的嗒嗒声中，缓缓前行三小时后，把我带到了你的身边，成了这片土地上的一名乡村女教师，开始了青春岁月一段崭新的旅程。

那所初中学校，总共三个年级，80 多位学生。三间平房就是三个教室。操场是一片平坦的黄泥地，也是这个乡镇的集聚点，人来车往，人的喧哗声，拖拉机的轰鸣声，谱写了一曲杂乱的乡村乐章。在这片黄泥地上，矗立着一个木制篮球架，或许是地基不深，又有些破烂，篮球猛击在篮板上，篮球架便颤颤悠悠的，就如一位上了年纪的老太太，迈着三寸金莲，蹒跚在田间小道上，给人以不期许的慌张感，但就是这个篮球架，让你能分辨出这也许就是一所学校。

当第一次走进教室，我惊呆了，偌大的一个空间，只有十几个小脑袋在晃动。顿时，我的心就如农民看到广阔的田地上，只稀稀疏疏地点缀着几株禾苗般，透心凉。

每天早晨的第一节课，透过教室的窗户，我会看到一片片绿油油的藤叶上挂着晶莹露水的丝瓜，看到一位农妇忙碌的身影，听到鸡鸭抢食的争吵声。每天上午的第四节课，一阵阵菜在油锅翻炒所散发出来的香味便会随风飘进教室。这时候，教室门口时不时会探出一个脑袋，随即重重的一声“阿东”，如炸雷般，让原本静悄悄的教室爆发出一阵哄笑声，叫阿东的这位同学会微微红着脸，走到教室门口，从他家长手里接过中餐，又略带自豪地坐到位子上，教室又恢复了宁静。

在忙碌中，白天过得很快。但是，当夜幕降临的时候，乡村出奇的宁静让人的心灵感到隐隐的不安。打牌、搓麻将是乡里人最常用的娱乐。但我不愿意在无聊的消遣中蹉跎岁月。我曾经把录音机放得震天响，一个人如疯子般伴着音乐在操场上跳舞旋转；我曾经戴着耳麦，吼出不成调的歌；我曾经拿着手电筒，在马路上跑步。我想让自己的生活多姿多彩，我想让青春留下斑斓的色彩，我想让艰苦岁月充满生机，但这些躁动，总不能让我的心平静。

于是，我开始读书了。我报名参加了自学考试，终于，我的日子变得平淡而又厚重。白天忙碌之后，夜晚，我就静静地坐在桌前，开始了与书本的对话，一年半的时间里，我读完了24本如砖头般厚的自学考试教材，做了一大摞的读书笔记，也完成了专科的学业；又用了两年的时间，读完了28本教材，完成了本科学业。当我取得本科文凭的那一年，我离开了那所初中，到了县里的一所高中；再后来，我又进了城，同时考上了教育硕士，开始了我的另一段学习与职业生涯。但是，在夜幕下那一盏灯、一本书、一个影子的岁月却永远留在我的心里。

那段岁月，就如一盏灯，照亮我前行的脚步。

补种，在秋天里

前两天，在一本杂志上看到《在秋天补种》这篇文章，一下子被它的标题吸引了，觉得自己的年青时代一直是在补种中度过的。

中师毕业，本该只是一位合格的小学老师，结果却被直接分配到初中学校任教，于是，补种了两年，取得了自学考试的大专学历。三年后，又被调到县里的高中学校，又通过自学考试，补种了三年，完成本科学业。之后，又从乡下选调到城里，补种了一个教育硕士学位。

因为需要补种，勤奋学习成为青春远航的动力；因为需要补种，增长本领成为青春搏击的能量；因为需要补种，在春天时节跟上时代发展的步伐。

现在，我的人生似乎已经走到了秋季。秋天，生命的太阳已经偏斜，花谢了，叶枯了，内心难免彷徨压抑。“梦想还是要有的，万一实现了呢?”是的，“在秋天里补种，就不用顾虑太晚”。古今中外在秋天补种，而收获颇丰的比比皆是。齐白石40岁学画，60岁成名，90岁丹青妙笔，终成一代宗师；钟道隆45岁学英语，不仅能说一口流利的英语，还因发明了“逆向英语学习法”而蜚声教坛；塞万提斯出生于一个贫困家庭，仅受过中学教育，一生颠沛流离，多次入狱，50多岁开始创作《堂吉诃德》，并成为世界上最伟大的作家之一。

“世界那么大，我想去看看”，引来人们对教师责任感、幸福感的思考。在秋天补种，就要有带着幸福感去做教师的良好心态。我们的幸福不只来自外界的赋予、物质的回馈，而应得益于内心的充盈，来自心灯的呵护、薪火的维系和传承；来自精神的给予获取、吞吐吸纳。抛弃内心深处的迷惘与惶恐，因为青春的逝去一定不是从皱纹开始的，而是好奇心和求知欲的丧失。因此要以一种豁达的胸襟面对突然冒出的白发与眼角渐深的皱纹，珍惜上天赐予我们的仅有一次的生命，细细地体味她，慢慢地咂摸她。学会开心工作，开心生活，懂得在忙中享受，在累中快乐；学会尊重自己，宽容他人，在做中充实，在行中提升。努力做好自己该做的每一件事，在人生的秋天，让自己的心灵永远充满真善美，让自己变得更加从容和优雅。

在秋天补种，就要有活到老学到老的雄心壮志。学习的目的，知识的获取，相信都不仅仅是为了构建生存的框架，抑或是为了塞满荷包。它在于，让我们对这个世界拥有更透彻的理解，更多样的视角，以及更柔软的包容，从而带来更丰富的愉悦方式和更平和的生活底气。等我们老的时候，或可纵论时政，或可追逐新科技，或可与其他国家的人交流广场舞的技巧，或可摆脱走马观花又强迫购物的旅行团，更重要的是，这种不断前行的状态，会让人忘记年华的流逝。

“自古逢秋悲寂寥”，秋天是一个让人伤感多思的季节。拾起春天美丽的梦想，怀抱夏天火热的希望，在云淡风轻的秋天出发。人生，可以在秋天里补种，努力，任何时候都不嫌太晚。[①]

---

① 此文发表于《衢州教育》2015年第9期。

将学习进行到底

曾有人说，读书，是世界上门槛最低的高贵。确实，在阅读上花的每一秒，都会沉淀成将来更好的自己。

19岁的那个夏天，我在中等师范学校毕业，背起简单的行囊，走了5里山路，坐上了一艘客船，在柴油机震耳的嗒嗒声中，缓缓前行三小时后，来到了偏僻山区的一所初中学校。自此，我就成了一名乡村女教师，开始了职业生涯的崭新旅程。

自考——我职业生涯中最重要的一笔

中师培养的是小学教师，而我却成为一名中学语文老师。第一次到县教育局开会，教育局的一位老师问我，你是哪个学校毕业的？我忐忑地回答他，衢州师范学校毕业的。他笑笑。我意识到，在学历上，我不是一名合格的中学教师。

于是，我想到了自学考试。第一次到教育局报名，一口气就报了四门（这是极限），报名处那位有着丰富经验的老师劝我说：自学考试不容易，一开始不要报考那么多，到时考怕了，就再也不敢来了。我觉得自己的基础不错，应该能考出来的。记得，上中师的时候，就喜欢静静地阅读，枕边堆满了书，两本厚厚的《唐宋词鉴赏》一首一首细细读，认认真真地背，拜伦诗歌也是那时喜欢上的。看看身边的同学，大多也都沉浸在书本中，让思想伴随阅读自由飞翔。校园广播有长篇小说联播，记忆最深的是徐志摩和陆小曼的故事，于是，背诵徐志摩的诗成了我业余的功课。校园里有一个专栏，同学发表的作品都在此展示，心中便又多了一份阅读的动力：希望有一天，自己的文字也能变成铅字。读书时代，有着多么令人留恋的书香……

参加自学考试，又回归了“书香时代”。工作之余，周末，夜晚，我就静静地坐在桌前，开始了与书本对话，一年半的时间，我读完了 24 本如砖头般厚的自学考试教材，做了一大摞的读书笔记，完成了专科的学业。又用了两年时间，完成了本科学业，在领毕业证书的那一天，我作为优秀学员代表在全市自学考试毕业典礼上做典型发言。对于一个偏僻山村的老师来说，这是当时最高规格的一次讲话，它给予我莫大的鼓励，让我觉得，即使在最偏远的地区，哪怕是在被人遗忘的角落，有追求，就能有机会让自己“亮”起来。

在这所没有围墙的大学里跋涉的四年间，我又因为工作努力，调到县里一所高中，担任语文老师。因为有了本科文凭，有了报考城里学校的敲门砖，于是，三年后我离开了乡村，考进了衢州中专。回想自学考试的那段岁月，它就如一盏灯，照亮我前行的步伐，让我从乡村走向了城市。自学考试，更是引领我走进阅读的殿堂，从而，培植心灵的光辉，激扬理性的思考，张扬人文的精神，丰厚专业积淀，这为我成为一名受学生欢迎的语文老师打下了坚实的基础。

读研——我专业成长中最关键的一笔

作为一名有着 10 多年教学经历的教师，积累了一定的经验，然而，犯了几乎所有一线教师的一个通病，就是擅长积累经验，不善于提升经验，理论思维严重缺失；善于传播经验，不善于传播理论，理论意识非常淡薄。越是走向教育深处，我越能感到，理论素养的薄弱，限制了专业高度和职业的幸福度。尽管，平常阅读不间断，读文学作品，读专业杂志等，但是，没有系统的学习，就缺乏专业的视野。没有学术追求和理论指导的教学实践，也终究是盲目的、低层次的。于是，我再一次萌发了“考学”的念头，期望能够在校园里聆听专家学者的教诲，接受专业的训练。2004 年，我报考了浙江师范大学的教育硕士，每天上班途中，手握英语单词字典；下班，摊开课本，认真做着笔记。一年的准备，如愿以偿地走进了大学校园。

这是我第一次成为大学校园的“正宗”学生，内心充满欣喜，也倍加珍惜这个学习机会。在读教育硕士的这四年里，我遇到了一批好老师，像王尚文老师，他年岁已高，为了聆听他的课，我们曾联名写信向学院申请，有幸请来了先生，他时而慢条斯理，时而“手舞足蹈”的课堂，轻松而又智慧，尤其是先生强烈的人文情怀和纯净温暖的内心世界深深打动着我们，令人心生敬仰。李海林老师是我们的班主任，他的课总是座无虚席，甚至会把隔壁班的同学都吸引过来，他敏锐的学术眼光，深邃的思想，严密的逻辑，睿智的思考，幽默的谈吐，课堂激情洋溢，一气呵成，深深吸引着我，我几乎一字不漏地记下他的讲课，认为他离我们的教学实际最近，他授课的内容最管用，他成了我专业上的引领者……读研期间，教授们列了很多的阅读书目，我认为都是大浪淘沙的精华，因此也一本一本认真地读，感觉自己在慢慢地进步，在渐渐地成长。其中对我影响最深的是我国大陆课程与教学论专业语文教育方向的第一位博士——王荣生教授的书，我读他的《语文科课程论基础》，当读到语文教师专业工作的三大准则：参与课程研制、用教材教、为了每一个学生的发展，我如同醍醐灌顶，多年来的教学实践终于找到了理论的依据和支撑，当直面这些教育教学理论的时候，有着山重水复中的柳暗花明的欣喜。在理论的浸润下，我克服职业倦怠，努力成为一名追求教育质量和职业幸福的语文教师。

阅读——我工作生活中最坚守的一笔

我曾到原市教育局姚宏昌局长的办公室，好奇地问他，作为一名教育局局长，工作繁忙，怎么还能经常在报纸上看到他的文章。姚局长打开柜子，我惊讶地看到，整个柜子都是他的剪报，一本一本，整整齐齐，我恍然大悟，对“读书破万卷，下笔如有神”有了现实的理解。

阅读滋养底气，思考带来灵气。语文教育界前辈于漪老师说：“一堂课，要备一辈子。”终生的阅读与反思才能备好一堂课，前辈的教诲震撼了我，于是我在笔记本的扉页写下了这样一句话：学习、阅读、思考是教师成长的生命线，每一天我都应该这样做，时时督促自己，要养成阅读的习惯。《中国教育报》我每天都看，《中学语文教学》每一本我都读，《人民教育》每一期我都收藏，我认为这些都是思想含量极高的作品，有思想的教师，才能走得更远。

我总是叩问自己，成为优秀语文教师，最关键的是什么？我始终认为，最关键的是“底蕴”，教学理念是可以更新的，教学技巧是可以速成的，教学方法也是可以学习的，而底蕴却需要“百年磨一剑”的心力。想想，季羡林、朱自清这些“大家”都曾是中学语文老师，旁征博引，信手拈来，想想他们的课堂该会是怎样的丰厚与扎实，成为他们的学生是何等的幸运。想到这些，我学习的脚步就不会停下来……

第五章

我与孩子的对话

新起点，遇见更好的自己

儿子：

你升入高中，到了新学校，开启了一段新征程 。妈妈一周没见到你了，很挂念，和爸天天在家念着你。

每天，看你班主任廖老师发在班级群里的照片，看到军训时你挺拔的身姿，认真的神态，我们觉得你很男子汉。听讲座、看汇报演出时，你有沉思，有轻松，这是常态的你。在班里自我介绍时，你的笑容很明亮，那是来自心底的自信，不枉你这么多年来，一直坚持阅读积淀。底气不是一蹴而就的，是长期积累、慢慢显现的。尤其看到你，三次主动补充其他同学的发言，这让妈妈很是意外，因为你一直不太愿意过多地展示自己，刚跨进高中的大门，就有了新突破，你又成长了一步。我和你爸，天天翻看你在学校里每一天的照片，我们真是喜欢现在的你：阳光、开朗、自信，帅极了！

从小到大，妈妈几乎把你放养，因为你是个自律的孩子，你能自我管理。你知道，爸爸妈妈工作都很勤奋，从小就没有给你很多的陪伴，妈妈曾因出差，把你“寄养”了好几次。妈妈努力工作，努力学习，其中一个重要原因就是想让你明白，每个人都有自己的职责，每个人自己想要的生活和未来，都得自我奋斗；不管年龄怎样增长，只要不放弃追求，生活都会是美好的。当然，我还听说，只有母亲优秀了，儿子才能更优秀。所以，妈妈尽管达不到你眼中的完美，但我尽量朝着自己认定的优秀的方向努力。

我和你爸时常回想你小时候的事，那时你总是粘着我们，出门了，你的小手紧拉着我们不放；晚上，爸爸经常给你读书，妈妈总有写不完的材料；你三岁时，就认识很多字，你还很自豪地跟人家说，是妈妈教的。你不愿意一个人睡，经常赖在我们床上不走……现在，恍然之间，你就成了小伙子，我和你爸经常为此感慨，时间都到哪去了，儿子怎么转眼就长大了！

长大的你，不再喜欢和我们一起散步，也不太愿意主动和我们交流，你更喜欢脱离我们的视线，因为，你有了自己世界，你有了更多的朋友，这就是成长。

前两天，遇到你初中时的叶霜校长，她说，你潜力很大，到高中后会更好。我完全赞同，因为你眼中有光，心中有追求，到哪里都可以绽放光芒。

此信，是妈妈在萍乡返回衢州列车上写下的，每一个字都是妈妈心中的自然流淌。

你阳光自信的笑脸，是妈妈心中最美的风景。愿它与你常伴长相依。

爱你的妈妈

2018 年 8 月 28 日于列车

按自己的节奏成长

儿子：

今天是9月1日，全国开学日。可你昨天已经回校上学，今天迎来了你进入高中的第一次考试，你应该不会紧张与焦虑，学习考试一直是你的强项。

上初中时，你已经历了无数次的考试，单元考，月考，期中、期末考，还有毕业、升学考。每一次考后，妈妈听得最多的一句话就是“炸了”，一开始，妈妈还有点紧张，不是紧张你考得不好，而是担心因为分数的打击，减弱你的学习兴趣和信心。没有兴趣，学习便是一件“苦差”，没有信心，就不会有年少的意气风发。后来，逐渐听多了，也就不急了，因为妈妈知道，就算是考“炸”了也差不到哪去。前天晚上，你跟爸爸描绘你初中考试的情景，你经常被同学说“虚伪”，因为，当你每次说“炸了”的时候，最终都是出人意料的名列前茅。有一次，你五门功课都说“炸了”，但成绩一公布，门门都是班里第一，班里女同学指着你齐声说“虚伪”，而许多男同学直接就给你一记“拳头”，那次你得到了无数的光荣“拳头”。妈妈知道，你所讲的“炸了”并不是“虚伪”，而是你的真实心境，只是你对自己要求高，你觉得每一次考试都没有达到自己的理想状态。你眉飞色舞地描述这个场景时，妈妈觉得你真是个意气风发、霸气十足的少年，青春年少就应该这样。

从小，妈妈除了逼迫你体育锻炼，从没有要求你去上课外补习班，你是原生态的，自由地生长。很小的时候，你自己的事，妈妈就让你自己做决定，自己做出选择。因为，妈妈觉得，每一个人才是自己最好的人生设计师。从小会选择，有主见，长大了才有男子汉的担当。

你成长的每一个阶段都有明显的印记。小的时候，最崇拜奥特曼，他就是你心中的英雄，所以，我们家到处都是奥特曼玩具。上幼儿园，你迷上了小卡片，还被小朋友们称为“博士”，于是我们家里的卡片可以铺满整个地板。上小学了，你迷上柯南，我们的书柜上就有 80 多集的柯南漫画。后来，你喜欢科学实验丛书，喜欢郑渊洁、杨红樱、沈石溪、曹文轩的儿童文学。我记得，小学五年级的时候，《明朝那些事儿》你都看了不少于 5 遍，你一个人就有 4 个书柜。沉浸在书的世界里，你的心灵更丰富，也激起了你思想的火花。你的好朋友刘浩说，你的知识都藏在肚子里。

现在，你依然爱看书，同时也喜欢动漫，你书桌上摆的、墙上贴的都是“动漫人”，你还买了两个动漫图案的大抱枕……你喜欢的东西，都会沉迷一段时间，会很认真地“研究”一段时间，这也让你成为这个领域的小专家。我们不但不限制你的爱好，反而给你足够的支持，我想，幸福莫过于此吧。

你曾经对妈妈说：“我不急不躁，就这样稳稳的，不信拼不过他们。”妈妈非常赞许。学习不是急功近利，而是一辈子的功课。

宝贝儿子：成长是有规律的，学习是需要积累的。你有自己的成长节奏，有良好的阅读习惯和学习品质，他们就像施在庄稼里的有机肥，一定会缓慢地、持久地发挥着作用，促使你茁壮成长。

所以，我相信，高中的你，也一定会是个博学多思、积极精进的优秀学生。

祝你

成长快乐！

爱你的妈妈

2018 年 9 月 1 日

出彩来自零散时间

儿子：

自从你住校，离开了妈妈的视线，回忆你成长过程中的点点滴滴，成了妈妈生活的一部分。妈妈突然想到，应该把它记录下来，因为，记忆只能独自回味，且经不起时间的考验，用笔记录，却可以真实的存在，你成长的足迹在文字中清晰可辨。点点汇聚，每每翻看，思绪像奔涌的潮水，漫过无边的心田，汇成静静的小溪，流淌在青春的歌谣里。温暖的旋律从心灵深处轻柔溢出，清脆地落在岁月的身旁，那是一种久远的飘香。

昨天，在班级群里看到你的身影，你和班里的同学，在晨跑前夕，利用零碎的10多分钟时间学习。视频中的你，脊背笔直，胸前背个包，手里卷着书，在朗朗背诵。小学的时候，你觉得语文很烦，要背课文。但每次，你都背得极认真，有时，背错了一个字，妈妈说“过了”，可你说“不行，原文不是这样的”，于是，又从头开始。初中以后，你对语文的喜欢才溢于言表，因为每一次语文考试，你几乎都有令同学羡慕的分数，这让你的内心充满了成就感，于是，你兴趣盎然，信心十足。今年暑期，没有任何强行的学习任务，你把大片的时间用来玩，玩得很痛快！但不知何时，你已把高一课本中的经典名篇背诵下来了。尽管熟读背诵是最传统的方式，但妈妈依然认为，这是语文学习最好的方式，多读多背，语感自然就有了。

从小，妈妈没有刻意地、专门地花时间教你识字，只是给你读一些你喜欢的故事；或者，跟你读读街上那些吸引你眼球的美丽招牌上的字；或者经常把你放在书店……就在不经意间，你就认识了很多字，就能够自行阅读了。妈妈觉得零零碎碎的时间，随心随意的学习，往往能呈现出更好的效果。

你从小就很会利用零碎时间，这让你痛痛快快玩的同时，也能拥有不错的成绩。

小时候，一到吃饭的时间，你必定手里拿着一本书，书就是最美味的菜，没有它，你就食之无味。妈妈不知从哪里看到，吃饭看书不利于消化，对肠胃不好，于是，用尽各种方法让你专心用餐，有引经据典的劝说，有轻声细语的感化，有义正词严的威吓，还有众口一致的思想教育，但你丝毫不为所动；于是，妈妈只能无可奈何地想，也许你的肠胃已经适应书的味道，那就顺其自然，让它成为一种习惯吧。你上厕所，手不离卷，同样也成了习惯。在车上，在商场，在任何可以看书的环境，你都会沉浸其中，那专注的神情最为动人。你被同学称之拥有“广博知识”，我想，很多是利用零散时间积攒而来的。

时间就是浸水的海绵。利用零碎时间确实是一种好行为。现在，作为学生，读书学习天天伴着你，但等将来长大后，每天就不太会有长时间的空闲让你学习。你就得在下班后的地铁上，在午饭后的小憩里，在出差的飞机上，把这些时间用起来。你每天也许只能几分钟、几分钟地学，把小的时间分散在一天里，如此学习阅读就成了你日常生活的一部分了。

人的生命可以从短短的间歇闲余中获得延伸，在延伸中取得非凡的成就。极短的时间，如能充分利用，就能积少成多地供给你所需要的长时间。宝贝儿子，好好利用你的零碎时间吧，它会让你更出彩！

祝你

快乐每一天！

爱你的妈妈

2018 年 9 月 9 日

做一个有血性的人

儿子：

今天是周六，你中午放学回家拿了书和手机，就到阿姨家去了。这周，妈妈接到你的电话，到学校看你两次，你早早地在寝室等候，很让妈妈感动。看到你欢快的模样，感受到你刚刚启程的高中生活，正如茂盛的阳光，洒在身上的透亮光彩、穿越心灵的芬芳繁华。青春最美好的样子，就是你现在的模样：笑容明媚，意气风发。

下午开会，遇到你的语文老师，他是妈妈多年的朋友，他说你上课发言踊跃，简直要“引爆”课堂了。妈妈听了，心里高兴，但也有一丝的意外。上高中之前，你一直是被老师钦点才会参加各种朗诵、表演。爸妈一直鼓励你，要主动，要积极争取参加各种活动，多方面锻炼自己，你都不赞成，不乐意。好在，你责任感强，即便是每一次“被逼”上台，你都会很认真、很尽责地发出自己的光亮。

开学前夕，老师家访，布置了自我介绍的作业。你是一拖再拖，拖到不能再拖了，才叫妈妈帮忙，简单地做了四张 PPT，自我定义为“真的是最草率的自我介绍”。你觉得自己最怕在人多的地方发言，你说站在台上“腿会发抖的”，还埋怨爸妈，小时候让你多练，结果越练越怕。你爸爱朗诵，自认为水平不错，妈妈又是语文老师，所以，你每次国旗下讲话或是演讲比赛，我们都格外重视，都要让你在家反复排练试讲。语言是有魔力的，尤其附上情感，就显得格外有力量，能感染人，激励人。一个人如有很好的表达能力，那也真是一种幸运，妈妈希望你为了得到这种幸运，而不断努力。如今，你在课堂上能够随意挥洒了，这是日积月累之后的水到渠成。

但是，你也有用武力去表达你内心的时候。幼儿园中班时，你曾一拳把叶宇宽的鼻子打出血。这让妈妈大吃一惊，内敛、沉静、谦让、讲理的你，怎么就挥手打人了呢？你的好朋友威威对我说，是叶宇宽不对，他老是来烦你，你忍无可忍才动手的。看到威威一脸的仗义，妈妈为你有这样一个小小年纪就仗义执言的好朋友而欣慰。但叶宇宽是你的同学，鼻子被你打出血，妈妈也很心疼。你爸爸带你去向叶宇宽道歉，宇宽的爸爸却说："让张策出手打人，肯定是我儿子不对。"我们听后非常感动，你身边有这么多关爱你的人，儿子，你也一定会是个懂得感恩的人。

小学三年级，你又打过一次架，那是和你的可遇姐。你们相差不到一岁，同在一个班，她开朗活跃，总是喜欢开你玩笑，捉弄你。班主任夏老师告诉我说，那天下午，你们姐弟俩在班里干了一架，我至今都不知原因，也没去查问。因为，你和小伙伴之间的纷争，爸妈从不插手，你们都能自行解决。

还有一次，你是因为妈妈而打你的朋友孙承晖，这是妈妈最深的记忆。那天，孙承晖在我们家玩，手里拿个弹珠在甩，一不小心，弹珠飞出去，正好落在妈妈的脸上。其实也不是很痛，妈妈只是想造作一下，就捂住脸，连说：哎哟，好痛，好痛。没想到，你直冲过去，干脆利落地给了孙承晖一巴掌。孙承晖懵了，妈妈也懵了。妈妈连忙向他道歉。同时，也告诉你，他不是故意的，不能这样打他。

那个阶段，你总爱和妈妈顶嘴，爱和妈妈唱反调，妈妈有过自责和忧郁，认为小时候陪伴你的时间太少，你和妈妈之间有了情感上的隔阂。但是，你这一巴掌，实实在在地在维护妈妈。妈妈看到了你身上的血性。血性是骨气，是担当，是正义感和责任感，男孩子需要这种品质。

你凡事讲规则，守纪律，从小就很遵守交通秩序，购物自觉排队，看到倒在路边的自行车，会主动扶起……两周岁的一天，爸爸下班回来，你一见到他，就气愤地控诉："我在电视里看到一个坏的人，小蹦蹦（你的小名叫蹦蹦）用金箍棒打打打。"看到你乌黑闪动的眼里充满的义愤，我想，这种正义感是与生俱来的吧。

变通本是褒义词，不拘泥于成规，而你却鄙视它。妈妈担心，你这样的正直正义，能不能适应社会法则。社会环境毕竟是复杂多样的，也许每一种变通的背后，都隐藏着一种不可言状的思绪。但我相信，随着社会文明程度的不断提升，你的这种优秀品质，定会成为整个社会的主流，你还是坚持做你自己吧！

妈妈用平白的话语，记叙你生活中的片段，等你将来长大，回望的时候，是否能有一些回味？

为你的风华正茂、书生意气喝彩！

爱你的妈妈

2018 年 9 月 15 日

生活有另一种高度

儿子：

今天，是中秋节，妈妈倾尽全力，烧出了你最爱吃的菜。喊吃晚餐时，你还在赶写作业。这三天假期，你把一半的时间交给了手机，你话语中也透露出内心的不踏实。在爸妈心里，你一直是个很能自我规划的人，所以你的课外时间都自由支配，爸妈很少干涉。

玩电子游戏，你从小就喜欢。妈妈知道，你生长的年代，就是信息化时代，作为这个时代的原住民，你拿到手机、看到电脑，手就特别灵巧，妈妈都不知道，你什么时候学会了打字，那些游戏不用学，怎么都会？妈妈曾经为此“抓狂”，担心你那双清亮稚嫩的眼睛，长时间专注地滞留在电子产品上，会受到很大的伤害。曾经下过禁止令，小学三年级的时候，你还写过保证书，保证每天不超过 1 小时，还把保证书贴在电脑旁，时时提醒。你爸心软，觉得你能自我控制，就专门买了一台配置更好的电脑。你的优越条件，吸引了其他两位同龄的小伙伴，放学后的 1 小时，你们三人轮着玩游戏，每人 20 分钟，正合妈妈心意，觉得你们玩的时间越短越好。但后来，才发现秘密，你觉得三个人三小时不算违规，但你知道妈妈不会答应，于是就偷着干。你们知道妈妈几点下班，分辨得出妈妈锁车门的声音，只要这个声音响起，就立马关机，电脑主机还用冰块去冷却，就算妈妈去检查，也查不出蛛丝马迹。你想做的事情，总有办法避开妈妈。曾经《斗罗大陆》这类玄幻小说，妈妈不赞成你多看，你就躲在衣柜里，用手电偷偷地看，妈妈是从你的作文里知道这件事的。“堵”不是办法，有多少种“堵”，就会有多少种对策，妈妈从你身上深刻体会到这一点。

小学五年级，你爸又把自己淘汰下来的智能手机给你，于是，手机就成了你最好的伙伴。儿子，尽管你的学习成绩一直不错，你也没有特别沉迷于电子产品，但妈妈更期待的是，你能多走出家门，多和人交往，多锻炼身体。作家卢新华说，人生须“读三本书，一本叫有字的书，一本叫无字的书，一本叫心灵的书”。一个人的核心素养就是要能够处理好人与自然、人与社会、人与自我的关系。在互联网时代，还要处理好人与网络的关系。

妈妈也在纳闷，技术到底是解放人、发展人，还是束缚人、奴役人？在成人的世界里，也常出现这样的现象：很多人睡眠之外，时时刻刻在刷屏，明知绝大多数信息无聊无趣，甚至扭曲、有害，仍止不住地去刷。越是刷屏，就越有信息饥饿感，一旦手机离手就会失魂落魄。妈妈自己也觉得，信息的海量堆积没有带来内心的充实，反而总觉得心里空荡荡的。信息化把星球上每个角落的人都有效联通起来，但同时，个人的内心也容易成为“孤岛”。信息技术的使用应当让人变得更聪明、更温暖，而不是冷漠、封闭。

“满地都是六便士，他却抬头看见了月亮。”儿子，生活有另一种高度。手机既是现实的存在，更有虚拟的蛊惑，愿你能再疏远它一点点，让现实的生活带给你更多的快乐！

爱你的妈妈

2018 年 9 月 15 日

在一次次目送中长大

儿子：

今天傍晚，你又返校学习了，这次是妈妈送你到学校的。十月的校园，飘满了桂花的香味，淡且远，正如我们一前一后落在校园林荫道上的脚印。

从你上小学开始，妈妈目送你的时候就越来越多。

小学，我们选择了离家最近的学校。走出小区，拐两道弯，穿过两条小街，10多分钟就到。住在八楼的孙承晖和你同班，上学时，你们结伴而行，大多时候，你们一起走路去、走路回，遇上下雨天或书包过重时，就坐三轮车，一趟的费用7块钱，你们都商量好了，一人一半，谁也不请谁。

每天早上七点，你很准时地探出小脑袋，朝着窗外喊两声“孙承晖”，八楼就有了应答。从此，你的呼喊成了小区的闹钟，渐渐成了“宽容的习惯”，一段时间没听到，就会有人好奇地问：这两天，怎么没听到你儿子喊孙承晖呀？四年级的时候，可遇姐住我们家，你们也同班，上学就更有伴了。爸妈每天只是目送你走出家门，挥手道别后，你便转身消失在电梯里。

三个小伙伴，有了“上学路上”，就会有很多故事。相比爸妈直接开车把你送到学校，你们的上学之路要丰富得多。其中，有三人闹别扭，气哄哄，独自回家的故事；有一人没考好，三人商量如何共同应对其父母的故事；有为避开邻班女孩围堵绕道而行的故事……

初中，学校离家只隔一条马路，你从教室到家的距离与到寝室的距离相近，于是，住校半个学期，你就申请通校了。每天，不到6点就起床，洗漱后赶到学校参加早锻炼，早餐也在学校。很多时候，尤其是大冬天，妈妈还躲在被窝里，你就出门了，妈妈连目送都没赶上。只有你晚自习下课回来，妈妈准时给你开门，欣喜地迎接你。

初中三年，在一个个清冷的或是闷热的夜晚，在一次次充满喜悦的等待中，一晃就过去了。中考时，你也不用爸妈接送。那天，6月11日早上，你背着书包去学校参加考试，我们送你出门后，想叮嘱几声，想想也没有必要，便无声目送，关门；然后，不约而同地回到窗台，趴在窗沿上，看着你高而宽的背影渐行渐远，湮没在树丛深处，消失在小区的尽头。我们同时感慨，儿子终究是要长大的，终究要离开我们的视线，而且不经意间就这样定格。

上高中了，学校离家也不远，走路也就10分钟，你住校，每周回家一次。有时，妈妈会到学校去看你，更多时候，妈妈还是目送你一次次地走出家门。有时，你回来，会兴高采烈地跟我们描述学校的事，更多时候，你愿意一个人待着，认真地完成作业，听听音乐，做你喜欢做的事，并且，不愿我们过多地关注与过问。

于是，我们时常回想你小时候，那时，你时刻粘着我们，只要一出门，就牢牢地牵着我们的手，仿佛牵着的是整个世界。不知从什么时候开始，你就离我们越来越远。一起去看电影时，你喜欢独自一人走在我们前面；上学了，不愿我们接送，有时路上遇见，也不愿搭乘我们的车。即使同车，也戴上耳机——只有一个人能听的音乐，是一扇紧闭的门。我们只能想象，你的内在世界和我们一样波涛深邃，只是，我们进不去。

妈妈时常想起龙应台的话："所谓母子一场，只不过意味着，你和他的缘分就是今生今世不断地在目送他的背影渐行渐远，你站立在小路的这一端，看着他逐渐消失在小路转弯的地方，而且，他用背影默默告诉你：不必追。"

儿子，你在爸妈一次次目送中渐渐长大，这个过程，会一直在我们的回首中，在我们深刻的记忆里，它仿佛是一条绵延的心河，两岸的风光荡涤出无限的思绪，惆怅、美好而又充满温情……

在一次次的转身、一次次的目送中，更多的是我们深深的牵挂、默默的祝福和长长的思念。

祝你

学习快乐！

爱你的妈妈

2018年10月6日

珍视自己的每一步脚印

儿子：

又一个周末来临，妈妈想着跟你说点什么。上周，你班主任廖老师发来短信，说你情绪有点低落，希望我们多关注、多陪伴。从心理学上说，你正处于“独立人格形成”期，独立意识渐强，不希望受过多的管束。其实，你从小学开始，就有很强的独立意识和个人主见。

有人说“少年不识愁滋味，为赋新词强说愁”，其实妈妈知道，你们也有很多愁：愁成绩、愁考试、愁作业、愁未来、愁压力、愁友谊……还有一些莫名的愁。内心世界有多么纷繁多彩，个人情绪就会有多少波折流动。妈妈和你一般年龄的时候，喜欢读汪国真的诗，比如《有一段时间》，是这样写的：

随意的时候很少/失意的时候很多/有许多美丽的渴望/转瞬都成了泡沫/心很冷的时候/太阳也失去了光泽/好像没有使人高兴的事情/只独自嚼着苦涩/拨响凄清的吉他/唱一支悲凉的歌/在很深很深的惆怅里/等待命运转折的时刻。

尤其最后一句，直抵心间。心转晴，命运便转折。

但凡是人，总会有精神“短路”的时候，那时，会特别的懊恼沮丧，消沉暗淡，容易自暴自弃、自我否定，仿佛自己就是个最无用之人。妈妈那时有写日记的习惯，现在把它翻出来细细凝视，便心情缓释、眉宇舒展，返回到平静的理性状态。其间的力量，就是来自生命本身，远远大于旁人的劝解。正如《摆渡人》一书中所说的：每个人都有自己的内心荒原，而真正的摆渡人是你自己。

生活中的每一天，都将成为昨天。昨天经过一夜风干，它可以成为一个深奥的课堂。这个课堂里没有其他学生，只有自己。当不良情绪来临时，我们要明白，它，都会成为昨天，只是，当下我们要用自己的方法去化解。把它记录下来，是一种比较好的办法，哪怕几行字，哪怕是写着写着，流出泪来，那也是一种排解，倾诉过后，便转化了一种心情，让自己生机勃勃起来。

每个年龄阶段，都会有不同的烦恼和感悟，也都会有独特的美丽和光亮。珍视自己的每一步脚印，每一段心路历程，让它走得稳健、扎实。不管是学习，还是生活，它都是一场马拉松赛跑，比拼的是身体和耐力。妈妈曾带你到海南去看海，你是否还记得，当浪花打来的时候，小灰雀总能迅速地起飞，而海鸥总是十分笨拙。然而，真正能飞越大海的还是“笨拙”的海鸥，它靠耐力飞过浩渺的边际。

从小学到初中，你都有优异的成绩。和你很有共同语言的徐老师对我说，希望你能有几次考试失败，受几次挫折。我告诉他，你小学的时候，数学曾考过 65 分；初中时，有一次考试也在年级 100 名之外。我知道，对于学生，每一次考试，都是心情的晴雨表，没考好，内心肯定会难过，自尊心也会受伤害，妈妈作为一名老师，理解这种心情。接下来，你学习的课程会增多增难，妈妈相信，你能行！你能行，不代表你每次考试都必须要有满意的分数，只是希望，你能抵住压力，不气馁、不焦躁、内心强大，一步步走稳，最终的胜利终将属于你。

儿子，一颗种子发芽，那种挣开包锁自己的硬壳，顶出板结的土壤的苦难，对一粒柔弱的芽来说，是顶天立地的壮举。一个人奔跑、奋斗时的力量，应该大于一颗种子！

望你

珍视自己的每一步脚印，踩准自己的节奏，走出稳健的步伐！

爱你的妈妈

2018 年 10 月 12 日

从梦想出发

儿子：

阳光暖融融的，从窗外透进来，碎碎的金色光华洒在桌面上，暖暖的。在这样一个秋高气爽、温暖如春的下午，与你谈谈未来吧。

你会觉得未来很遥远，但未来总是从梦想出发的。小学时，老师让你写关于梦想的作文，你说，梦想都是虚无缥缈的，你没有梦想，而且，明确表示，很反感写此类作文，于是，我们就不再追问你的梦想。初中时，我相信，你们的梦想都是在成绩与分数中打转。你教室的后墙，贴满了班里同学的奋斗目标：“我要进到年级前 100 名”“我数学提高 10 分”诸如此类。于是，你们刷题的节奏就在我的脑中闪现。我还拍下刊登在走廊墙面上“骄傲人物”的照片，那里有你，是你自觉的、持之以恒的努力所换来的荣誉。追赶你的脚步，也成了其他同学的目标，妈妈为此骄傲。

当你走进高中的大门，妈妈也曾问过你，你心目中理想的大学，你最想学的专业，你都避而不答。我知道，你是一个有主见、有追求的孩子，你一定有自己的奋斗目标和人生梦想。只是，你始终让它留在心中，不张扬，不浮夸，而用实际行动去追随，用坚定脚步去接近。这样也很好。于是，我们便也不再追问。

这几次回家，你与我们有说不完的话，聊起你们为迎接“创文”检查，男生们边刷洗厕所边高声唱歌的畅快，说起你们男生分别给班里同学取绰号，对应水浒里的一百单八将。说起男生时，你眉飞色舞，开怀大笑，妈妈可以看出，你和男生相处得很好。说到女同学，你有很多的“不习惯”，不习惯女生的说话语气，你觉得她们很做作，你还模仿她们的语气和动作，惟妙惟肖，我倏然发现，自己的儿子竟然有这么好的表演天赋。你还觉得她们心中只有自己，你定义为“自私”，比如，问老师作业，她们几乎占用了所有的时间，没有给其他同学机会，等等。你不知该如何更好地与女同学相处。

小学时，你的同桌是女同学，她经常拧你耳朵，你还能容忍。你们男生跑步没跑好，老师常罚你们加跑，而几乎不罚女同学，你很气愤，不能容忍，觉得老师偏心，男女不平等。其实，性别不同，差异就会存在。美国心理学家约翰·格雷说，男人来自火星，女人来自金星，只有认识这种差异，才能有相处中的和谐，“火星·金星”理论还被纳入哈佛大学课程。人与人的相处，也是你从过去到现在到未来一直延伸的课题。

从哲学上说，世界上没有两片相同的树叶，同样，世界上也没有两个完全相同的人，即便是双胞胎，长相相近，性格也会迥异。正是一个个不同的人，才构成世界的丰富多彩。交响乐的动听，便告诉我们，任何美妙的乐章都是由多种乐器合奏而成，排斥任何一种都不行，都会影响声音的感染力和表现力。生活就像天边的彩虹，不论哪种颜色最美，七色的汇聚才是它的特征，才是它的最美。因此，你要学会宽容与接纳身边的每一个人，尤其是女同学，因为，你的一生，你的未来，都会有女性相伴。包容与大度也需要你在未来岁月中慢慢沉淀。

前天晚上，妈妈陪你到诊所挂针，看到一辆摩拜单车倒在路边，你主动地扶起，还与小时候一样。长在心底的善良与责任，是你扎根的大地，也是你翱翔的天空；长在心底的善良与公民的责任感等优秀品质，也是你的未来，它们将会是你实现梦想的翅膀。

走在未来的路上，梦想就是一个人生活的基调，是一个人灵动的色彩。对一名高中生而言，考上心仪的大学，是最美好的梦想。但真正的、最高层次的梦想，都蕴含在你思想的深远和精神的无涯。梦想使我们不断出发，而路上的欢乐一定比到达目的地之后的满足更加结实。

愿你，从梦想出发，收获精神的富有和心灵的高贵

爱你的妈妈

2018 年 10 月 26 日

十六岁的雨季

儿子：

这个周五，你的心里下了一阵“雨”。

我清晰地记得，你背上书包，兴高采烈地去学校晚自修。因为是周末，想放松一下，所以拿了手机和平板电脑。

周末在家，你自由惯了，可以边做作业，边听歌；可以看你喜欢的动漫；可以和朋友 QQ 聊天；可以玩网络游戏；当然，你也会认真完成作业，也会自由阅读。

“你的周末怎么能这么滋润呢?”初三时，妈妈经常这样问你。

“妈妈，你不知我在学校里有多拼。”

“你怎么都没有家庭作业呢?”上小学时，妈妈也经常这样问你。

“在学校里早做完了。”

正因为爸妈从来没有强压给你学习任务，周末属于你放飞心灵、自由享受的美好时光，所以，你在学校才会争分夺秒地学习。身心放松的周末给你高效率学习带来动力。

现在，你把这个习惯带到了高中，一件意想不到的事就这样发生了。

你把平板电脑借给另一位男生玩游戏，被老师发现，当场没收。

你不曾想到，周末也严禁带电子产品进学校，而在班里玩游戏，更是“洪水猛兽”。

凭着一贯的作风，你去向老师要回平板电脑。于是，加剧了这场“暴风雨”。

妈妈也随之被老师约谈，这也是你上学以来，妈妈的第一次经历。

晚上将近 10 点，妈妈急急忙忙赶到学校。你站在老师面前，低着头，眼中隐隐含着泪光，像一只受伤的小鹿。妈妈见到你的一刹那，就深信，你已经认识到自己的错误，你内心最大的期待就是得到理解与宽容。

把手机和平板电脑带到学校，你告诉过妈妈，你还说有一个同学等着用。妈妈和你一样，完全没有意识到这是一件严重的“事故”。妈妈也有错，也该承认自己的错误。

同时，也为你向老师说情，只因妈妈了解你，知道批评到怎么样的火候，对你的震动最大，效果最好。妈妈希望你得到的是一次深刻的教育，如果过了火候，可能就会演变成一种伤害，在心里留下难以磨灭的阴影。

你在教室大哭一场，似乎是一种“绝望”中抗争的恸哭，妈妈从来没有见过你如此的“心碎”。

这是十六岁少年的心灵“雨季”。

上周末，妈妈陪你去办银行卡，因为你获得新生欧派奖学金。

工作人员问：“满 16 周岁了吗？”

“刚好。”妈妈不假思索地回答。

“还差几个月。”妈妈恍然想起，你才 16 虚岁。

上高中了，觉得你瞬间长大。儿童脸颊那种圆鼓鼓的可爱感觉已经被刀削似的线条所取代，棱角分明。但是，你毕竟才十六岁。在老师眼里，你还不稳重，有时像夏天一样狂热，烦躁；同学会说，你成熟，像秋天一样深思熟虑；朋友们会觉得，你有激情，像春天一样生命力旺盛；妈妈认为，你爱消极，像冬季一样消沉。于是，你就陷入迷茫，不知道自己是怎样，也不知道应该怎样。其实，你就是你，既是春夏，也是秋冬，因为十六岁才有这彩色的性格。

不经历风雨，怎么见彩虹？妈妈感谢，在你十六岁的时候，受到这样一次打击与挫折。让你认识到，生活中不仅有似锦繁花，也有雷鸣电闪。如果你是个有坚定信念和目标的人，你就不会长久地抚摸伤痛，而是在短暂的痛心之后迅速地清醒，继续向前。这样，你的内心才会越来越强大。而一个内心强大的人，“风也会青睐他”，整个大自然都将帮助他，他也一定能走出一片艳阳天。

愿你

还是那个眼中有光，心中有梦的翩翩少年。

爱你的妈妈

2018 年 11 月 11 日

在星辉斑斓里放歌

儿子：

妈妈正在读美国物理学家泰格马克的《生命3.0》，顺便和你聊起了人工智能。你认为人工智能的发展已经遇到瓶颈，超级智能也就是生命3.0，没有几百年实现不了，根本没必要杞人忧天，你是技术怀疑主义者。尽管妈妈不太赞同你的观点，但依然为你有自己的见解和宽广知识而感到高兴。

你对物理一直感兴趣，尽管，这次期中考试物理成绩最不理想，但你依然想让它成为你高考的选考科目，爸妈会建议你去听听老师的意见，综合考虑再作出选择，一旦你选定，我们一定支持你、信任你。从小到现在，你让爸妈最不操心的就是学习成绩，因为，对于学习，你从小就懂得规划，并且付诸实践。

记得你小学五年级时，有一次家长会上让我做代表发言。

“夏老师让我说说是怎么教育你的。”妈妈对你说。

“其实都是我自己弄的。”你回答得干脆利落。

确实如此！

从小就放飞你，让你在自己喜欢的空间里自由翱翔。但有一根线，我们始终牵着，那就是为人的根本：正直、善良、勇敢、诚实、守信、宽容、感恩等等，当人品和学识相辅相成，一个人才会飞得更高更远。

上幼儿园时，有一次，你把同学的玩具带回家，你爸竟连夜带着你还回去。第二天，他跟你班主任叶老师说起此事。

“家长的反应有些过激了，小孩把同学玩具带回家，也是无意识的，只要第二天还回去即可。”你爸至今记着叶老师的教诲。

妈妈做得最多的，就是想方设法把你“赶”出家门，不让你做“宅童”，但好像效果一直不明显，你还是喜欢待在家里。喊得最多的，就是

“不要老弓着背”“不要坐得歪歪扭扭”“精气神到哪去了”。这点，你现在做到了，时刻保持着挺直的脊背，但不是妈妈唠叨出来的成果，而是，长大了，对自我形象的本能要求。

在你的意识中，周末和假期都应该属于自己，除了学校布置的作业尽力完成，你不会把更多的时间用于刷题。

上小学，你扑闪着清亮的眼睛说：“妈妈，给我找一所没有作业的学校。”

儿子，妈妈到哪去给你找没有作业的学校啊。

一年级时，写字很慢，做作业的时间要长一些，你很烦躁，因为没有更多玩的时间了。于是，有一天，妈妈对你说：

“儿子，妈妈帮你做数学题，但妈妈是语文老师，数学很不好，有可能会做错，你要检查。”

我当学生，你当老师，你可有成就感了。老催：“妈妈做好了没？我要检查了。”你把妈妈做错的题目一一挑出来，还很鄙视地说：“妈妈数学水平真差。”

遇上一些聪明题，妈妈就会向你请教。“学习金字塔”理论说：教授给别人，知识能保留90%，因此，学习最好的方法，就是把它教给别人。你做作业时，妈妈干自己的活，不在旁边陪同。妈妈想让你明白，学习是你自己的责任。

你还没有出生时，我就和你爸树立一个信念：我们家张策是很优秀的。不管他长得好看还是不好看，不管他聪明与否，不管他成绩好坏，我们都要无条件地爱他。儿子，你也没让我们失望，果然长得和我们渴望的一模一样。我们一直坚持这个信念，你也就积极向上地朝着我们期望的方向发展。

信赖，往往能创造出美好的境界；而你，也一直在星辉斑斓里放歌！

爱你的妈妈

2018年11月18日

你自己决定吧

儿子：

今天，是元旦，雨雪过后，太阳还没出来，阴沉沉的天，但它依然是美好的一天。凡数之始称为“元”，在新年的第一天，妈妈想跟你聊点什么。

今天刚好妈妈值班，早早就出门去学校了。离家之前，来到你的房间，你还躺在床上，原本今天有竞赛课，但你不想去。

“妈妈，我这两天一直没睡过好觉，不去行不行？”

“你自己决定吧。”这是爸妈常对你说的话。

一学期过去了，也适应了高中生活，你一定会比妈妈更了解自己的学习状态，更知道自己努力的方向，更懂得规划自己的时间与课程。

上次，英语竞赛（国赛）你也请假了，身体不舒服确实是一个原因，但深层次的，可能是你害怕“失败”，因为你没有很好地准备。儿子，失败并不可怕，可怕的是没有尝试的勇气和决心。没有人是永远光鲜亮丽的，不是有句歌词叫“不经历风雨，怎么见彩虹”吗！当你看到那些成功人士“闪亮”的时候，你一定不要忘了，他们背后有过多少的打击与黯淡，只是，他们一直坚守、笃定自己的目标，不失信心，勇往直前，永不放弃。

洛克菲勒对他的孩子说：我一直相信，机会是靠机会得来的。再好的构想都有缺陷，即使是很普通的计划，但如果切实执行并且持续发展，都会比半途而废的好计划要好得多，因为前者会贯彻始终，后者却前功尽弃。成功没有秘诀，要在人生中取得正面结果，有过人的聪明智慧、特别的才艺当然好，没有也无可厚非，只要肯积极行动，你就会越来越接近成功。

今年学校的元旦晚会，你上台表演了课本剧《财神与爱神》，你演父亲的角色。爸妈觉得你班里的孩子真厉害，把最适合的角色让你来演，父亲的专制、对金钱的认识、对儿子的爱，你都有较为深刻的理解，所以你的表演很到位，但这不是最主要的，敢于尝试，勇于挑战，在适当的时候，主动作为，积极展示自己，这才是妈妈赞赏的。除了学习，能够让生活更加地丰富多彩，也是妈妈的期盼。

你的兴趣其实很广泛，除了爸妈“逼”你体育锻炼，其余都是你主动的选择，都是你自己说了算。上高中，作业更多，能自己支配的时间越来越少。因此，你特别珍惜在家的时光，除了完成必需的作业，你就坐拥自己的世界。前天晚上，妈妈去学校接你，路过书店，你又去买了些书。你看书速度非常快，这也是长期阅读积淀下来的能力。

你还爱看电子书。除了环保、省钱、携带与查阅方便，我不觉得电子书有什么过人之处，反之，它更容易让人视觉疲劳，而且那大多是快餐式阅读，快速地浏览，花絮多于思想，内心的跌宕也限于情节的曲折。在课业很繁重的年代，我一直不太赞成你专注于电子图书。在我看来，捧着书，一页一页地翻阅下去，闻着墨香，留下笔迹，阅读才更具质感。

读书最认真的时代，应该是“抄书”时代，需要一字一字地抄写，不得不仔细校阅，也不再浮于表面的思考。“印刷”时代，很多书来得容易，就不必认真读了，只要有钱就可以“坐拥书城”。而如今，电子图书来了，只要一按键盘，就可“收入囊中”，给人“腹中有书五车矣”的错觉。

时代的车轮总是滚滚向前，碾碎了旧时代的落后，带来新技术的光明。尽管传统的精髓，在时代冲击中显得有些落寞，但它依然会在某个角落里发着光，照亮一些人的内心。因此，我还是喜欢看你认真地手捧纸卷，一字一字地读，享受读书带来的那种闲适、深思和沉潜。

儿子，妈妈不想成为一个“唠叨”之人，所以选择用书信的方式，表达自己的观点，给你一些提醒与参考。

祝你

新年快乐，向着美好出发！

爱你的妈妈

2019 年 1 月 1 日

人生第一任务是健康

儿子：

妈妈外出学习三周，你又挂针了，因为扁桃体发炎。小时候，你就受它的困扰，几乎每月都要到诊所报到。

“张策，你怎么又来了？”诊所医生见到你就这样说。曾经想过，切除扁桃体，可你那么小就动手术，爸妈舍不得。上小学后，你的体质越来越好，但妈妈一出差，你似乎就要感冒挂针。因此，离家前都要叮嘱你爸，照顾好你。上高中，你住校，有次妈妈出差回来，得知你又挂针了，你笑笑说，这次不关爸爸的事。

前两周，你牙齿又痛。阿姨带你到医院检查，竟然发现你还有两颗乳牙。痛了，烂了，医生只得把它拔了，还说：乳牙滞留，比较少见。你便少了一颗牙。“现在一般不会长出来了。”医生说。可是，昨天你外公说，他20多岁还长牙。于是妈妈又寄希望这颗牙能自行长出，如若不行，只能去种植了。小时候，你就爱吃糖，妈妈怎么劝都不听。还有，爱喝饮料，现在还是。“最好的饮料就是白开水。”可妈妈始终说服不了你。但那些麻辣烫之类的街头小吃，你觉得不卫生，从小就远离它们。上周全国英语竞赛，因为牙齿疼，请假了，英语老师说“可惜了”，还让你爱护好身体。

饮食与锻炼，是一个人拥有好身体的关键。

爱甜食，如巧克力、糖果、饼干等，爱喝饮料，不爱吃水果，吃饭不怎么挑食，不吃辣，拒绝抽烟喝酒，这是你饮食的主要特点。

在饮食上，我们只希望你少喝饮料，少吃零食。

如何让你“动起来”，一直是我们面临的一个大难题。从小，我们不逼你上各种补习班，唯一逼过你的，就是让你参加体育锻炼。你学过游泳，现在也游得不错，还学过羽毛球，学过篮球，动作都很专业。不像妈妈小时候，没有教练，游泳能力就是在大水库里扑腾出来的，羽毛球、乒乓球、排球等都是与小伙伴们“玩”出来的。

哈佛医学院约翰·瑞迪教授提出了一个非常惊人的论断——运动是优化大脑功能最强大的工具。运动不但可以提高身体素质，还可以培养坚毅品格、忍耐精神与团队协作能力，可以改变一个人的精神状态。我和你爸这些年一直坚持一项运动，我们充分感受到它带来的变化，你应该也能感受到。我们家有良好的运动氛围，如果你能加入，那氛围就更好了。

日本作家武者小路实笃说：“对人生来说，健康并不是目的，但它是第一个条件。”儿子，为了这一任务，你得重视体育锻炼，最好能让它成为你的一种生活方式。

爱你的妈妈

2018 年 1 月 6 日

要成为一个什么样的人

儿子：

期初考试结束了，你排班级第二，年级第十五名，连寒假作业都没好好完成，还能稳固自己的成绩，有点出乎我的意料。如果你这次考砸了，我准备好好与你聊聊假期时间的利用，比如，假期是用来超越的，假期是用来补短的，等等。我都准备好说辞了，因你还保持着自己的成绩优势，这番说教就硬生生地咽了回去。我在想，如果你能把周末和假期的绝大部分时间用在功课上，会是什么样的成绩呢？

可是，人生除了学习、工作，还应该有生活。你在繁重的学习之余，还能坚持自己的爱好，节假日还有玩的时间，让生活多一份色彩，我应该感到欣慰吧。

上周，有位同事跟我说，你小学学校在遴选优秀毕业生，他们认为你排在第一位。因为你是唯一一个没有上过补习班，仍拥有此成绩之人。你班里学生戏称你是“九科课代表”，用这个称赞你门门功课都好，可真形象有趣。

“假期就是用来玩的，谁也别想管我。”前几天，你在我面前发出这个自由宣言。其实，你不说，我也明白，你一直都是这样做的。你在学校里很“拼”，作业基本在校完成。周末时间，是你赚出来自由支配的时间，你期待所有人都不要干涉。

上次，你跟我说，看到你周围的同伴，如此用功地学习，把分数和高考作为唯一的奋斗目标，你很不理解，甚至不屑。因为，那是你初中时的思想，而你现在，在思考“我应该成为什么样的人”。你认为，自己都是提前迈进，你在高中阶段，就有了大学时期的思考。

儿子，当你跟我谈论这个话题的时候，我真感到自己思想的贫乏。恐怕每一代的年轻人都比他们的父母想象的要复杂，要深刻得多。我们之间的差距是三十年。在这三十年里，我都没有好好地去想这个问题，我只知道，在该读书的年龄，就用功读书；在工作的阶段，就努力工作，始终保持一颗积极向上的心。我觉得是学习与工作、失败与挫折、进取与奋斗、态度与责任把我塑造成什么样的人，而没有让自己主动成为一个什么样的人。事实上，我们那个年代，自我选择的机会并不多。我报读师范，毕业后回老家工作，等等，这些人生基调，都是环境的逼迫和时代的研判，不是自己的主动选择。在现在这样一个开放的时代里，你的选择机会应该要多得多，成就自己的机会也会大得多。

人都是在变化中成长。曾经“粉嘟嘟”的脸蛋，亮晶晶的眼睛，现在是线条棱角分明，眼神宁静深沉，透着一种独立的距离，这是从儿童到青少年外形的蜕变。“要成为一个什么样的人”，心灵的成长让你内心迷茫而焦灼，这又是一个绕不过去的坡。

幼蝉的蜕变，挣扎、背脊开裂，折叠的翅膀如同尚未发好的豆芽，湿淋淋地蜷曲着，看到这些，如果我们动恻隐之心，用手指撕开蝉的外壳，帮助它快些娩出，那迎接我们的将是它枯萎的生命。所以，儿子，成长过程中的哀伤与痛楚，只能自己去承受，尽管磨合很苦涩，但生机勃勃的变化就在这寂静和摩擦中不可遏制地绽放。

变化，使我们有新的美丽和新的机遇，变化使我们成熟，但它首先是使我们痛苦。人生中最重要的变化，一定伴随着许多焦灼和忧虑，甚至可以说，如果没有刻骨铭心的痛，变化就不够清醒与完整。

儿子，当“要成为一个什么样的人”再次在你心底发出呐喊时，我应该为你庆贺，因为，你将经历一次蜕变；之后，将是阳光带着七彩照过来，照亮你曾经忧伤的心，照亮你眼前美好但望不到尽头的路。

爱你的妈妈

2019 年 3 月 22 日

保持健康是做人的责任

儿子：

人要坚持做一件事，其实是不容易的。

自从你跨进高中的大门，我便决定每周给你写一封信，记录你成长的点滴。你周末一回家，就能够准时收到我的信，尽管你从未回复，也不知你是否认真读了。但我要做的，就是坚持我认为自己应该做的。

但是从今年三月份开始，这件事就断了。因你开始通校，每天晚上回家住，我天天都能见到你。也是从三月份开始，我走进健身房，训练强度有些大。工作之余，锻炼之后，就想放松休息。有人说，健康的身体乃是灵魂的客厅。其实，我运动健身，一是希望自己有个好身体，能好好工作，不让家人操心；二是有个好心态，积极向上，乐观开朗，给身边的人带来正能量；三是希望更年期撞上青春期，在激越与叛逆的较量中能和平共处，化对抗为对话，实现共同提升。

我努力去做了。可是，每每看到你的房间乱成一团，而你熟视无睹，还因不想整理，振振有词地和我争辩；每每看到手机不断消磨你的黄金时光，而你还津津有味地沉浸其中，多次提醒无果；每每看到你一心宅家，拒绝去感受大自然的气息，拒不出门锻炼身体；甚至，你近来经常冒出类似“他妈的”这样的口头禅……是的，我内心的怒火“蹭”的一下就被点燃了。其实，我知道任何一个孩子都不可能完全活成父母期待的模样，如果这样，那也一定是这个世界最大的损失，因为世间最美的风景，是一个个活出各自模样和体系的人。

但是，不知为什么，父母总是喜欢对孩子提各种要求，而且，还强硬地认为，这些要求都是合理的，都有利于他的成长。儿子，你妈妈也不免落入俗套，你也将就了吧。

不知从什么时候开始，“我要成为什么样的人”，这个哲学上的叩问困扰着你，让你内心苦闷不已（我在第 14 封信里，和你讨论过这个话题），也许还有我们观念的不同频，思想的不同步，也让你苦闷。那天中午，你说：“妈妈，你不要再骂我了，你看我的手。”

“天哪！你是用什么，在手臂上划出一条条血痕的？”儿子，你要知道，任何一个父母，都愿意付出全部，守护孩子的健康。小时候，每次带你去挂针，我都希望，病长在我身上，免去你受苦。但难就难在，不是每一个父母都知道该如何去守护。于是，不同的思想观念，不同的生活经历，不同的时代特征，不同的追求爱好，不同的语言范式等等，造就了所谓的代沟。其实，我是多么讨厌这该死的代沟，我也是很努力的，努力地缩小这看不见摸不着的沟壑，想走近你的世界，和你平等沟通对话。

儿子，我多么希望你的生活处处是阳光，你的内心永远鲜亮明媚。正如麦加对他的儿子说的：“在长大的路上，如果不是吉星高照，这条路必定是漫漫长长的，坎坎坷坷的，风风雨雨的。而每一个父母，都想变作一颗吉星，高悬在孩子的头顶，帮他们化掉风雨，让和风丽日一直伴着孩子前行。”但这是不可能的，我也不会这样做，不然，你的人生必定是空洞的、苍白的、弱小的，至多不过是一条缸里的鱼，盆里的花，成不了一个“大写”的人。

前天，你班主任王明老师家访，你能跟老师说出你的心里话，我们很欣慰。但你表现出来对我们的“怨气”，我很是震惊，但我们会反思的，做得不对的地方，今后一定改正。毕竟，我们也是第一次当父母，我们和你相处的方式到底好不好，你是唯一的验证。

前天，你说要跟我去健身，着实让我激动了好一会儿，但去了一次之后，你就放弃了。荷兰哲学家斯宾诺莎说，“保持健康是做人的责任”，我非常赞同这个说法。儿子，生命在于运动，实际上，你非常需要一项能长期坚持的运动。运动不仅能让你保持良好的体形，还可以释放压力，锤炼意志，促进身心健康。小时候，我们就没逼过你学习，但一直逼你去运动。理想的人是品德、健康、才能三位一体的人。

你身心健康，茁壮成长，我们的心底就开满了鲜花。而你在青春路上，跃过泥泞坑洼，才能邂逅一树繁花。

祝你

开心快乐！

爱你的妈妈

2019 年 8 月 10 日

我还是蛮厉害的

儿子：

这些天，“我还是蛮厉害的”这句话一直在我的心间萦绕。那天晚上，大约十点吧，我坐在床头看书，你推开我的房门，探进半个身子：

“妈妈，我还是蛮厉害的。”

“我三门学考都是 A。”

我，如释重负，心里乐得像开了花。

因为前些天，你还跟我说，考“炸”了，肯定没 A，尤其物理。尽管从初中开始，每次重大考试后，你几乎都说“炸了炸了”，但实际的结果却都尽如人意。所以，妈妈相信，你哪怕是考炸了，也差不到哪去。

从小到现在，你的学习成绩一直都令人艳羡，我们也跟着沾光呀，“你们家张策厉害啦”“你儿子的学习都不用操心”等等，类似的话，任何一个家长都爱听的，你的妈妈当然也不免俗，内心也很有自豪感。

所以，妈妈也真希望，你每次考试都能有一个满意的成绩，这不仅仅是满足一个妈妈的“虚荣心”，更重要的是，我希望看到你眼里自信的光芒。

从入学开始，每一个阶段都面临着不间断的考试，我知道，考试的成绩对于一名学生来说，就是心情的“晴雨表”，只因它被冠了很多的“光环”，它可以大张旗鼓地去评价一个人，它可以成为重要时刻的关键一步，它可以改变一个人的命运，它甚至可以决定一个人的未来，这都有很多的例子……所以，它太受关注了，它太受宠爱了！

从每一天的生活来说，它不仅是学生的“晴雨表”，也是老师的晴雨表。考好了，老师的心情灿烂，看你的眼神会更带光芒。考砸了，也许是更多的关切。而你需要的，是坚定的眼神，那会给你莫大的鼓励，让你勇往直前，战胜内心的那一抹飘忽。

你一直是一个眼中有光的孩子。辅导你数学的徐老师说，他很少看到你这样的学生，眼睛会发光。儿子，妈妈在乎你的成绩，就是希望看到你眼中的光。

老舍说：“考试制度是一切制度里最好的，它能把人支使得不像人了，而把脑子严格地分成若干小块块。一块装历史，一块装化学，一块装……”把人的脑子分成一小块一小块，这是多么的“残暴”。你是一个有自己主见，内心有追求的人，这样一个墨守成规的考试制度，不能让它暗淡了你眼中的光芒。

“我还是蛮厉害的”，这句话是妈妈心中的亮光，让我看到一个意气风发少年心中的霸气，一个风华正茂学子的清狂，这多好呀！

“信心赛黄金”。自信的人从不轻言放弃，跌倒了再爬起来，继续向前走。莫言说：高考很坏，但没有高考更坏。拼尽全力为梦想，挑灯苦读争第一，努力与付出，智慧和汗水，都要在这条青春的冲刺线上尽情释放。

“我还是蛮厉害的”，对于妈妈来说，这是最动听的一句话，希望它永远伴着你，越过所有的风雨和阴霾，内心永远明净敞亮。

爱你的妈妈
2019 年 8 月 25 日

我不用调生物钟

儿子：

早上五点多，你就起床了，因为今天是9月1日，开学了。

当我起床时，你已经整理好书包，换好了校服，神清气爽，假期的慵散倏然不见，这猛然让我想起杜甫的诗“宗之潇洒美少年，皎如玉树临风前”，翩翩少年、意气风发就是这个样子吧。如此美好的形象，妈妈满心欢喜。

“我五点多就醒了，生物钟都不用调”，早餐时，你这样说，眼角飞舞的神采还清晰印在我的脑中。

“关键时刻，你表现得总是很好。”我接过话。

是呀，你是一个多么自律的孩子！

前两天，你爸在书里看到心理学家做的“棉花糖实验”。

研究人员告诉一群幼儿园的孩子：

“盘子里有一颗棉花糖，如果马上吃，只能吃一颗，如果等十五分钟后再吃，我会再奖励你一颗，你就可以吃到两颗，这个由你自己决定。”

说完，研究人员就出去了。

房门关上后，三分之二的孩子迫不及待地把棉花糖吃了，只有三分之一的孩子忍到最后。

研究人员对这些孩子进行了几十年的追踪与研究，发现，那些能够为获得更多的棉花糖坚持忍耐更长时间的，要比那些缺乏耐心的孩子成绩更优异，有更清晰的人生规划，与朋友相处更融洽。

当时，你爸很自信地说，张策肯定是那三分之一忍住没吃糖的孩子。我也这么认为。

我还记起刘墉书中，记录了一段与梁实秋同桌用餐的故事：

冷盘端上来，梁先生说他有糖尿病，不能吃带甜味的熏鱼；

冰糖肘子端上来了，他又说不能碰，因为里面放了冰糖；

什锦饭端上来了，他还是说不能吃，因为淀粉会转化成糖；

最后，端上来“八宝饭”，我猜他一定不会碰了，没想到梁先生居然大笑道“这个我要”。

朋友提醒他“里面既有糖又有饭”，梁大师则笑说他知道，就因为早知道有自己最爱吃的“八宝饭”，所以前面特别节制。

“我前面不吃，是为了后面吃呀。因为我血糖高，得忌口，所以必须计划着，把那配额留给最爱。”

懂得自律与规划，才能享受生活的最爱。

其实，你一直都这么做的。小学时，家庭作业几乎都在学校里完成，回家后，你就可以做自己喜欢的事。

初中，学校里争分夺秒，完成各种作业，你就拥有了周末。

高中，学业更重了，你在学校也可谓是分秒必争，但仿佛有永远做不完的作业，有永远考不完的试，但我相信，你也能规划好，顺利蹚过这一段接一段的学习浪潮，成功抵达理想的彼岸。

康德说：所谓自由，不是随心所欲，而是自我主宰。凡是自律之人，必怀奋斗之心，因为他们分得清主次，懂得什么是本职，什么是长远和未来。“我不用调生物钟”，不就是一个明证吗？

相信你的自律，时光都会在未来的日子里，以另一种美好的形式馈赠于你。

祝你：

开心！

爱你的妈妈

2019 年 9 月 1 日

我有难兄难弟

儿子：

前天，走到小区的转角，一缕清香摇摇曳曳、隐隐约约飘忽而来，猛然惊觉，桂花开了，中秋节到了，你已开学半个月了。

开学第一天，迎接你的便是考试——全省名校协作联考，这是你进入高二的第一次考试，也是你选课后的第一次考试，或许因为你不够重视，暑假用于学习的时间太少；或许是因为刚开学，还没完全适应；或许是选课后新的组合方式，淡化了你原来的优势；或许，有些功课学得还不够扎实；或许还有更多其他的原因……总之，你在班级排名第 14，年级第 146 名。从班级前 3、年级前 15 名的跌落，滑铁卢似的，这可是你上学以来，排名最靠后的一次。

成绩出来了没有？考了多少？这些话一般都不问，考过了，我们也只是静静地等待。

成绩一周后才公布。

“儿子，这次考试成绩不理想，你还好吗？”晚自习后你回到家，我特意轻描淡写地问。

“还有一位年级前 3 的，这次倒退得比我还厉害，我们是难兄难弟。”你回答说，一脸的淡然。

我提着的一颗心终于放下了。

原本想要开导、劝慰你的话，可以不用说了；原本担心你脸上会有霜容，不知如何才能消却；原本担心你内心会有烦躁，而我又爱莫能助；尤其担心，会挫伤信心，暗淡你的光彩……

真是要感谢你的那位难兄难弟，在困境中给了你一个坦然淡然的心境。我相信，他的内心也因你而豁然开朗，应该说，你们用同样的心境，共鸣共勉，化解了一段彼此的不如意。

其实，平时考试的最大意义，在于暴露存在的问题，在于考验自我认识，在于激发新的斗志。一次考试应该是一次全新的开始。

记得初二时，有次期中考，你从年级前10一下子跌到年级150名。

“要祝贺你了，偶尔失利在平日，中考时，将没有风险。”你最大幅度的跌落，我当时内心是这样窃喜的。

因为，我知道，考试，不能要求你次次圆满，失误在平时，胜过关键时刻。你中考不是获得了两区前10名的好成绩，登上学校的光荣榜了吗？

但是，平时的每一次考试，我们也都必须重视，因为，那是一个练兵场，百炼才能成钢。

没有发挥好，不管是后悔、还是难过，都已成事实，改变不了，你这次用“难兄难弟”开解自己，那也是不错的，至少消除了心里的阴霾。但我们更需要做的，就是思考：什么影响了我，或者哪一科影响了我？这次哪科最差，为什么没有上去，是学习态度，还是方法出了问题？我们要明白，自己在班里到底是第几？我的定位在哪里？然后，制定新的学习计划，新的学习方案，同时，也要感谢这次考试暴露了自身的问题！

“我会做的题目又算错了。”

“我的答案填错了。”

“我原来是对的，后来又把它改错了。”

“这个我会的，不应该错的。”

……

几乎每一次考试，都会有这样那样的遗憾，这我完全理解，也深表同情。

但是，我们要记住，没写对，那就是没写对，算错了就是算错了，承认就好，不应该是没考好的理由。因为粗心大意，模棱两可，反映的就是自己知识不够扎实，正确认识自己，正视现实，这也是一种提升。

考试，还要考验心理素质，随着一次次的考试，我们的心理经受了各种磨砺和煎熬，高兴也好，阵痛也罢，都让自己变得成熟！因此，考试不是完成一张试卷那么表面化，它是你蜕变的开始，是你的加油站，也是你的磨刀石。每次考试，都是一次新的“唤醒”，都应该要有质的改变！

“妈妈，你的思维深度还不够。”前几天，你还这样批评我。

儿子，如果妈妈思维不深刻，讲得不透彻，你就自己完善吧，也许你已经有了更深刻的认识，有了更强劲的学习动力。

那么我就祝你：

下次考出好成绩，和你的难兄难弟实现共同飞跃！

爱你的妈妈

2019年9月14日

学习是我自己的事

儿子：

金秋有多美，山远天高，青山绿水，白草红叶黄花，真想国庆长假带你一起去领略；但我知道，你已不是当年那个“黏人”的小娃娃了，你现在已是个“独立的人”。

“不想和你们一起——看电影、旅游、散步、打球、健身、看书……”

“反正就是不想和你们一起”，这是坚决的态度，独立的宣言。

哪怕一起走在路上，你也走在前头，与我们保持10米的距离。成长是需要空间的，物理的，心理的……我们放手了，只做一个“远远的守护者”。

国庆，你已和小伙伴相约，四人去登九华山。照片上的你们，活泼生动，意气风发，你班主任称“四大天王”，还真是挺有“范”的，惹得其他小伙伴和家长好生羡慕。

走进大自然，多进行体育锻炼，是我们一直的期盼，甚至是“逼迫”。

还有理发，一直是“逼迫”。

“理发店人太多，一直多。”刚给我发短信，而你马上要去上学了。

“早干什么去了！都催好几遍。”我简直要发怒。

“我头痛。”你刚才的短信。

“睡一觉就好。”我的回复。

“没时间了。”你的言下之意。

“前面玩得痛快，别指望我给你请假。”我简直抓狂，因为这已经是第N次了。

“学习是我自己的事。”每当假期周末，我提醒、督促你学习的时候，你就理直气壮地回我。

学习是你自己的事，你说得真没错。真正的学习是从内心觉醒开始的。学习和成长一样，说到底是学习者自己的事，也只能是学习者自己才能真正对自己负责的事，最好的学习是自我学习，最好的成长是自我成长。

我还担心，你的作业有没有完成，是不是还想让我帮你请假？

爱你的妈妈

2019年10月7日

走进一个十八岁的孩子

儿子：

一场突如其来的“新冠肺炎”疫情，阻断了你按时回校的路，于是，有了一个加长版的寒假，也产生了一种新的学习方式——师生相约“线上”，课堂栖息“云端”，家庭变成了学校，家长成了校长，书房就是课堂。

高二的你，处于青春期，居家学习，家人的陪伴，常常会出现“冰冻状”。

“我走近他，他退后；我要跟他谈天，他说，谈什么？我企求地追问，他说，我不是你可爱的安安了，我是我。”

这是龙应台笔下，“脸上早没有了可爱的‘婴儿肥’，线条棱角分明，眼神宁静深沉，透着一种独立距离”的十八岁的儿子。

每当读到这段文字，我紧绷的心突然有了一种释然，十八岁的孩子就是这般模样。儿子，你今年也正好十八岁。疫情期间，我们一直把你留在乡下，只因，你喜欢，你习惯。当然，还有我们对你的信任，你独立自律，能自我管理，我们放手，只做一个“远远的守护者”。

不管是疫情期间，还是平时，我与你的对话，常态是这样的：

菜还好吗？

——嗯。

作业做好了吗？

——嗯。

在学校里还好吧？

——嗯。

手机伤眼睛。

——知道啦。

学习还好吧……

——别烦。

当然，有时，你也会滔滔不绝、眉飞色舞地向我描述你的高中生活，你的同学，你崇拜的老师，你喜欢的书，你对社会问题的看法，等等。那时，一个风华正茂、意气风发的翩翩少年就在我眼前闪烁。那时，一个母亲的内心世界顿时变得明亮，变得更有活力与朝气。但更多的时候，还是这种常态化的寥寥数字的交流。

“不想和你们一起——看电影、旅游、散步、打球、看书……”

“反正就是不想和你们一起。”

“不想你们来看我。”

态度很坚决，仿佛就是独立的宣言。

哪怕一起走在路上，你也走在前头，与我们差不多保持 10 米的距离。

你更愿意将自己的时间和交流给予你的同龄朋友。

很想走进一个青春期孩子的世界，很想靠近他，给予他一个母亲的关心与呵护；很想倾听他，帮助他，给予他成长的力量和心灵的抚慰……

但是，中年父母的挫折，可能多半来自他们正在成长的孩子不愿意把心门打开，让他们进入自己的世界。毕竟，这是两代人，中间隔个三十年。

弗洛姆说："爱是一门艺术，因此，需要知识和努力。"我也曾做了些努力。你喜欢日本的手板，喜欢一些网络游戏，但这些，我实在提不起兴趣。你喜欢看书，哲学的、文学的、历史的、心理学的，康德、村上春树、弗洛姆等，我利用一切业余时间，想赶上你阅读的脚步，跟上你思想的节奏，创设共同的话题。可看到你每天早出晚归，周末难得有点闲暇时间，也就让你自在地生活在自己的空间里，不去叨扰。

但是，我不能就这样，把自己和青春期的孩子隔阂起来，我需要把一个母亲的爱与关心传递给你，于是，从你高一下学期住校开始，就每周给你写一封信，我想通过这种方式，用文字走进一个十七八岁孩子的世界。

我没有要求你回复，因为你的时间太有限了，何况你很不擅长向自己的妈妈表达内心的情感，这是你的个性。记得，高一下学期，班主任让孩子给父母写一封信，你的信就写在信封上，内容是这样的：

没时间写了，

没东西写了，

将就着尴尬一下吧。

——张策

我也不问你收到信的感受，只是把我想说的话，用文字发给你。我想你一定会去看的。

有一次，跟你开玩笑说：

"儿子，万一你成名了，妈妈的这些文字，也可以发表。"

你看看我，眼睛还是清亮的，轻轻地说：

"那我会难为情的。"

一年里，二十多封信，两三万字，或许就是一小段一小段的成长记录，或许就是一个个小小的事例，或许就是夹杂在期间的一句句勉励与期待的话语。它只是表现了一种家庭沟通的方式，只是承载了一位母亲对儿子深切的爱，以及对教育的理解……

爱你的妈妈
2020 年 3 月 10 日

后 记

回眸，便成记忆

时间总是在不经意间溜走，待回眸，已成记忆。

2000 年，我从普通教育跨入职业教育的大门，从此，与她一起成长。20 多年的“麦田守望”，职教、文化、校园、学生、课堂……她们仿佛是流淌在我血液里的一首首诗，跃动出红色的脉搏，赋予我生命的底色，给予我前行的力量，成为我精神的滋养和情感的寄托。“思考的光，探索的路，情绪的海，白云流空，便是思想片片”，用笔记录，也许是最好的纪念。于是所感、所思、所想、所做，渐渐从心底涌动，流于笔端，就如天空流云，飘落而下，化成一段段跳动的字符。72 篇，近 20 万字，大多是近 5 年的感触，80%以上发表于各类报纸、杂志（除写给孩子的信），现将它们结集成书，心中有些许激动，也有几分忐忑。激动的是，多年的教学实践和摸索思考终于结出一个小小果实，要与大家见面了；忐忑的是，感觉自己思考得还不够深入，文字表现力还不够强。

“每一个优秀的人都有一段沉默的时光，那段时光是付出了很多努力，却得不到结果的日子，我们把它叫作扎根。”

那是一段艰苦的日子，也是一段艰辛的历程，曾经为了参加课堂教学大赛，熬过无数个夜晚；曾经，为了学校项目的申报，大年三十春晚刚开始，却倒在沙发上睡着了；曾经，为了编写学校画册，在很长一段时间里深夜才到家；曾经，为了写好一篇材料，梦中都会惊醒；曾经，和团队一起研讨、碰撞、生发……没有周末，没有假期，学习，思考，探索，几乎填满了每一个日夜。洒过汗，流过泪，有收获的喜悦，有失败的苦闷……成长的奔跑，总会留下一串串足迹，令人回味，值得纪念。这些文字，既是记录，也是扎根。在这一过程里，尽管没能长成参天大树，但也努力绽放自己，成为一枝芬芳的花朵。

对话，是个美好的字眼，至少，在我看来是这样。互动的、平等的，轻松的、多元的，每一次都是思想的交流，都是爱意的传递。生活，世界，在对话中深情凝望、温暖相拥。

成为一名受学生欢迎的语文老师，一直是我的追求，这里只有不停的脚步，没有到头的风景。职教是我足下的土地，是我坚守的位置，20 多年来，见证了它从“低谷”迈向“高光”。校园就是我的家园，忙碌白天后的黑夜，无眠黑夜后的白天，都与我相依相伴。学生是我生活中的亮光，让我满怀激情，不管年龄怎样增长，生命依然生机盎然。孩子，是上天的恩赐，也是我的孤本，母爱是不是他成长的养分？语文、职教、校园、学生、孩子，五个方面的“对话”，凝结了我的追寻，我的梦，以及美好的期盼和衷心的祝愿。这是爱的起点，也是爱的归途，为了爱，我无怨无悔。

感谢我的导师、老铁教授为本书写序，感谢他给予我的鼓励、指导和帮助。感谢严久官老师，他是我师兄，也是我师傅，一直关心、帮助我，也欣然答应帮我写序。感谢我的领导、同事，在扎根路上一路指引，一路相携；感谢我的团队，所取得的一些成果，也是集体的智慧和努力。感谢家人给予的宽容、理解和支持，让我有更多的时间投入我热爱的工作。感谢出版社、感谢编辑为本书出版付出的辛苦劳动。感谢生活和自然给予的一切。

时光永是流动，生命一直前行，回眸，便是记忆，也成风景。

廖建霞

2021 年 11 月